U0857811

中小学校理财知识一点通

钟京志　主编

山东大学出版社
SHANDONG UNIVERSITY PRESS
·济南·

图书在版编目(CIP)数据

中小学校理财知识一点通 / 钟京志主编. —济南：山东大学出版社，2023.2（2023.8 重印）
ISBN 978-7-5607-7726-9

Ⅰ. ①中…　Ⅱ. ①钟…　Ⅲ. ①中小学—财务管理　Ⅳ. ①G637.5

中国国家版本馆 CIP 数据核字(2023)第 002357 号

责任编辑　陈佳意
封面设计　杜　婕

中小学校理财知识一点通
ZHONGXIAO XUEXIAO LICAI ZHISHI YIDIANTONG

出版发行　山东大学出版社
社　　址　山东省济南市山大南路 20 号
邮政编码　250100
发行热线　(0531)88363008
经　　销　新华书店
印　　刷　济南新科印务有限公司
规　　格　720 毫米×1000 毫米　1/16
　　　　　21 印张　340 千字
版　　次　2023 年 2 月第 1 版
印　　次　2023 年 8 月第 5 次印刷
定　　价　51.00 元

《中小学校理财知识一点通》
编委会

主　编　钟京志

副主编　赵　媛　初宜红

编　委（按姓氏笔画排序）

刘　琳　刘洪国　初宜红　陈晓龙　林桂永

庞金良　赵　媛　钟京志　陶进晋　梁　星

蔡　青　滕春成　魏安鹏

前言

为进一步规范中小学校财务行为，加强财务管理和监督，促进中小学校事业健康发展，财政部、教育部对《中小学校财务制度》进行了修订，并于2022年9月1日起施行。新修订的《中小学校财务制度》针对中小学校建立党组织领导的校长负责制、落实“双减”等重大政策过程中面临的新情况，统筹兼顾学校食堂管理、收费管理等薄弱环节，结合实施政府会计准则制度、推进现代财政制度建设等工作，对进一步加强中小学校财务管理工作提出了新的要求。

为帮助各级教育部门和中小学校全面、准确地贯彻落实新修订的《中小学校财务制度》，根据教育部财务司的要求，本着以政策解读和实操指导为主的原则，我们组织编写了《中小学校理财知识一点通》一书。该书根据《事业单位财务规则》《行政事业性国有资产管理条例》《中小学校财务制度》等相关政策要求，结合中小学校自身特点，融入现行财政政策，以问答方式对中小学校财务管理重点、难点、热点问题进行了具体翔实的分析，并穿插部分案例，以供读者更好、更快、更深入地理解和掌握新修订的《中小学校财务制度》。本书共16章，主要包括中小学校财务管理体制，预算、收入、支出、结转结余、专用基金、资产管理，防范财务风险，财务清算，财务报告和决算报告，财务监督，合同管理，政府采购，食堂财务管理以及预算绩效管理等内容。

本书在编写过程中，注重理论与实践相结合，在政策宣讲基础上，重点关注了中小学校财务管理实务需求，内容结构单一、言简意赅、通俗易懂、可读性强，适宜基层教育财务部门、中小学校管理者及财务人员使用，对关心中小学校发展的社会各界人士来说也是一本很好的读物。

本书的编者均为《中小学校财务制度》修订小组成员，既具有丰富的理论经验和较高的政策水平，又具有长期从事基础教育财务管理实践经验，主要编写人员有：钟京志、赵媛、初宜红、梁星、蔡青、陶进晋、滕春成、庞金良、刘琳、林桂永、刘洪国、陈晓龙、魏安鹏。赵媛、初宜红对全书进行了总纂，钟京志对本书进行了最后审订。

在此，我们对在本书编写和出版过程中给予大力支持和悉心指点的各位专家和编者表示诚挚的感谢。由于编写时间仓促，理论水平和实践经验有限，书中可能存在疏漏、错误、不妥之处，敬请专家、学者、读者批评指正。

编　者

2022 年 11 月

目 录

第一章 总则

第四章 如何管好收入

第五章　如何管好支出

第七章 如何管好专用基金

第八章　如何管好资产

第十章 如何进行财务清算

第十一章 如何编好财务报告和决算报告

第十二章 如何加强财务监督

第十三章　如何加强合同管理

第十四章 如何组织政府采购

第十五章 如何管好食堂财务

第十六章　如何强化预算绩效管理

第一章

总则

1.《中小学校财务制度》修订的背景是什么?

答:党的十八大以来,国家先后修订和颁布了《会计法》《预算法》《预算法实施条例》《行政事业性国有资产管理条例》《事业单位财务规则》等法律法规,预算管理、绩效管理、政府会计等公共财政改革深入推进;同时,教育领域综合改革不断深入,近年来先后颁布实施了《关于深化教育体制机制改革的意见》《关于进一步减轻义务教育阶段学生作业负担和校外培训负担的意见》等一系列政策文件,中国特色社会主义教育制度体系的主体框架已基本确立。为认真遵守国家法律制度,更好适应公共财政和教育领域改革发展要求,进一步规范中小学校的财务行为,加强财务管理和监督,提高资金使用效益,促进教育事业健康发展,根据《事业单位财务规则》和国家有关法律制度,结合中小学校特点,财政部、教育部对《中小学校财务制度》进行了修订。

2.为什么要单独修订出台《中小学校财务制度》?

答:《事业单位财务规则》是根据国家有关法律法规和政策制定的、所有事业单位从事财务活动都必须遵守的基本行为规范,是有关事业单位根据行业特点制定行业财务制度、单位内部财务管理办法、规范财务管理的制度依据。同时,《事业单位财务规则》明确规定:"行业特点突出,需要制定行业事业单位财务管理制度的,由国务院财政部门会同有关主管部门根据本规则制定。"中小学校具有鲜明的、突出的行业特点,其财务管理也有自身的特色和要求。为了突出中小学校的行业特点,满足不同学段、不同类型学校的管理需要,进一步规范财务管理、提升资金使用效益,应当根据《事业单位财务规则》,结合中小学校的行业特点,单独修订出台《中小学校财务制度》。

3.中小学校财务制度法规框架是什么?

答:《中小学校财务制度》在整个财务法律规章制度体系中起着承上启下的关键作用。作为一个行业财务制度,《中小学校财务制度》一方面必须遵循上位法的规定,如《预算法》《会计法》《教育法》《义务教育法》等国家法律,《行政事业性国有资产管理条例》《国务院关于进一步深化预算管理制度改革的意见》《国务院关于批转财政部权责发生制政府综合财务报告制度改革方案的通知》等行政法规，《事业单位国有资产管理暂行办法》《会计基础工作规范》《政府会计准则》《关于进一步加强和规范教育收费管理的意见》《行政事业单位内部控制规范(试行)》《事业单位财务规则》等部门规章，《中共中央　国务院关于全面实施预算绩效管理的意见》《中共中央　国务院关于分类推进事业单位改革的指导意见》《关于深化教育体制机制改革的意见》《关于进一步减轻义务教育阶段学生作业负担和校外培训负担的意见》等重大决策部署。另一方面，它是下位法的依据，《中小学校财务制度》又是地方财政部门、教育部门和中小学校制定区域内中小学校财务规章制度和学校内部财务管理办法必须遵循的基本准则和规范。

4.中小学校有哪些突出的行业特点?

答:一是规模庞大。2021年教育事业统计数据显示，学前教育到高中阶段教育全国共有各级各类学校52.618万所，在校生人数合计24614.03万人。2020年全国中小学校教育经费总投入36926万元，占全国教育经费总投入的69.65%。中小学校点多面广、布局分散，在各类事业单位中数量最多、整体规模最大、财政保障力度最强。

二是地位突出。基础教育是整个教育事业的基石，是实施科教兴国战略的奠基工程，对提高中华民族素质、培养各级各类人才、促进社会主义现代化建设具有全局性、基础性和先导性作用。

三是公益属性。教育活动必须符合国家和社会公共利益。义务教育是国家统一实施的所有适龄儿童、少年必须接受的教育，是国家必须予以保障的公益性事业，是构建服务型政府和责任型政府的基本内容。“双减”政策的出台正是让教育回归育人本原，减轻学生和家庭负担，维护基础教育的公益性。

四是全面性。基础教育要实现学生的全面发展，落实到具体教育层面，就是构建德智体美劳全面发展的育人体系。

五是普及性。基础教育是大众化的教育，而非精英教育，普及性是新时代基础教育应具备的基本特质。

六是多样性。中小学校包括不同学段、不同类型的学校，各有其自身的特征和功能,如幼儿园、特殊教育学校、中等职业学校等,应当根据不同群体的特点采取精准化、差异化、梯度化发展的举措,才能找到其最优发展路径。另外,学校还承担着校车服务、课后服务等其他社会功能。

5.中小学校财务管理有哪些特点?

答:一是财务管理的对象多样。中小学校办学主体和办学类型多样,决定了财务管理对象的多样性。

二是经费来源以政府投入为主。义务教育全面纳入财政保障范围,实行国务院和地方各级政府根据职责共同负担,省级人民政府负责统筹落实的投入体制。非义务教育实行以政府投入为主、受教育者合理分担、其他多种渠道筹措经费的投入机制。

三是管理体制"以县为主"。中等及中等以下教育在国务院领导下,由地方人民政府管理;义务教育实行国务院领导,省、自治区、直辖市人民政府统筹规划实施,县级人民政府为主管理的体制。

四是管理体制逐步完善。国家公共财政体制和教育管理体制改革不断深入,为适应改革要求,教育财务管理体制和财务管理制度也不断完善,会计队伍专业化建设和会计业务培训工作不断加强,管理水平不断提高。

五是管理水平存在差异。经济发达地区学校与经济欠发达地区学校、一定区域内城市学校与农村学校特别是一些农村小规模学校、同一地区不同学校的管理水平不同等,导致财务管理水平存在差异。

6.中小学校会计和财务是一样的概念吗?

答:不一样。在中小学校中,人们常常把会计与财务的概念混为一谈,其实会计和财务是两个不同的概念,虽然它们之间有紧密的联系,但是也有本质的区别。主要体现在以下几个方面:

一是工作职能不同。会计是以货币为主要计量单位,运用专门的方法,核算和监督一个单位经济活动的一种经济管理工作。而财务是通过货币资金的筹集、分配、调度和使用而同有关方面发生经济关系。会计的基本职能就是核算和监督,而财务则不同,财务的职能源于资金运动及其所体现的经济关系,表现的是一种管理职能,如中小学校预算管理、资金管理、内控管理、资产管理等。

二是岗位设置不同。会计工作岗位一般可分为:会计机构负责人或者会计主管人员、出纳、财产物资核算、工资核算、成本费用核算、财务成果核算、资金核算、往来结算、总账报表、稽核、档案管理等。财务工作岗位一般由预算管理岗、财务分析岗、资金管理岗、资产管理岗等组成。

三是工作指向不同。会计工作指向的是过去,必须以过去的交易或事项为依据,对这些已经发生的经济业务进行核算与监督。而财务注重的是未来,是基于一定的假设条件,对过去已经形成的资料与现实的状况进行分析,对未来情况做出预测和判断。

7.《中小学校财务制度》的适用范围做了哪些调整?

答:《中小学校财务制度》的适用范围做了三方面的调整:

一是不再要求接受国家经常性资助的社会力量举办的中小学校执行本制度。按照现行政策,民办义务教育学校均享受生均公用经费补助,民办中小学校学生均享受学生资助政策,普惠性民办幼儿园均享受政府补助,但是民办学校财务管理体制和公办学校有较大差异。因此,不再对接受国家经常性资助的社会力量举办的中小学校执行本制度做强制要求。

二是明确社会力量举办的普通中小学校、中等职业学校(含技工学校)、特殊教育学校、专门学校、成人中学、成人初等学校和幼儿园可以参照本制度执行。

三是明确政府举办的幼儿园依照本制度执行。

8.“依照执行”与“参照执行”有什么区别?

答:根据《立法技术规范(试行)》关于法律常用词语规范的解释,以法律法规作为依据的,一般用“依照”。“依照”某项法律制度执行,可以理解为没有任何选择执行的权利,而是负有必须适用的义务。“参照”一般用于没有直接纳入法律调整范围,但又属于该范围逻辑内涵自然延伸的事项。“参照”某项法律制度执行,可以理解为具有选择执行的权利,而没有必须适用的义务。由于幼儿园办园体制复杂,办园形式多样,办园经费来源渠道不一,现阶段难以制定专门的财务制度,但政府举办的幼儿园办园经费实行政府投入为主、家庭合理负担的投入机制，其财务管理相关工作接近于中小学校。因此，“政府举办的幼儿园依照本制度执行”，而“社会力量举办的普通中小学校、中等职业学校（含技工学校）、特殊教育学校、专门学校、成人中学、成人初等学校和幼儿园可以参照本制度执行”，也可以根据经费的主来源渠道确定执行相关的财务制度。

9.适用范围中“工读学校”为什么修改为“专门学校”？

答：1991年颁布的《中华人民共和国未成年人保护法》和1999年颁布的《中华人民共和国预防未成年人犯罪法》把对有严重不良行为的未成年学生进行矫正的学校称为“工读学校”。而2006年修订的《义务教育法》《未成年人保护法》和2020年12月修订的《中华人民共和国预防未成年人犯罪法》，均将条文涉及的“工读学校”修改为“专门学校”。其中：《义务教育法》明确“县级以上地方人民政府根据需要，为具有预防未成年人犯罪法规定的严重不良行为的适龄少年设置专门的学校实施义务教育”；《未成年人保护法》明确“学校，是指普通中小学、特殊教育学校、中等职业学校、专门学校”；2020年12月修订的《中华人民共和国预防未成年人犯罪法》规定，国家加强专门学校建设，对有严重不良行为的未成年人进行专门教育。中共中央办公厅、国务院办公厅印发的《关于加强专门学校建设和专门教育工作的意见》规定，专门学校是教育矫治有严重不良行为未成年人的有效场所。根据以上文件规定，本次制度修订将“工读学校”修改为“专门学校”。

10.社会力量举办的中小学校为什么参照执行《中小学校财务制度》？

答：一是组织架构不同。各级人民政府举办的中小学校的组织架构是根据《关于建立中小学校党组织领导的校长负责制的意见（试行）》第一条“学校党组织实行集体领导和个人分工负责相结合的制度。凡属重大问题都要按照集体领导、民主集中、个别酝酿、会议决定的原则，由党组织会议集体讨论作出决定。党组织班子成员根据集体的决定和分工，切实履行职责……”有关规定设置的。而社会力量举办的中小学校的组织架构是根据《中华人民共和国民办教育促进法》及《中华人民共和国民办教育促进法实施条例》中“民办学校应当设立学校理事会、董事会或者其他形式的决策机构”“举办者可以依据法律、法规和学校章程规定的程序和要求参加或者委派代表参加理事会、董事会或者其他形式决策机构，并依据学校章程规定的权限行使相应的决策权、管理权”有关规定设置的。由于组织架构不同，财务管理体制就不相同。

二是财务活动和财务关系不同。各级人民政府举办的中小学校实行以政府投入为主、受教育者合理分担、其他多种渠道筹措经费的投入机制；而社会力量举办的中小学校资金主要来源于举办者，学校举办者应当依法按时、足额履行出资义务，民办学校存续期间，举办者不得抽逃出资，不得挪用办学经费。

三是执行的会计制度不同。公办中小学校应当执行政府会计准则制度，社会力量举办的中小学校可以执行《民间非营利组织会计制度》。

基于以上差异，《中小学校财务制度》规定，社会力量举办的普通中小学校、中等职业学校（含技工学校）、特殊教育学校、专门学校、成人中学、成人初等学校和幼儿园可以参照本制度执行。

11.《中小学校财务制度》在财务管理体制方面做了哪些完善？

答：一是明确中小学校财务管理实行党组织领导的校长负责制。二是强化学校财务队伍建设，新增学校财务部门设置，财务主管人员和财务、会计人员的岗位设置、职责权限、任职条件、业务培训和专业技术职务岗位设置等规定。三是强调了财务主管人员的岗位职责，如财务主管人员应当依法依规履行职责，参与学校重大建设项目、重要办学资源配置、重要资产处置、大额资金使用等重大事项的决策。

12.《中小学校财务制度》细化了哪些管理内容？

答：针对公共财政和教育领域重大改革、重大政策实施带来的新情况、新要求，统筹兼顾学校财务管理薄弱环节，细化了管理内容。一是对学校采取自主经营食堂、委托经营食堂、配餐或托餐等不同方式为学生供餐的实际情况，分类提出财务管理要求。二是明确课后服务等服务性收费的管理要求，增加中小学校不得擅自扩大收费范围、增加收费项目、提高收费标准的禁止性规定，加强对地方落实“双减”政策财务行为的指导。三是根据《事业单位财务规则》《行政事业性国有资产管理条例》《中共中央 国务院关于全面实施预算绩效管理的意见》和《政府会计制度》等，对绩效管理、预算管理、资产管理、财务报告制度和法律责任等内容做相应调整和细化。具体包括：(1)全面加强预算绩效管理。(2)中小学校预算应当坚持勤俭节约和讲求绩效的原则；严禁超预算、无预算安排支出；未纳入预算项目库的项目一律不得安排预算；未纳入预算的收入不得安排支出等；预决算应当及时向社会公开。(3)进一步细化了资产管理方面的内容和管理要求。(4)明确中小学校要编制财务报告和决算报告"双报告"的内容和要求。(5)增加了对违反本制度规定的行为，以及其他滥用职权、玩忽职守、徇私舞弊等违法违规行为，依法追究相应责任等内容。

13.《中小学校财务制度》提出的"五个严禁"是什么？

答：《中小学校财务制度》提出了五个"严格禁止"的要求，包括：严禁超预算、无预算安排支出；严禁设立"小金库"；严禁账外设账；严禁公款私存；严禁义务教育阶段学校举借债务。

14.《中小学校财务制度》的"不得"规定有哪些？

答：《中小学校财务制度》中的"不得"规定有23个，具体包括：(1)预算管理方面：中小学校不得编制赤字预算；未纳入预算的收入不得安排支出；未纳入预算项目库的项目一律不得安排预算。(2)收入管理方面：不得擅自扩大收费范围、增加收费项目、提高收费标准；按照规定上缴国库或者财政专户的资金，不得隐瞒、滞留、截留、占用、挪用、拖欠或坐支。(3)支出管理方面：基本支出、项目支出不得混用；公用经费、人员经费不得混用；项目支出应当按照规定专款专用，不得挤占和挪用；中小学校各项支出不得虚列虚报，不得以计划数和预算数代替；不得使用虚假票据。(4)结转结余管理和专用基金管理方面：中小学校应当加强非财政拨款结余的管理，盘活存量，统筹安排、合理使用，支出不得超出非财政拨款结余规模；专用基金支出不得超出基金规模。(5)资产管理方面：应收及预付款项应当及时清理结算，不得长期挂账；在建工程达到交付使用状态时，应当按照规定办理工程竣工财务决算和资产交付使用，期限最长不得超过1年；不得使用财政拨款及其要作用。但决算报告无法科学、全面、准确反映学校资产负债和成本费用，不利于强化学校资产管理、降低行政成本、提升运行效率、防范财务风险。以权责发生制为基础的财务报告制度，能够向财务报表使用者提供学校的资产负债、收入费用、运行成本、现金流量等有关信息，反映学校责任履行情况，有助于财务报表使用者做出决策或者进行管理和监督。

20.中小学校为什么要加强成本核算？

答：一是全面实施预算绩效管理的需要。以权责发生制财务会计数据为基础进行成本核算，从成本效益的角度分析预算绩效管理的好坏，有利于提升单位内部管理水平和运行效率，夯实绩效管理基础。二是加强内部控制的要求。加强成本核算，合理控制成本费用，提高资金使用效益，是强化内部控制的必然要求，可以有效解决学校管理只重视教学业务开展而不考虑资金使用效益的问题。三是学校廉政建设和节约型校园建设的需要。开展成本核算能够了解学校业务活动的特点和流程，准确核算每一项业务活动的费用支出和单位的运行成本，有利于防范权力滥用和资金浪费，促进学校廉政建设和节约型校园建设。

21.中小学校在资产管理方面的主要任务是什么？

答：中小学校资产管理工作的主要任务是加强资产管理，合理配置和有效利用资产，防止资产流失。中小学校应当按照《行政事业性国有资产管理条例》（国务院令第738号）、《事业单位国有资产管理暂行办法》（财政部令第36号）等法规要求，制定并完善学校资产管理的具体办法，加强资产管理，规范资产配置和资产处置，加强闲置资产调剂，推进学校大型设备等国有资产共享共用工作，按照“统一规范、分级管理”的原则推进国有资产管理情况报告编制和公开，提高资产使用效益。

22.中小学校如何贯彻落实《中小学校财务制度》？

答：《中小学校财务制度》是立足中小学校的行业特点，专门规范中小学校财务行为的制度规范。中小学校应当从以下三个方面认真学习和贯彻执行。

一是提高思想认识。《中小学校财务制度》是中小学校经济活动和财务管理的基本准则和行为规范，是中小学校教育教学活动顺利开展的制度保障。中小学校校长和相关财务人员要切实提高思想认识，认真学习理解《中小学校财务制度》内涵，准确把握《中小学校财务制度》要求，自觉用《中小学校财务制度》规范学校经济活动行为、指导学校财务管理工作。中小学校长要带头学习并督促财务人员积极参加培训学习，提高财会队伍的业务素养。

二是完善配套制度。中小学校财务制度适用于学前教育、义务教育、高中阶段教育等不同学段学校，各类学校财务管理特点有所不同，《中小学校财务制度》难以针对各类学校提出具体要求。因此，中小学校要结合本地、本校实际，梳理当前做法与《中小学校财务制度》不相适应的问题，有针对性地修订完善各项内部管理制度，形成相对完善、可操作性强的财务制度体系，规范财务行为。

三是夯实管理基础。发挥《中小学校财务制度》的规范指导作用，全面推进学校财务规范管理。依法依规合理设置学校会计机构、配备财会人员，并指定专人主管财务工作；加强会计队伍专业化建设，加快优化财会队伍结构；加强学校财会人员廉政教育和职业道德教育，提高遵守财经纪律的自觉性。认真执行《会计基础工作规范》，加强中小学校财务管理信息化建设，夯实财务管理基础，提升财务管理水平。

第二章

如何建立健全财务管理体制

1.中小学校实行什么样的财务管理体制?

答:中小学校财务管理实行党组织领导的校长负责制。校长在学校党组织领导下,依法依规管理财务工作,对财务资料的真实性、完整性负责。

2.中小学校财务管理实行党组织领导的校长负责制的意义有哪些?

答:2022 年 1 月,中共中央办公厅印发了《关于建立中小学校党组织领导的校长负责制的意见(试行)》,进一步明确和强调加强党对教育工作的全面领导是办好教育的根本保证。建立中小学校党组织领导的校长负责制,是坚持为党育人、为国育才,保证党的教育方针和党中央决策部署在中小学校得到贯彻落实的必然要求。

一是有利于不断加强党对教育工作的全面领导,履行好把方向、管大局、做决策、抓班子、带队伍、保落实的领导职责。

二是有利于支持和保证校长在学校党组织领导下,依法依规行使职权,按照学校党组织有关决议,全面负责学校的教育教学和行政管理等工作。

三是有利于建立健全议事决策制度,有效完善中小学校内部治理结构,提高科学决策、民主决策、依法决策的质量和水平。

四是有利于建立健全党组织统一领导、党政分工合作、协调运行的工作机制。为了适应这一管理体制,中小学校财务管理实行党组织领导的校长负责制;校长在学校党组织领导下,依法依规管理财务工作,对财务资料的真实性、完整性负责。

3.学校党组织如何在财务管理中发挥作用?

答:一是中小学校党组织全面领导学校工作,讨论决定事关学校改革发展稳定及教育教学、行政管理中的“三重一大”事项和学校章程等基本管理制度,为学校财务工作提供组织保证。二是支持和保证校长在学校党组织领导下依法依规行使职权,全面负责学校的教育教学和行政管理等工作。三是建立健全议事决策制度,明确校长办公会议(校务会议)是学校行政议事决策机构,研究提出事关学校教育教学、行政管理和健康发展的重要事项方案,报学校党组织会议讨论决定。

4.实行党组织领导的校长负责制，校长在财务管理方面有哪些职责？

答：从管理体制的角度看，校长在学校党组织领导下，依法依规管理财务工作，对财务资料的真实性、完整性负责。一是研究拟订和执行学校发展规划、基本管理制度、年度工作计划；二是研究拟订和执行学校重大建设项目、重要资产处置、重要办学资源配置方案，管理和保护学校资产；三是研究拟订和执行学校年度预算，加强财务管理和审计监督；四是做好学校安全稳定和后勤保障等工作。校长办公会议（校务会议）研究提出有关经济活动和财务管理工作的重要事项方案，报学校党组织会议集体讨论决定；落实党组织有关决议，研究处理财务管理工作。

从财务管理的角度看，中小学校长是学校的法定代表人，应该从以下几个方面管理好学校的财务工作。一是合理编制学校预算，严格预算执行，完整、准确编制学校决算报告和财务报告，真实反映学校预算执行情况、财务状况和运行情况；二是依法依规筹集办学经费，努力节约支出，提高资金使用效益；三是建立健全各项财务制度，加强成本核算，全面实施绩效管理；四是加强资产管理，合理配置和有效利用资产，防止资产流失，保证资产安全；五是加强对学校经济活动的财务控制和监督，防范财务风险。

5.为什么校长要对财务资料的真实性、完整性负责？

答：中小学校财务管理实行党组织领导下的校长负责制，校长应当按照学校党组织有关决议，依法依规对学校的财务活动进行管理，并对本单位的会计工作和会计资料的真实性、完整性负责。简单地说，一是中小学校校长作为学校的法定代表人，是代表中小学校行使民事权利、履行民事义务的责任人。二是中小学校校长是党组织关于学校财务管理决议的具体执行者，在依法管理学校财务工作的同时，也应承担相应的责任。

6.如何理解中小学校根据需要合理设置财务部门？

答：根据《中华人民共和国会计法》和《会计基础工作规范》等有关规定，各单位应当根据会计业务的需要，设置会计机构、配备会计机构负责人；不具备单独设置会计机构条件的，应当在有关机构中配备专职会计人员并在专职会计人员中指定会计主管人员。中小学校作为一个独立的事业法人单位，应当设立财务管理机构管理学校财务工作。部分中小学校特别是农村中小学校办学规模普遍较小，财务工作人员配备不足，不具备单独设立财务管理机构的条件，可实行“集中记账，分校核算”，即在一定区域内，由县级财政和教育部门设立会计核算机构，在不改变学校财务管理权前提下，统一办理区域内中小学校的会计核算，学校设置一名报账员，统一管理学校的财务活动。

7.学校为什么要指定专人主管财务工作？

答：一是法律制度规定。《中华人民共和国会计法》和《会计基础工作规范》等均明确规定，设置会计机构，应当配备会计机构负责人；不具备单独设置会计机构条件的学校，应当在有关机构中配备专职会计人员并在专职会计人员中指定会计主管人员。二是中小学校财务管理实际需要。在党组织领导的校长负责制管理体制下，校长需要依法依规行使职权，落实学校党组织有关学校财务管理方面的决议，但是学校校长并不一定熟悉国家财经法律、法规、规章和方针、政策，这就需要既了解学校整体战略目标又熟悉财经法规的财务主管人员为校长提供专业的建议。因此，无论是单独设置会计机构的学校还是实行“集中记账，分校核算”的学校，都应当指定专人主管财务工作。

8.中小学校对会计岗位设置有什么要求？

答：中小学校应当根据会计业务需要设置会计工作岗位。会计工作岗位一般可分为：会计机构负责人或者会计主管人员、出纳、财产物资核算、工资核算、成本费用核算、财务成本核算、资金核算、往来结算、总账报表、稽核、档案管理等。会计工作岗位，可以一人一岗、一人多岗或者一岗多人，但出纳人员不得兼管稽核、会计档案保管，以及收入、费用、债权债务账目的登记工作。因此，学校至少应当设立会计、出纳两个岗位，并建立相应的内部管理制度，如会计工作岗位责任制度、会计工作岗位轮换制度、年度考核制度等。

9.中小学校财务主管人员的任职条件有哪些?

答:中小学校任用(聘用)财务部门负责人(财务主管人员),应当符合《中华人民共和国会计法》等法律法规规定。财务部门负责人(财务主管人员)应当具备下列基本条件:一是坚持原则,廉洁奉公;二是具备会计师以上专业技术职务资格或者从事会计工作不少于三年;三是熟悉国家财经法律、法规、规章和方针、政策,掌握本行业业务管理的有关知识;四是有较强的组织和协调能力;五是身体健康,能够适应本职工作的要求。

10.中小学校对财会人员有哪些基本要求?

答:中小学校会计人员应当具备从事会计工作所需要的专业能力,具有会计类专业知识,基本掌握会计基础知识和业务技能,能够独立处理基本会计业务;应当熟悉国家财经法律、法规、规章和方针、政策,掌握财会和教育教学业务管理的有关知识;应当遵守《中华人民共和国会计法》和国家统一的会计制度和法律法规,保证所提供的会计信息合法、真实、准确、及时、完整;应当遵守职业道德,热爱本职工作,树立良好的职业品质、严谨的工作作风,严守工作纪律,努力提高工作效率和工作质量。此外,会计人员应当按照国家有关规定参加继续教育和会计业务的培训。

11.应当如何加强对中小学校财会人员的业务培训?

答:一是各地财政、教育主管部门和中小学校应当加大财会人员培训力度,建立健全培训体系,建立本地区教育部门和学校财会人员定期培训制度,每年实现财会人员培训全覆盖。培训内容应涵盖相关财会法律法规、财务制度、会计制度,国家、省、市、县出台的有关政策文件。二是中小学校财会人员每年都应参加会计人员继续教育并在规定时间内取得规定学分。

12.对中小学校财会人员的奖罚有哪些具体要求?

答:中小学校党组织和校长应当支持会计机构、会计人员依法行使职权,对忠于职守、坚持原则、做出显著成绩的会计机构、会计人员,应当给予精神和物质的奖励。财政部门、教育部门和中小学校应当科学制定适合中小学校财务工作特点的绩效考核评价体系，定期对学校财会人员遵守职业道德情况和履行工作职责情况进行考核评价，并将其作为会计人员晋升、晋级、聘任专业职务、表彰奖励的重要考核依据。同时，对违反《中小学校财务制度》的行为，以及其他滥用职权、玩忽职守、徇私舞弊等违法违规行为，依法追究相应责任。

13.各地在加强中小学校会计队伍建设方面有哪些好的做法？

答：部分省、市在加强中小学校会计队伍建设方面，进行了有益的探索。如江苏省教育厅、江苏省财政厅印发《关于进一步加强中小学校财会队伍建设的意见》（苏教财〔2019〕6号），从充分认识加强中小学校财会队伍建设的重要性和紧迫性、健全中小学校财务管理机构、配足配强学校财会人员、推进财会队伍专业化建设、完善财会人员培训体系、健全财会人员考评奖惩制度、保障财会人员合理待遇、加强民办中小学校财会队伍管理、加强职业道德建设等九个方面提出了很好的意见。其中明确提出，财务部门负责人作为学校中层干部，享受学校中层干部待遇，参与学校经济活动决策和管理。

14.中小学校的财务部门应履行哪些职责？

答：一是贯彻执行国家的有关法律法规、党的方针政策和各项规章制度，以及上级主管部门制定的财务管理办法，健全学校内部各项财务管理制度和内部控制制度；二是合理编制学校预算，严格预算执行，完整、准确编制学校决算报告和财务报告；三是根据批准的预算，编报季度（月份）用（缴）款计划，规范办理各项财务收支，依法组织收入、努力节约支出，提高资金使用效益；四是加强经济核算和财务活动分析，全面实施绩效管理，努力提高财务管理水平；五是健全各项资产管理制度，按规定及时开展资产清查，保证资产完整和安全；六是加强对学校经济活动的财务控制和监督，防范财务风险；七是接受财政和审计部门、上级主管部门的监督检查，如实反映情况，主动提供有关资料，积极配合相关工作；八是积极利用现代信息技术，管理学校财务活动，提升财务信息化管理水平。

15.学校财务主管人员应履行哪些职责？

答：一是按照党组织领导的校长负责制要求，向校长办公会议（校务会议）提出有关财务管理方面的重要事项方案，参与学校重大建设项目、重要办学资源配置、重要资产处置、大额资金使用等重大事项的决策，认真落实党组织有关财务管理方面的决定；二是在学校党组织领导下，协助校长组织学校的财务管理、会计核算等工作，依法依规筹集教育经费，持续改善学校办学条件；三是执行国家有关财经法律、法规、政策和制度，保护国家财产，对违反国家有关财经法律、法规、政策、制度或有可能在经济上造成损失、浪费的行为，有权制止或者纠正；四是结合学校实际，组织制定内部财会管理规章制度，并负责贯彻落实；五是对学校各类经济活动加强财务控制和监督，防范财务风险。

16.目前中小学校会计核算模式主要有哪些？

答：目前中小学校主要有两种会计核算模式。一是以校为单位进行会计核算。中小学校作为独立的法人单位，单独设立会计机构，独立完成学校的会计核算工作。二是实行“集中记账，分校核算”，即在一定区域内，由县级财政和教育部门确定的会计核算机构统一办理区域内中小学校会计核算业务，学校设置报账员，管理学校的财务活动，统一在会计核算机构报账。具体采取何种模式，由地方财政和教育部门根据当地的财政体制和学校的实际情况来确定。

需要注意的是：实行“集中记账，分校核算”并没有改变学校财务管理权。因此，在财政或教育会计核算中心办理会计核算业务的学校仍需建立健全各项财务管理制度和内部控制制度；合理编制并严格执行学校预算，依法筹集教育经费，努力节约支出；加强资产管理，合理配置和有效利用资产，防止资产流失等。财政或教育会计核算中心不能代替学校编制预算，不能代替学校行使财务管理权，也不能代替教育局财务科、财政局教科文科等相关内设机构对学校行使管理权。

17.实行“集中记账，分校核算”模式的学校，会计档案应该由谁来保存？

答：中小学校会计档案主要包括会计凭证、会计账簿、会计报表、年度预决算和重要合同等会计资料。学校财务机构或教育会计核算中心对会计档案定期归集，完成审查核定、整理立卷、编制目录、装订成册等工作，确定专人妥善保管，防止丢失损坏。每年形成的会计档案，应当装订成册并整理立卷，移交学校或主管部门的档案管理部门统一保管。

实行“集中记账，分校核算”模式的学校，当年形成的会计档案，在会计年度终了后，可由财政或教育会计核算中心临时保管一年，再移交学校档案管理部门保管。因工作需要确需推迟移交的，应当经学校档案管理部门同意。

18.中小学校为什么要尽快提升财务信息化管理水平？

答：当前，信息化技术与中小学校财务管理工作结合越来越密切，通过引入会计核算、预算管理、资产管理等应用软件，传统财务管理工作在运行方式和管理模式上取得了显著的进步。推进财务管理信息化，一是能够有效提升财务管理工作效率，帮助财会人员深入了解和准确把握中小学校的各项业务流程，发挥财务管理职能作用，优化学校资源配置。二是有利于提高财会人员的工作质量和管理水平。如财务管理信息化能够帮助财会人员完整、准确地编制学校决算报告和财务报告，提高“双报告”的编制质量和工作效率，为报告使用人真实了解学校情况和学校进行科学决策提供准确依据。三是有利于加快推进中小学校财务与各项业务之间的深度融合，使财务管理为业务开展提供更加优质的服务保障。四是有利于实现财务对经济活动各环节的内部控制和监督，降低财务风险。

19.中小学校财会人员的工作职责有哪些？

答：一是按照国家有关财务制度，认真编制并严格执行预算，遵守各项收入管理制度、费用开支范围和开支标准，严格执行各项专项资金管理办法，切实加快预算执行进度；二是依据国家会计制度规范开展会计核算，做到手续完备、内容真实、数字准确、账目清楚，妥善保管会计凭证、账簿、报表等档案资料；三是依据国库集中支付和银行管理等制度，加强现金管理，认真做好资金结算工作；四是加强财务管理，定期检查、分析财务计划和预算执行情况，挖掘增收节支的潜力，发现教育经费管理使用中的问题，及时提出整改建议，全面实施绩效管理，提高资金使用效益；五是加强资产管理，合理配置和有效利用资产，做到账实相符，防止资产流失；六是遵守、宣传、维护国家财政制度和财经纪律，履行好财务监督职责。

20.中小学校财会人员的工作交接有哪些要求？

答：根据《会计基础工作规范》，会计人员工作调动或者因故离职，必须将本人所经管的会计工作全部移交给接替人员；没有办清交接手续的，不得调动或者离职；接替人员应当认真接管移交工作，并继续办理移交的未了事项。会计人员办理移交手续前，必须按照职责及时做好未了事项，整理应该移交的各项资料，编制移交清册，办理交接手续。会计机构负责人、会计主管人员办理交接手续时，必须将全部财务会计工作、重大财务收支和会计人员的情况等，向接替人员详细介绍；对需要移交的遗留问题，应当写出书面材料；由学校校长监交，必要时主管部门可以派人会同监交。一般会计人员办理交接手续，由会计机构负责人（会计主管人员）监交。交接完毕后，交接双方和监交人员要在移交清册上签名或者盖章，并在移交清册上注明：单位名称，交接日期，交接双方和监交人员的职务、姓名，移交清册页数以及需要说明的问题和意见等。移交人员对所移交的会计凭证、会计账簿、会计报表和其他有关资料的合法性、真实性承担法律责任。

21.中小学校长为什么必须学习掌握《中小学校财务制度》？

答：《中小学校财务制度》是根据《事业单位财务规则》和国家有关法律制度，结合中小学校特点，专门为规范中小学校财务行为、加强财务管理和监督、提高资金使用效益、促进基础教育事业健康发展而制定的一项行业财务管理制度。中小学校校长作为学校的法定代表人和教育及行政管理的决策者，必须学习好、理解好、掌握好《中小学校财务制度》，才能更好地贯彻落实国家有关财务管理的法律法规，优化教育资源配置，规范教育经费使用和资产管理，达到规范学校财务管理行为、促进事业健康发展的目的。

22.中小学校长在学习掌握《中小学校财务制度》基础上还应当学习了解哪些财务规章制度？

答：中小学校长作为学校的法定代表人，管理好学校的财务工作，合法筹集更多的教育经费，提高教育经费的使用效益，是其重要职责。为了确保开展的财务管理活动合法合规，校长需要学习了解和掌握以下中小学校财务管理工作常用的规章制度：

一是相关法律法规。如《中华人民共和国预算法》《中华人民共和国会计法》《中华人民共和国教育法》《中华人民共和国义务教育法》《行政事业性国有资产管理条例》等。

二是有关规章制度。如《事业单位国有资产管理暂行办法》（财政部令第36号）、《会计基础工作规范》、《政府会计准则——基本准则》（财政部令第78号）、《行政事业单位内部控制规范（试行）》（财会〔2012〕21号）等。

三是有关政策文件。如《国务院关于进一步深化预算管理制度改革的意见》（国发〔2021〕5号）、《国务院关于批转财政部权责发生制政府综合财务报告制度改革方案的通知》（国发〔2014〕63号）、《关于进一步加强和规范教育收费管理的意见》（教财〔2020〕5号）等。

23.中小学校非独立核算的经济活动有哪些？

答：中小学校非独立核算的经济活动主要包括开展教育培训、教学实践、社会实践、勤工俭学和非独立核算的校办企业等经济活动，这些活动属于学校非独立核算的经济业务，其财务活动由学校统一管理。

24.义务教育阶段学校能否从事经营活动？

答：义务教育阶段学校不得从事经营活动。按照《中共中央　国务院关于分类推进事业单位改革的指导意见》（中发〔2011〕5号）等有关文件规定，公益一类事业单位，即承担义务教育、基础性科研、公共文化、公共卫生及基层基本医疗服务等基本公益服务，不能或不宜由市场配置资源的事业单位，不得从事经营活动。义务教育学校属于公益一类事业单位，其经费由公共财政全额保障，不得开展经营活动。

25.义务教育阶段学校已有的经营活动如何处理？

答：根据国家有关规定和《中小学校财务制度》要求，义务教育学校不得从事经营活动。已经存在的经营活动在合同到期后应当停止此项经营活动；或者在不给学校造成损失的情况下，协商解除合同，停止此项经营活动。

第三章

如何管好预算

1.什么是中小学校预算?

答:中小学校预算是学校根据教育事业发展目标和计划编制的年度财务收支计划。可以理解为:中小学校预算是经法定程序审批的中小学校年度财务收支计划,是国家教育优先发展战略和教育方针、政策的体现,它反映了中小学校各类收入的来源以及支出的用途,体现了学校发展目标,是中小学校财务工作开展的基本依据。中小学校预算由收入预算和支出预算组成。

2.中小学校预算管理的主要内容是什么?

答:中小学校预算管理是指为保障学校各项预算资金规范运行而进行的一系列组织、调节、控制、监督活动的总称,是中小学校财务管理的重要组成部分。主要内容包括以下几方面:

一是预算编制。实行全口径预算管理,中小学校的全部收入和支出都应当纳入预算,未列入预算的不得支出。学校预算编制要做到编制及时、方法科学、项目细化、数据准确,要建立学校内部财务、资产、基建、人事、教学等部门或岗位的沟通协调机制,提高预算编制的科学性。

二是预算执行。坚持先有预算后有支出,严禁超预算、无预算安排支出或进行政府采购。学校应当建立预算执行分析机制,定期通报校内各部门预算执行情况,召开预算执行分析会议,研究解决预算执行中存在的问题,提出改进措施,切实加快预算执行进度,提高预算执行的规范性。

三是预算调剂。学校在预算执行中,财政补助收入和财政专户管理资金的预算一般不予调剂;确需调剂的,由中小学校报主管部门审核后报财政部门调剂。其他资金确需调剂的,按照国家有关规定办理。

四是决算管理。中小学校应当按照国家和同级财政部门规定的程序和要求编制决算报告,并报主管部门和同级财政部门审批。中小学校应当加强决算分析和审核,保证决算数据的真实、准确,规范决算管理工作。

五是预算监督。中小学校应当以监审、监控、监督为着力点,建立全覆盖、全过程、全方位的教育经费监管体系。加强预算执行事中监控,硬化预算执行约束,从严控制预算调剂事项,健全经济活动内部控制体系,有效防控经济风险。

六是预、决算公开。加强预、决算事后监督，中小学校应当按照法律制度规定和财政部门、主管部门的统一要求，及时将预、决算向社会公开。

七是预算绩效管理。中小学校应当牢固树立“花钱必问效、无效必问责”的理念，逐步将绩效管理范围覆盖所有资金，并深度融入预算编制、执行、监督全过程，强化绩效评价结果应用，将绩效目标执行情况和绩效评价结果作为完善政策、编制预算、优化结构、改进管理的重要依据和领导干部考核的重要内容。

3.中小学校预算管理的作用是什么？

答：一是保证教育经费的稳定来源。中小学校预算是经法定程序审批的中小学校年度财务收支计划，是国家各项教育保障政策的体现，可以为中小学校履行公益性职能、保障正常运转和实现中长期发展目标提供稳定的经费来源。二是提高教育资源的使用效益。学校预算的编制过程是学校谋划中长期发展规划、区分轻重缓急实施的过程，能够实现有限公共资源与学校发展目标的有效匹配，优化资源配置，促进资金合理利用。学校预算的执行过程是落实学校预算管理主体责任、强化预算约束、规范收支行为的过程；通过强化预算刚性、推进支出标准化等措施，控制不合理开支，降低运行成本，提升资金使用效益。三是提升中小学校的管理水平。中小学校应当严格执行人大批准的预算，坚持预算法定，增强法治观念，强化纪律意识，规范学校内部管理行为，强化财务基础工作，实现精细化、科学化管理，不断提升学校管理水平。

4.预算年度与学年度有什么区别？

答：预算年度又称财政年度或预算期，是编制政府预算时规定的收支起止期限，也是会计核算年度。《中华人民共和国预算法》第十八条规定“预算年度自公历 1 月 1 日起，至 12 月 31 日止”；《中华人民共和国会计法》第十一条规定“会计年度自公历 1 月 1 日起至 12 月 31 日止”。而根据教育教学规律，学校采用的是学年度即教育年度，是从当年的 9 月 1 日到次年的 8 月 31 日，通常称为一学年，暑假是学年分界线。需要注意的是，学校预算编制的是预算年度的财务收支计划，而不是学年度财务收支计划。但在学年度交替时，会因招生因素造成学生数量和教师数量的变化，给预算编制、执行和调剂等带来影响，中小学校应当高度重视，不断提高预算管理的科学性和精准性。

5.中小学校财务管理为什么要抓住预算管理这个“牛鼻子”？

答：中小学校的财务收支全部纳入预算管理，预算是中小学校财务工作开展的基础，贯穿于财务管理的全过程。预算编制反映有多少钱可花和应该往哪方面花钱，预算执行反映如何规范地把钱花出去，预算绩效反映花出去的钱有没有效果，决算反映年度财务收支的结果。预算管理是中小学校财务管理的主线和重要内容，学校财务管理必须要抓住预算管理这个“牛鼻子”。

6.什么是全口径预算管理？

答：中小学校全口径预算管理是指学校的全部收入和支出都应当纳入预算管理。收入预算要包含学校取得的各项收入，不仅包括财政补助收入，还包括上级补助收入、事业收入、经营收入、附属单位上缴收入和其他收入等；支出预算也要涵盖学校的所有支出内容，包括事业支出、经营支出、对附属单位补助支出和上缴上级支出等。《预算法》规定，政府的全部收入和支出都应当纳入预算，未纳入预算的不得支出。收入不得隐瞒、少列，支出不得虚假列支。《国务院关于进一步深化预算管理制度改革的意见》（国发〔2021〕5号）规定，政府的全部收入和支出都应当依法纳入预算，执行统一的预算管理制度。落实部门和单位预算管理主体责任，部门和单位要对预算完整性、规范性、真实性以及执行结果负责。

7.中小学校应如何处理中长期发展规划与年度预算的关系？

答：中小学校根据事业发展目标确定的中长期发展规划，包含了若干中长期支出事项和跨年度项目，根据项目预算管理等要求，将项目全生命周期内对资金的需要纳入学校预算管理，分年度科学合理做出资金安排，强化学校中长期规划对年度预算的约束性。同时，学校要按照项目预算管理的有关要求，完善中长期项目入库条件，加强项目库建设，健全项目预算审核机制，实现规划期内跨年度平衡的预算收支框架。

8.国家对中小学校实行什么样的预算管理办法?

答:国家对中小学校实行核定收支、定额或者定项补助、超支不补、结转和结余按规定使用的预算管理办法。

9.什么是中小学校"核定收支"的预算管理办法?

答:核定收支是中小学校预算管理的基本方式。中小学校实行全口径预算管理，应当将全部收入和全部支出统一编列预算，报请主管部门和财政部门核定;主管部门和财政部门根据国家有关政策和财力可能，结合学校特点、绩效目标和计划、收支及资产状况，核定中小学校年度预算收支规模。一般来说，中小学校的人员类项目预算采取"以支定收"，学校运转类项目支出和特定目标类项目支出预算采取"以收定支"与"以支定收"相结合的方式核定。具体采取哪种方式，由财政部门根据本地区预算管理要求确定。"核定收支"有利于全面加强中小学校的收支管理，掌握和控制中小学校收支的总体规模，保证中小学校各项资金合理使用;有利于充分发挥政府投入为主、受教育者合理分担、其他多种渠道筹措经费的投入机制的作用，保障学校健康发展;同时，也强化了预算的约束性，进一步增强了中小学校的预算管理责任。

10.什么是中小学校"定额或定项补助"的预算管理办法?

答:定额或者定项补助是重要的财政补助方式，也是学校预算管理的重要方式。定额补助是根据学校收支情况，按照相关规定和标准确定补助金额，如对义务教育学校生均公用经费执行基准定额，对非义务教育阶段学校实行生均综合定额或生均公用经费基准定额等，定额补助体现的是公平原则，简单地说就是对每个人或事补助的金额都一样。定项补助则是根据学校收支情况，确定对学校的某些支出项目进行补助，例如:对学校大型修缮和设备购置的补助、营养改善计划专项补助等，定项补助体现的是公正原则，简单地说就是有项目就补助，没项目就不补助。从目前情况来看，中小学校预算多数是采取定额加定项的补助方式。

11.如何理解中小学校的定额或定项补助要根据国家有关政策和财力可能等确定?

答:一是国家有关政策规定了教育预算拨款制度和经费投入机制。如中共中央、国务院印发的《关于深化教育体制机制改革的意见》规定,要健全各级教育预算拨款制度和投入机制,合理确定并适时提高相关拨款标准和投入水平,保证国家财政性教育经费支出占国内生产总值比例一般不低于4%,确保一般公共预算教育支出逐年只增不减,确保按在校学生人数平均的一般公共预算教育支出逐年只增不减;要求各地应结合实际制定出台公办幼儿园、普通高中生均拨款或生均公用经费标准,逐步健全各级各类教育经费投入机制。目前,国家已出台相关政策明确了各学段的生均公用经费或生均拨款、家庭经济困难学生资助、学生营养餐补助等各项定额标准。中小学校预算应当体现和落实国家政策要求,地方财政部门要按规定落实国家财政教育投入政策,优先保障教育支出,把相关经费足额纳入财政预算予以保障。

二是中小学校教育经费主要来自本级财政拨款,而地方公共财政资源是有限的。因此,中小学校预算坚持勤俭节约办教育和“保基本、补短板、促公平、提质量”的基本原则,分清轻重缓急,统筹条件改善和质量提升,优化教育资源配置,把有限资金用在刀刃上。

12.如何理解中小学校的定额或定项补助要结合教育改革要求等确定?

答:近年来,国家先后印发《关于深化教育体制机制改革的意见》《关于进一步减轻义务教育阶段学生作业负担和校外培训负担的意见》《中共中央　国务院关于学前教育深化改革规范发展的若干意见》《中共中央　国务院关于深化教育教学改革全面提高义务教育质量的意见》《国务院办公厅关于新时代推进普通高中育人方式改革的指导意见》《关于推动现代职业教育高质量发展的意见》等政策文件,基础教育、职业教育领域各项重大改革正在深入推进。一方面,中小学校预算是国家教育改革发展战略和教育方针、政策的体现，为教育改革提供经费保障；另一方面，教育改革也必然对教育经费保障机制改革产生影响。因此，中小学校的定额或定项补助要不断适应教育改革要求，在改善必要办学条件的同时，加大对各项改革的支持力度，保障各项改革顺利实施。

13.如何理解中小学校的定额或定项补助要结合中小学校特点等确定？

答：中小学校除了具有基础性、公益性、普及性和实现学生全面发展这些共同特点以外，还具有多样性的特点。中小学校包括不同学段、不同类型的学校，各有其自身的特征和功能，应当根据不同群体的特点采取精准化、差异化、梯度化发展的举措，才能找到它们的最优发展路径。从财政保障政策来看：一是义务教育作为公益一类事业单位全面纳入财政保障范围，实行国务院和地方各级政府根据职责共同负担、省级人民政府负责统筹落实的投入体制。二是学前教育实行政府和社会举办者投入、家庭合理负担的投入机制。三是普通高中实行以财政投入为主、其他渠道筹措经费为辅的机制。四是中等职业教育实行政府、行业、企业及其他社会力量依法筹集经费的机制。中小学校的自身特点和功能定位不同，财政保障政策也不相同。因此，为满足不同学段、不同类型学校的职能定位和事业发展的需要，中小学校的定额或定项补助必须要结合中小学校的自身特点。

14.如何理解中小学校的定额或定项补助要结合事业发展目标和计划等确定？

答：中小学校预算是根据教育事业发展目标和计划编制的年度财务收支计划，体现学校预算与学校发展目标的一致性，为中小学校履行公益性职能和实现学校发展目标提供政策和资金保障。一方面，中小学校要合理确定阶段性目标和任务，及时调整超越发展阶段、违背教育规律、不可持续的发展目标和计划。另一方面，中小学校的定额或定项补助预算要加强与中小学校事业发展目标和计划的统筹衔接，体现学校资源配置方向，优化支出结构，使有限的教育经费发挥最大使用效益。

15.如何理解中小学校的定额或定项补助要结合学校资产状况等确定?

答:中小学校资产是学校履行职能、提供公共服务的物质基础,也是学校预算编制的基础。从收入预算看,中小学校利用国有资产出租、出借等取得的收入应当纳入单位预算,统一核算,统一管理;学校的国有资产处置收入属于国家所有,应当按照政府非税收入管理的规定,实行"收支两条线"管理。从支出预算看,中小学校购置、建设、租用资产应当提出资产配置需求,编制资产配置相关支出预算,并严格按照预算管理规定和财政部门批复的预算配置资产。可以说,预算管理是资产管理的前提,资产管理是预算管理的延伸。中小学校预算编制、收支核定等大部分涉及学校资产状况,学校的资产状况对预算编制的完整性、科学性、有效性具有十分重要的意义。因此,中小学校的定额或定项补助预算需要结合学校资产状况。

16.如何理解中小学校预算中的"超支不补"、结转和结余按规定使用?

答:超支不补,是指中小学校预算在经法定程序核定以后,除特殊因素外,一般不再做调整。学校增加的支出不再追加经费,由学校通过预算调剂自求平衡。财政补助收入和财政专户管理资金的预算一般不予调剂。确需调剂的,由中小学校报主管部门审核后,报财政部门调剂。

结转资金是指当年预算已执行但未完成,或者因故未执行,下一年度需要按照原用途继续使用的资金。结余资金是指当年预算工作目标已完成,或者因故终止,当年剩余的资金。各级财政部门均对结转和结余资金管理做出了明确规定,如财政部印发的《中央部门结转和结余资金管理办法》(财预〔2016〕18 号)明确:基本支出结转资金原则上结转下年继续用于基本支出;项目实施周期内,项目支出结转资金(不含连续两年未用完的结转资金)结转下年按原用途继续使用;结余资金和连续两年未用完的结转资金,应当在年度预算执行结束后 45 日内完成清理,由财政部收回。《国务院关于印发扎实稳住经济一揽子政策措施的通知》(国发〔2022〕12 号)规定:加大盘活存量资金力度,对财政拨款结余资金和连续两年未用完的结转资金按规定收回统筹使用，对不足两年的结转资金中不需按原用途使用的资金收回统筹用于经济社会发展急需支持的领域。

17.为什么要以校为单位编制预算？

答：首先，《中华人民共和国预算法》规定："各级政府、各部门、各单位应当按照国务院规定的时间编制预算草案。"中小学校作为独立的法人单位，符合编制预算的基本条件，其学校预算是部门预算的重要组成部分，应当按照法律规定和国务院规定编制预算草案。其次，中小学校预算是学校根据自己的教育事业发展目标和计划编制的年度财务收支计划，反映了学校业务活动的范围和方向，是学校财务工作开展的基本依据。学校作为经费使用者，应当履行预算管理主体责任，对预算的完整性、规范性、真实性以及执行结果负责。因此，无论从法律责任，还是从学校的权利和义务看，中小学校都应当以校为单位，客观真实、全面细致地编制学校预算。

18.不具备独立法人资格的学校如何编制预算？

答：我国中小学校点多面广，特别是在山区和边远地区，还存在着许多不具有独立法人资格的教学点。同时，我国很多地区试行教育集团化管理，有些教育集团成员校不具备独立法人资格，学校设置执行校长，在集团校总校长的领导下开展工作。不具备独立法人资格的学校，无法开设基本存款账户和零余额账户，也不是本级财政部门的预算单位。为了保证预算编制的完整性和规范性，根据《中华人民共和国预算法》等有关规定，对于不具备独立法人资格的学校（教学点），应纳入其隶属的有独立法人资格的学校统一编制预算。

19.中小学预算编制的基本原则是什么？

答：预算编制的基本原则是：量入为出、收支平衡、统筹兼顾、保证重点、勤俭节约和讲求绩效。

"量入为出、收支平衡"主要有两层含义：一是收入预算要稳妥可靠，中小学校组织收入要合法合规，按照规定的项目和标准准确测算；支出预算要建立在稳妥可靠的收入基础上，不能预留硬缺口。应当避免批复的预算在执行过程中出现大量超收、超支等收支不能平衡问题。二是预算编制要考虑财力可能，严格按照财政下达的预算控制数编制收支预算，做到收支平衡。

“统筹兼顾、保证重点”主要有三层含义：一是基本支出是维持学校正常运转所必需的开支，如人员工资、离退休费、公用经费等，要优先安排，不能留有缺口；二是项目支出应当根据财力情况和事业发展需要，按照轻重缓急进行排序，优先安排符合国民经济和社会发展计划、符合国家有关政策及学校事业发展目标和计划的项目；三是中小学校预算编制要合理安排各项资金，优先保障支出重点，同时，妥善安排其他各项支出。

“勤俭节约和讲求绩效”主要有两层含义：一是中小学校必须不折不扣落实过紧日子要求，不提脱离实际难以实现的目标，不搞形象工程、不超标准建设豪华学校，坚持勤俭节约办教育，建设节约型校园；二是要牢固树立“花钱必问效、无效必问责”的理念，加强经济核算，降低运行成本，全面实施预算绩效管理，提高资金使用效益。

20.中小学校可以编制赤字预算吗？

答：不可以。赤字预算的主要特征是在编制预算时，存在收不抵支的情况，通常适用于国家财政预算的编制。中小学校预算编制的前提是要坚持收支平衡，支出预算要建立在稳妥可靠的收入基础上，不能预留硬缺口。《中小学校财务制度》规定，严禁义务教育阶段学校举借债务，非义务教育阶段学校不得违反规定举借债务。因此，中小学校不能编制赤字预算。

21.中小学校收入预算包括哪些内容？

答：中小学校收入预算主要包括财政补助收入、事业收入、上级补助收入、附属单位上缴收入、经营收入和其他收入。中小学校所有的收入都要纳入预算，未纳入预算的收入不得安排支出。

22.中小学校编制收入预算时应当注意哪些问题？

答：中小学校编制收入预算时要注意以下问题：一是正确区分事业收入和经营收入。应将中小学校开展教育教学活动及其辅助活动取得的收入列入事业收入,将在教育教学活动及其辅助活动之外开展非独立核算经营活动取得的收入列入经营收入。二是对于具体的收入项目,有明确收费标准的,应当根据收费标准测算,如非义务教育阶段学校的学费收入等;没有明确收费标准的,则要根据上年执行情况,结合预算年度相关因素测算编制。三是中小学校的代收费不能作为收入编入预算;上缴国库或财政专户的非财政补助收入不能直接编入事业收入,纳入中小学校收入预算的应当是预计从国库或财政专户核拨给学校的收入。四是上级补助收入,一般根据上级有关部门的补助标准和要求进行编制;附属单位上缴收入,一般按照规定的附属单位上缴比例或定额编列预算;其他收入,应参照上年度实际水平并结合预算年度具体情况编列预算。

同时,学校在编制收入预算时,还应当重点关注以下异常行为:一是擅自增加收费项目、扩大收费范围和提高收费标准增加收入;二是利用应付及暂存、代管项目等过渡性会计科目挂账核算收入;三是收入直接冲减支出,坐支挪用;四是设置两套账核算收入,学校单独设置一套账,内部核算收入,不在预算收入中反映;五是推迟或提前确认收入;六是混淆各类收入。此外,学校虚增或虚减收入预算主要发生在上级补助收入、经营收入、其他收入等收入中,学校应当杜绝此类行为发生。

23.中小学校支出预算包括哪些内容?

答:中小学校支出预算由事业支出、经营支出、对附属单位补助支出、上缴上级支出和其他支出组成。事业支出按照支出具体内容又分为基本支出和项目支出两大部分。中小学校在编制支出预算时,所有的支出都要纳入预算管理。属于开展教育教学及其辅助活动发生的支出应当列入事业支出,在开展教育教学及其辅助活动之外开展非独立核算的生产经营活动发生的支出应当列入经营支出。同时,要注意事业支出与事业收入不是配比关系,学校各项收入除经营收入外,都可直接用于事业支出;经营支出与经营收入是配比关系,应正确反映经营收支结果。

24.应当如何正确理解基本支出预算和项目支出预算的关系?

答:基本支出预算和项目支出预算是学校支出预算的重要组成部分,是对学校年度事业支出的总预计，二者相互独立，又相互补充，共同构建了学校支出预算的整体框架。从任务目标看，基本支出预算反映的是学校为保障学校正常运转、完成日常教育教学任务而确定的年度支出安排，包括人员经费和公用经费，是为了实现学校“保工资、保运转”的目标；而项目支出预算反映的是中小学校为了完成特定工作任务和事业发展目标而确定的年度支出安排，是为了实现学校“保发展”的目标。基本支出预算主要采取定员定额的方法，按照核定的人员编制、实有人员情况以及财政部门核准的定额标准，结合学校基本支出经费的结转情况，测算编制基本支出预算；项目支出预算主要根据预算年度事业发展计划，结合上年项目支出预算执行和预计结转结余情况，以及财政部门和主管部门的要求，在严格的遴选、论证、评审基础上，编制项目支出预算。项目支出应当符合国家有关政策，符合财政资金支持方向和供给范围，属于学校履行职能和促进事业发展需要安排的项目。

25.中小学校的预算由谁来编制？

答：学校预算由收入预算和支出预算组成，反映了学校的全部收入和支出，涉及教育教学、后勤管理、人员管理等各个方面，综合性很强，单纯依靠学校财务人员难以高质量完成预算编制工作。因此，应当在学校党组织的统一领导下，学校财务部门牵头，教务、总务、人事和教师代表等共同参与预算编制工作。

26.中小学校编制学校收支预算时还应当同步编制哪些预算？

答：中小学校在编制单位预算时，涉及使用财政性资金购置、建设、租用资产，进行货物、工程、服务政府采购的，还应当同步编制资产配置预算、政府采购预算等。资产配置预算主要包括项目名称、资产名称、资产类别、购置数量、资产单价、预算金额、购置时间等内容要素。政府采购预算主要包括项目名称、采购品目、采购数量、预算金额、采购时间等内容要素。《政府采购法》明确要求，各学校应当遵循“公开、公平、公正”的原则，根据财政部门公布的采购品目和政府采购条件，对符合条件的支出项目编制政府采购预算，并在预算执行过程中按批准的政府采购预算和法定的采购方式进行采购。

27.中小学校从附属单位(如附属幼儿园、校办企业等)所取得的收入应采取何种方式列入收入预算?

答:中小学校从附属单位取得的收入应全部纳入学校收入预算管理,但需要区分不同情况分别列入相关收入科目。一是附属单位具有独立法人资格、独立的财务会计组织体系、独立完整地进行会计核算的单位,学校取得的收入应计入“附属单位上缴收入”。二是附属单位不具有独立法人资格,学校取得的收入计入“经营收入”。三是中小学校对附属单位进行投资产生的股权投资收益,学校取得的收入计入“其他收入”。

28.中小学校可以编制政府购买服务预算吗?

答:不可以。根据《政府购买服务管理办法》(财政部令第102号)要求,义务教育阶段学校属于公益一类事业单位,不作为政府购买服务的购买主体和承接主体,不能编制政府购买服务预算;普通高中、中等职业学校以及幼儿园属于公益二类事业单位,可以作为政府购买服务的承接主体,但不得作为购买主体,也不能编制政府购买服务预算。

29.中小学校预算编制的主要流程是什么?

答:按照《预算法》的要求,学校预算编报采用“两上两下”的流程。

如果学校作为二级预算单位,预算编报基本流程如下。一上:学校编报年度预算建议数,经主管部门审核汇总报财政部门。一下:财政部门下达预算控制数。二上:学校根据财政部门下达的预算控制数编制预算草案,由主管部门审核汇总报财政部门。二下:财政部门核定并经法定程序审核后批复学校年度预算。

如果学校作为一级预算单位,预算编报基本流程如下。一上:学校编报年度预算建议数,上报财政部门,并抄报教育部门。一下:财政部门下达预算控制数。二上:学校根据上级下达的预算控制数编制预算草案,上报财政部门,并抄报教育部门。二下:财政部门核定并经法定程序审核后批复学校年度预算。

30.中小学校在编制预算前需要做好哪些准备工作?

答:学校预算编制是一项细致、复杂、政策性很强的工作,为了科学、合理地编制学校预算,保证学校预算编制的质量,必须认真细致地做好以下准备工作:一是要回顾总结上一年度预算执行情况,分析财务收支和业务活动等有关情况的变化,找出影响本年度预算的各种因素;二是要客观分析本年度事业发展计划对预算的要求和国家有关政策对预算的影响,包括吃透政策要求、了解各项定额和定项补助标准、设施设备配备标准、找准影响预算年度收支的相关因素等;三是要认真学习、正确领会财政部门和主管部门对预算编制的相关要求。

31.中小学校预算编制前需要核实哪些基本数据?

答:中小学校基本数据是反映学校规模、工作量、人员配置等情况的基础统计数据,是编制学校预算的重要依据,主要包括:在校生数、教学班数、教职工人员编制数、实有在职人数、离退休人数、房屋建筑物面积、机动车辆数、设施设备数量等基本数据。在编制预算前要对上述基本数据进行审核,剔除不实或非正常因素,增强年度预算编制的准确性。

32.中小学校预算编制前应当做好哪些分析工作?

答:一是分析上年度学校事业计划完成情况、预算执行情况,找出存在的问题,并分析预测发展趋势;二是分析上年度各项资金来源、使用绩效及管理使用中存在的问题;三是分析最新出台的有关政策对学校收支影响、收支标准及定员定额的变化情况;四是分析上年预算执行情况和各项资金结转结余情况等;五是对照办学的各项基本标准分析学校资产使用情况,结合资产折旧情况,按照轻重缓急提出预算年度设施设备的更新和配置计划等。特别是对于新学年开始后在校学生数和教职工数发生较大变化的,应当尽可能把由此带来的收支变化纳入年度预算;如果无法纳入,则应当在预算中予以充分说明,为下半年预算调剂做好相关准备。

33.中小学校应当如何编好预算建议数(一上)?

答:中小学校在充分做好预算编制准备工作的基础上,要按照财政部门的预算编制要求,编制学校年度收支预算建议数。一是要根据上年预算执行情况、本预算年度学校事业发展目标和计划以及预算编制的有关规定,分析各项增减因素对学校收支的影响,提出学校预算年度全部收入、支出预算的建议数,其中包括申请财政补助建议数。二是应当按照财政部门要求提供相关预算编制材料,包括学校编制说明文件、规定月份的全员工资表、教育事业统计数据、增人增资有关文件、项目立项实施的政策文件依据、项目绩效管理材料以及其他需要提供的资料。同时,特别要做到以下三点:一是各项收入数据要真实、来源要稳定可靠,不能随意夸大或隐瞒收入;二是各项支出数据要有依据、有标准、要细化,每项收入、支出要落实到具体部门、具体人员,细化到具体时间;三是预算的基础资料来源真实完整。

34.财政部门对中小学校上报的预算建议数的审核重点有哪些?

答:财政部门对学校预算建议数的审核重点是:学校预算建议数是否编报合理,收入是否按照有关规定全部列入预算,支出是否按标准编列,学校项目实施的必要性和依据是否符合本地区发展政策和财政资金使用方向,应当纳入政府采购的支出是否编制了政府采购预算,是否按规定对新增项目开展事前绩效评估等。

35.中小学校为什么要严格执行批准的预算?

答:《预算法》明确规定,各部门、各单位是本部门、本单位的预算执行主体,负责本部门、本单位的预算执行,并对执行结果负责;同时,《国务院关于进一步深化预算管理制度改革的意见》(国发〔2021〕5 号)要求,要坚持预算法定,增强法治观念,强化纪律意识,严肃财经纪律,维护法律的权威性和制度的刚性约束力。中小学校预算是按照法定程序经本级人大批准的年度财务收支计划,具有法律的权威性和严肃性。因此,中小学校预算一经批准,必须严格执行,不得擅自更改;调整预算必须按照规定程序和权限报批,严禁超预算、无预算安排支出。

36.中小学校应当如何加强预算执行管理?

答:一是合理分解年度预算,落实管理责任。合理编报分月用款计划,及时将收支预算指标分解到学校内部各有关部门，并同时提出预算执行和管理的目标要求及责任。

二是依法组织收入，保证收入预算的完成。中小学校应当严格执行国家规定的收费范围、收费项目和收费标准，不得擅自扩大收费范围、增加收费项目、提高收费标准。按规定应当上缴国库或财政专户的资金要及时足额上缴，实行“收支两条线”管理，不得坐支。

三是加强支出管理，严格预算执行。中小学校应当加强对预算支出的管理，严格执行预算，遵守财政制度，强化预算约束，不得擅自扩大支出范围、提高开支标准；严格按照预算规定的支出用途使用资金，合理安排支出进度。

四是及时分析收支情况，保证年度预算的顺利完成。在预算执行过程中，学校应当建立健全定期检查、分析、考核制度，及时总结经验，发现并解决存在的问题，保证年度预算的顺利完成。

五是加强预算执行过程的绩效管理。在预算执行中，对绩效目标实现程度和预算支出进度实行“双监控”，使绩效管理覆盖所有财政教育资金，并深度融入预算编制、执行、监督全过程。

37.预算调整和预算调剂的区别是什么？

答：《预算法》第六十七条规定：地方各级政府预算在执行中出现需要增加或者减少预算总支出的、需要调入预算稳定调节基金的、需要调减预算安排的重点支出数额的、需要增加举借债务数额等情况，应当进行预算调整。各级政府对于必须进行的预算调整，应当编制预算调整方案，说明预算调整的理由、项目和数额，提请本级人民代表大会审查和批准。未经批准，不得调整预算；经批准的预算调整方案，各级政府应当严格执行。

预算调剂是指除《预算法》规定的预算调整事项和动用预备费事项以外，预算执行中财政拨款支出预算在不同预算科目、预算级次、预算单位或者项目之间的变动。《预算法》第七十二条规定：各部门、各单位的预算支出应当按照预算科目执行。严格控制不同预算科目、预算级次或者项目间的预算资金的调剂，确需调剂使用的，按照国务院财政部门的规定办理。

对预算的调整和调剂可以这样理解：两者最重要的区别是总预算支出

是否发生变化。如“需要增加或者减少预算总支出”属于总支出发生变化的，是“预算调整”；而“严格控制不同预算科目、预算级次或者项目间的预算资金的调剂，确需调剂使用的，按照国务院财政部门的规定办理”属于总支出未发生变化的，是“预算调剂”。各级政府预算执行中出现《预算法》第六十七条规定的情形，应当依法履行预算调整程序，经人大批准后进行预算调整。除此之外，各部门、各单位的财政拨款支出预算在不同预算科目、预算级次、预算单位或者项目之间的变动，均属于预算调剂。

38.中小学校预算调剂有哪些要求？

答：预算调剂必须坚持以下原则。一是预算调剂要有利于提高资金使用效益，促进事业发展；二是预算调剂必须依托项目库进行，不得脱离项目库单独对预算指标进行调剂；三是财政补助收入和财政专户管理资金预算以外的中小学校经营收支、其他收支等其他资金确需调剂的，由学校自行调剂并报主管部门和财政部门备案。国家有明确规定的，按照国家有关规定办理。

39.中小学校预算调剂主要包括哪些方式？

答：预算调剂是预算执行的一项重要程序，是保障预算顺利实施的必要方式，也是实现预算管理目标的有效手段。学校预算调剂主要包括以下方式：

一是支出科目调剂。功能分类科目的类、款、项变化由学校提出调剂申请，主管部门审核后报财政部门审核办理；经济分类科目的“类”级科目调剂应报财政部门批准，“款”级科目调剂由学校自行办理。

二是项目调剂。同一学校的不同项目间调剂，由学校提出调剂申请，主管部门审核后报财政部门审批；项目所属的不同学校间调剂，由拟划入预算的学校新设或调增项目支出需求，由拟划出预算的学校取消或调减项目支出需求，划入划出双方提出预算调剂申请，报财政部门审核办理。

三是级次间调剂。有二次分配权的主管部门待分配项目（未明确学校、项目）需要细化到具体学校和具体项目的，由主管部门提出项目细化调剂方案，报财政部门审批。

40.中小学校应当如何强化预算管理?

答:一是要建立健全预算编制、审批、执行与评价全过程的内部控制管理制度;二是预算编制要做到程序规范、方法科学、编制及时、内容完整、项目细化、数据准确,要建立内部预算、资产、基建、人事等部门或岗位的沟通协调机制,提高预算编制的科学性;三是重大项目立项前要经过集体决策,采取事前评估后才能纳入预算项目库;四是要根据内部职责分工,对批复的预算进行指标分解、审批下达,规范内部预算调剂调整程序,充分发挥预算对校内经济活动的管控作用;五是应当建立预算执行分析机制,定期通报各部门预算执行情况,召开预算执行分析会议,研究解决预算执行中存在的问题,提出改进措施,提高预算执行的有效性;六是要建立健全学校预算与决算相互反映、相互促进机制,加强决算分析工作,强化决算分析结果的运用;七是要加强预算绩效管理。

41.什么是中小学校决算?

答:中小学校决算是学校依据国家有关法律法规规定及其履行职能情况编制,反映学校所有预算收支和结余执行结果及绩效等情况的综合性年度报告,是改进学校预算执行以及编制后续年度预算的参考和依据。

42.中小学校决算管理事项包括哪些?有哪些作用?

答:中小学校的决算管理事项主要包括:决算的工作组织、编制审核、报送、批复、信息公开、分析应用以及数据资料管理等。决算是中小学校加强内部管理的重要举措,通过年度决算,可以反映中小学校各项预算指标和事业计划完成情况,分析预算执行进度情况,发现财务管理中存在的问题,有针对性地提出加强和改进管理的措施,提高财务管理水平。因此,中小学校应当重视规范决算管理工作,对决算的规范性、真实性、准确性、完整性负责,并加强决算审核分析工作。

43.中小学校决算的编报流程是什么?

答:预算年度终了,中小学校应当按照本级财政部门的工作部署,依法依规编制决算，做到收支真实、数额准确、内容完整、报送及时。

（1）编制决算。一是清理收支账目、往来款项，核对年度预算收支和各项缴拨款项，做到账实相符、账证相符、账表相符、表表相符。二是按照规定的时间结账，不得提前或者延迟。三是根据预算会计核算生成的数据、财政部门对预算的批复文件等编制决算，如实反映年度内全部收支，不得以估计数据替代，不得弄虚作假。

（2）审核决算。一是审核决算编制范围是否完整，是否有漏报和重复编报情况。二是审核决算报表是否合规、准确、完整。三是审核报表说明和决算分析是否符合决算编制规定。

（3）上报决算。将决算的纸质报表、电子数据以及相关资料，按照相关规定及要求上报主管部门和财政部门审核，并对审核发现的决算编制不符合规定，存在漏报、重报、虚报、瞒报、错报等问题，按要求限期纠正。

44.中小学校的预、决算公开有哪些要求？

答：中小学校是预、决算公开的主体。除涉及国家秘密的内容外，应当按照有关规定，自批复本单位预、决算后二十日内向社会公开经批复的预、决算。中小学校应当以本单位门户网站或财政部门指定网站为主要平台公开预决算，并保持长期公开状态。学校预、决算应当公开基本支出和项目支出；学校预、决算支出按其功能分类应当公开到项，例如学前教育、小学教育等；按其经济性质分类，基本支出应当公开到款，例如基本工资、办公费、离退（休）费等。同时，学校债务、政府采购、财政专户资金等情况，也要按照有关规定向社会公开。

45.中小学校如何进行决算的分析应用和数据资料管理？

答：一是中小学校应当加强对决算数据和预算绩效的分析，汇编分析资料，撰写分析报告，强化决算分析结果的反馈和运用，及时解决决算反映的问题，发挥决算对预算编制、执行以及财务管理的促进作用。

二是中小学校应当充分利用信息技术，推动单位决算数据共享工作，提高决算数据的应用质效。

三是中小学校应当按照《会计档案管理办法》有关规定，采取必要措施，对学校决算数据资料进行管理和维护。学校决算数据资料包括以各种介质存放的决算报表、报表说明、决算分析等。

46.什么是预算管理一体化?

答:预算管理一体化,是以系统化思维和信息化手段进行业态融合,将预算编制、预算执行、决算和财务报告、资产管理、债务管理等业务环节按一个整体进行整合规范;以统一预算管理规则为核心,以预算管理一体化系统为主要载体,将统一的管理规则嵌入信息系统,提高项目储备、预算编审、预算调整和调剂、资金支付、会计核算、决算和报告等工作的标准化、自动化水平,实现对预算管理全流程的动态反映和有效控制,保证各级预算管理规范高效,是覆盖预算管理从编制到执行再到核算的业务管理闭环。

47.为什么要实施预算管理一体化?

答:一是推进预算管理一体化是加快建立完善现代预算制度,推动国家治理体系和治理能力现代化的必然要求。预算体现国家的战略和政策,反映政府的活动范围和方向,是推进国家治理体系和治理能力现代化的重要支撑,是宏观调控的重要手段。目前,我国预算制度与党的十九大、十九届四中全会提出的现代预算制度建设目标相比,仍有差距,必须进一步深化预算制度改革,充分利用好现代信息技术,构建“预算制度+信息技术”的管理机制,以信息化手段驱动实现预算制度现代化,加快实现预算制度改革目标,推动实现国家治理体系和治理能力现代化。

二是推进预算管理一体化是落实政府过紧日子要求,积极应对今后一段时期财政“紧平衡”状态的重要保障。随着我国经济发展进入新常态,财政收入难以持续高速增长,尖锐的收支矛盾仍然持续,财政紧平衡状态将在较长时间内存在。同时,财政支出结构固化、政府资源低效浪费问题逐步凸显,各种经济社会风险加速向财政转移,需要尽快加以解决。为应对新形势、解决新问题,必须坚持政府带头过紧日子的要求,在巩固前期减税降费政策效果的基础上,加大预算对各类公共资源的统筹能力,加强对预算支出的管理,充分使用好有限的财政资源,更加注重预算项目的质量和效益,把不该花的钱减下来。这就必须推进预算管理一体化,加快完善预算管理制度，以信息技术手段规范财政管理程序，切实硬化预算约束，把政府过紧日子的要求落实到位。

三是推进预算管理一体化是深化预算制度改革的主要支撑手段。当前，预算制度改革进入深水区、攻坚期，过去出台的单项制度、规则和局部突破的方式，不能适应改革发展要求，难以达到改革预期效果。进一步深化预算制度改革，必须坚持以党的十九大、十九届四中全会提出的现代预算制度建设要求为指导，制定切实可行的方案。预算要全面规范透明，就必须将所有的政府收入和支出纳入预算，统一预算管理规则；制定科学的预算支出标准，就必须有大量的预算数据支撑；实现有力的预算约束，就必须把预算做实，强化预算对执行的控制；开展绩效管理和绩效考核，也需要更加科学合理的方式和标准。这些都要求推进预算管理一体化，实现各级政府预算之间、各预算管理环节之间，以及政府预算、部门预算和单位预算之间的有效衔接控制，加强对部门和单位各项资金、资产、资源的统筹管理。因此，预算管理一体化既是深化预算制度的重要内容，也是支撑预算制度改革有效实施的重要手段。

四是推进预算管理一体化是完善财政基础工作、做好基础管理的必然选择。2021 年 3 月，国务院出台《关于进一步深化预算管理制度改革的意见》(国发〔2021〕5 号)，将预算管理一体化系统作为支撑中央和地方预算管理，推动进一步深化预算制度改革的重要手段，把推进预算管理一体化系统建设作为改革的重要基础工作。但是，当前预算管理基础工作中仍然存在许多薄弱环节，预算管理的规范性还不够，财政部门对预算运行信息的掌握也不充分，不利于预算法在预算管理中的贯彻执行，也不利于各级财政落实党中央、国务院决策部署和国家宏观调控政策的实施。因此，财政部门必须对现有的预算管理手段和信息化水平全面彻底地升级，提升对数据的管理能力，把基础工作做扎实；通过预算管理一体化夯实自己的基本功，提升自己的看家本领，真正担负起财政预算管理职责。

48.预算管理一体化的建设思路和主要任务是什么？

答：预算管理一体化的建设思路是：财政部组织制定全国统一的《预算管理一体化规范》和系统技术标准，将预算编制、预算执行、决算和财务报告、资产管理、债务管理等业务环节按一个整体进行整合规范，贯通中央、省、市、县各级财政预算管理；各地由省级财政部门统一按照《预算管理一体化规范》和系统技术标准建设一体化系统，将市县级预算数据集中到省级财政，并与财政部联网对接，通过嵌入系统的控制规则规范预算管理和硬化预算约束，为深化预算制度改革提供基础保障。建设任务主要有四项：一是统一全国预算管理一体化规范，二是统一全国预算管理一体化系统技术标准，三是统一对标规范和技术标准推进系统建设改造，四是实现预算数据的集中统一管理和上下贯通。

49.实施预算管理一体化的原则有哪些？

答：一是全面综合。推进全口径政府预算管理，各单位的财政拨款收支、事业收支、事业单位经营收支和其他收支等各项收支全部列入部门预算统一编制，不得在预算以外列收列支，进一步提高部门预算的完整性和各类资金的统筹能力。

二是规范统一。规范和统一各级预算管理业务流程、管理要素和控制规则，并嵌入预算管理一体化系统统一实施，实现政府预算、部门预算、单位预算之间以及上下级预算之间的业务环节无缝衔接和有效控制，预算管理全流程合法合规。

三是公开透明。将预算项目作为预算管理基本单元，项目库实时记录和动态反映预算项目储备、实施到结束全过程的预算管理信息，实现项目全生命周期管理，提高预算管理透明度。除涉及国家秘密外，预算项目预决算信息依法依规报送各级人大和向社会公开，全面接受立法机关和社会监督。

四是标准科学。依据财政部门在系统中设置的支出标准编制项目预算，没有支出标准的要提出测算项目预算的暂定标准并逐步形成制度办法，构建形成覆盖各类预算支出的标准体系，更好发挥标准在预算编制和管理中的基础支撑作用。

五是约束有力。切实硬化预算约束，依据经批准的预算生成预算指标账，采用会计复式记账法记录和反映预算指标在预算管理各业务环节的来源、增减和状态，强化预算指标对执行的约束，真正做到各单位的支出以经批准的预算为依据，未列入预算的不得支出。

六是分步实施。既考虑当前预算管理实际又立足现代预算制度建设长远目标，一些业务规则适度超前，但保证在系统支持下可以实现，同时为下一步拓展留有空间。

50.预算管理一体化的主要内容有哪些？

答：预算管理一体化主要有基础信息管理、项目库管理、预算编制、预算批复、预算调整和调剂、预算执行、会计核算、决算和报告等八个方面的内容，涵盖预算管理的主要环节。预算管理一体化建设构建现代信息技术条件下“制度＋技术”的管理机制，全面提高各级预算管理规范化、标准化和自动化水平，实现五个“一体化”的管理目标：

一是实现全国政府预算管理的一体化。建立各级政府预算的动态汇总机制和转移支付追踪机制，动态反映全国预算资源的分配、拨付、使用情况，并对非财力性转移支付项目跟踪问效，增强财政对政府预算资源的统筹调度能力。

二是实现各部门预算管理的一体化。各部门及所属单位依法依规将取得的各类收入纳入部门和单位预算，执行统一的预算管理制度。各部门统筹使用好本部门非财政拨款收入等各项收入和各类存量资金资产，突出保障重点支出需求，提高资金使用效益和资产配置效率。

三是实现预算全过程管理的一体化。整合预算编制、预算执行、决算和报告、政府采购、资产管理和债务管理等预算管理环节，强化顺向环环相扣的控制机制和逆向动态可溯的反馈机制，预算执行结果及形成资产情况作用于以后年度预算编制，同时推进绩效管理与预算管理各环节深度融合，形成预算全过程的管理闭环。

四是实现预算项目全生命周期管理的一体化。预算管理各环节以预算项目为基本单元，依托项目库对预算项目全生命周期实施管理。预算支出全部以项目形式纳入预算项目库，各类合规确定的中长期支出事项和跨年度项目在全生命周期内对财政支出的影响、地方政府债务偿债支出等应纳入中期财政规划，更好地统筹未来财政收支，增强中期财政规划对年度预算的约束，加强跨年度预算平衡。

五是实现全国预算数据管理的一体化。实现各级财政预算数据生产和对接传输的标准化。在坚持部门和单位财务管理主体责任的基础上，集中单位会计核算、资产管理、账户余额等财务数据，实现财政部门与单位主管部门共享共用。各省预算管理一体化系统集中地方各级财政预算数据，并与中央财政系统对接，实现全国预算数据的集中管理。

51.预算管理一体化主要建立了哪些管理机制？

答：《预算管理一体化规范》在系统梳理当前预算制度基础上，针对当前预算管理存在的主要问题，应用系统化思维建立健全了一系列预算管理机制，主要包括十个方面：一是建立健全预算项目全生命周期管理机制，二是建立健全统一的财政预算管理要素管理机制，三是建立健全上下级财政间预算管理衔接机制，四是建立健全政府预算、部门预算、单位预算衔接机制，五是建立健全预算指标账管理机制，六是建立健全国库集中支付管理机制，七是建立健全结转结余资金预算管理机制，八是建立健全单位资金管理机制，九是建立健全预算管理与资产管理的衔接机制，十是建立健全预算管理与债务管理的衔接机制。这些管理机制是《预算管理一体化规范》制度机制创新的集中体现。

52.预算项目全生命周期管理机制的主要内容有哪些？

答：一是完善以项目库为源头的预算管理机制。所有预算支出都要以预算项目的形式纳入项目库，并根据各类预算支出性质和用途将预算项目分为人员类项目、运转类项目和特定目标类项目。其中，人员类项目支出和运转类项目中的公用经费项目支出对应目前的基本支出，其他运转类项目支出和特定目标类项目支出对应目前的项目支出。各部门、各单位结合部门事业发展规划提前研究谋划项目，常态化开展项目申报和评审论证，财政部门审核通过后储备入库，从而增加项目评估和储备时间，提高储备项目质量和成熟度。预算编制必须从项目库中选取项目，按优先次序安排。

二是完善项目预算分年度安排机制。多年度实施的项目要将项目活动和支出分解到各年度，细化测算每年的预算需求，财政部门审核后按照每年实际支出需要分年度安排预算。经常性项目、延续性项目及当年未安排的预算储备项目，自动滚入下一年度。

三是实时记录和动态反映项目全生命周期的预算管理信息。预算管理各环节均以预算项目为基本管理单元,预算编制到项目、执行按项目进行预算指标控制、会计核算到项目,各类预决算报表也是基于细化到项目的预算和会计核算数据自动汇总生成。项目实施过程中动态记录和反映项目预算下达、预算调整调剂、预算执行等情况,项目结束和终止时,系统自动计算项目预算结余。

53.预算一体化管理为什么将项目作为预算管理的基本单元?

答:以项目作为预算管理的基本单元主要原因有以下几点:一是以项目作为预算管理的基本单元,能够防止无预算支出、超预算支出;二是建立不同类别的项目能够规范单位支出,保证专款专用,防止不同类别资金混用;三是实施项目全生命周期管理能够提高预算的前瞻性。

54.预算一体化管理中的预算项目支出都是项目支出吗?

答:不都是。

预算一体化管理中的预算项目按照支出性质和用途分为人员类项目、运转类项目、特定目标类项目三类。人员类项目支出、运转类项目中的公用经费项目支出对应部门预算中的基本支出,特定目标类项目支出、运转类项目中的其他运转类项目支出对应部门预算中的项目支出。

人员类项目、运转类项目中的公用经费项目根据部门和单位有关基础信息测算,直接纳入项目库作为预算储备项目。

特定目标类项目、运转类项目中的其他运转类项目由部门和单位提前研究谋划,经财政部门审核通过后作为预算储备项目。

综上所述,预算一体化的预算项目中的“项目”所发生的支出分为基本支出和项目支出。

55.什么是项目库?

答:项目库是指为促进预算科学精准编制和规范高效执行,对预算项目的提前研究谋划、评审论证、入库准备、排序优选等工作进行规范化、程序化管理的数据库。中小学校为了实现运行和发展过程中的各种目标需要完成各种各样的任务,每一项需要完成的任务就是一个项目。中小学校对每一个项目进行研究、论证、排序,从而选定准备实施的项目,将其相关的信息放入一个标准的数据库,这个数据库就是项目库。

列入项目库的项目是经过提前谋划、评审论证、排序优选选定拟实施的项目;项目库是标准化管理的数据库,内容涵盖了项目的前期谋划、项目储备、预算编制、项目实施、项目终止等阶段的信息;中小学安排预算资金时只能从项目库中选取项目,未列入项目库的项目一律不得安排预算支出。

56.项目库管理的内容和要求有哪些?

答:项目库管理主要明确项目库管理框架,规范预算项目的分类以及各类项目的管理流程、管理规则和管理要素等。根据《国务院关于进一步深化预算管理制度改革的意见》(国发〔2021〕5 号)和《预算管理一体化规范》要求,全部预算支出都以预算项目的形式纳入项目库,实施项目全生命周期管理,未纳入预算项目库的项目一律不得安排预算。项目库常态化开展项目储备工作,预算编制时从预算储备项目中选取项目按顺序安排,项目实施过程中要动态记录和反映项目预算下达、预算调整调剂、预算执行等情况,项目结束和终止时要予以标记。人员类项目、运转类项目中的公用经费项目根据部门和单位有关基础信息测算,直接纳入项目库作为预算储备项目;特定目标类项目、运转类项目中的其他运转类项目由部门和单位提前研究谋划,经财政部门审核通过后作为预算储备项目。

57.中小学校项目库建设须遵循哪些原则?

答:学校项目库建设须遵循以下六个原则:一是科学论证。项目申报须经过充分论证和严格评审,与学校事业发展规划相衔接。二是择优选择。项目建设有轻重缓急,应根据学校事业发展需要、预期效益大小及受益影响范围等因素合理安排项目建设顺序。三是规范管理。项目编报流程须遵守规范,纳入项目库的项目应严格按照项目实施方案落实。四是滚动管理。项目建设实行滚动管理,特别是跨年度实施的项目,一般可在 3 个预算年度内滚动安排资金。五是综合预算。编制年度财务预算时,须统筹安排财政专项资金和其他各项资金。六是绩效管理。学校对入库建设的项目执行全过程追踪问效，全面落实项目绩效管理，适时调整项目建设滚动规划与资金拨付。

58.中小学校预算项目入库的基本条件是什么？

答：项目入库一般应具备以下条件。一是按照规定完成可行性研究论证，具备明确的项目实施期限、分年度资金测算、绩效目标和评价机制等。二是项目名称等填列规范。根据预算公开要求，项目名称要围绕支出功能、项目效益等内容填报，不得直接用财力来源命名项目，如“非税收入安排的支出”等。三是按照规定开展事前绩效评估。部分重要政策、重大项目和专项资金，按照国家有关规定应开展事前绩效评估，未经评估或评估不充分、结论不支持的项目，一律不得纳入项目库。

59.怎样才能成为中小学校预算储备项目？

答：中小学校应当将完成评审论证和内部审批程序的预算项目报送财政部门审批。一是财政部门审核通过的项目，作为预算储备项目，供预算编制时选取；二是退回修改的项目，中小学校按照财政部门意见修改，并经财政部门审核通过后作为预算储备项目；三是审核不通过的项目，中小学校不能作为预算储备项目。

60.中小学校运转类项目管理流程及规则是什么？

答：一是前期谋划。中小学校结合本学校的职责和事业发展规划，提前研究谋划本部门、本学校下一年度运转类项目支出需求。中小学校按照中期财政规划管理要求，参照以前年度预算安排及执行等情况，组织申报其他运转类项目，开展其他运转类项目评审论证，根据评审报告和相关支出标准测算其他运转类项目支出。

二是项目储备。(1)公用经费项目。中小学校维护本学校的单位信息、人员信息等基础信息，财政部门维护公用经费项目的支出标准，系统自动测算学校公用经费项目支出，学校确认后纳入项目库作为预算储备项目。储备项目需要配置资产的，学校应当填报资产配置信息。有配置标准的，应当按照标准填报；没有配置标准的，应当结合本学校保障运转工作需要、资产存量以及同类资产共享共用等情况合理预计填报，通过资产共享共用能够满足需要的不得申请新增配置资产。(2)其他运转类项目。中小学校根据项目申报、评审论证、支出测算以及大型专用资产使用管理等情况，在项目库中规范、完整、准确填报项目要素，报送财政部门审核。财政部门审核通过的项目，作为预算储备项目。项目要素主要包括项目名称、项目代码、项目概述、项目类别、项目期限、项目总额、资产配置信息、大型专用资产对应的资产卡片编号、绩效目标、评审报告等。

三是预算编制。中小学校结合项目绩效目标和总投入，根据成本效益原则，从储备项目中选取预算项目，对项目进行排序，按预算编制程序列入预算。新增的项目要素包括预算年度、预算数、资金性质、支出功能分类科目、支出经济分类科目等。

四是项目实施。动态记录和反映项目预算下达、预算调整和调剂、预算执行、绩效管理等情况。

五是项目结束和终止。运转类项目中的公用经费项目原则上与机构存续期一致，在有效期内项目名称及其代码不变。学校应在项目年度预算最后一笔资金支付完成后，对项目年度预算标记“结束”；学校被撤并的，项目应标记“终止”。其他运转类项目期限与相应的大型公用设施、大型专用设备、专业信息系统等的使用期一致，学校应在项目年度预算最后一笔资金支付完成后，对项目年度预算标记“结束”；若大型公用设施、大型专用设备、专业信息系统等不再使用，项目应标记“终止”。

61.中小学校特定目标类项目管理流程及规则是什么？

答：一是前期谋划。中小学校结合本学校的职责和事业发展规划，提前研究谋划本学校的特定目标类支出需求。中小学校按照中期财政规划管理要求，参照以前年度预算安排及执行等情况，组织项目申报，开展项目评审论证，根据评审报告和相关支出标准测算项目支出。

二是项目储备。中小学校将本学校特定目标类项目录入项目库，规范、完整、准确填报项目要素，涉及资产修缮、维修维护的特定目标类项目，学校应将涉及资产作为项目立项依据，报送财政部门审核。财政部门审核通过的项目，作为预算储备项目。储备项目需要配置资产的，中小学校应当填报资产配置信息。有配置标准的，应当按照标准填报；没有配置标准的，应当结合本学校履职需要、事业发展需求、资产存量以及同类资产共享共用等情况合理预计填报，通过资产共享共用能够满足需要的不得申请新增配置资产。特定目标类项目要素主要包括项目名称、项目代码、项目概述、项目类别、项目期限、项目总额、资产配置信息、绩效目标、评审报告等。

三是预算编制。中小学校结合项目绩效目标和总投入，根据成本效益原则，从储备项目中挑选预算项目，对项目进行排序，按预算编制程序编制预算。新增的项目要素包括预算年度、预算数、资金性质、支出功能分类科目、支出经济分类科目等。财政部门对各学校选取的预算项目进行审核。有关学校根据财政部门的意见修改完善。财政待分配项目由财政部门负责编制。

四是项目实施。动态记录和反映项目预算下达、预算调整和调剂、预算执行等情况。

五是项目结束和终止。中小学校应在项目年度预算最后一笔资金支付完成后，对项目年度预算标记“结束”；对执行完毕的项目和不再执行的项目标记“终止”。专项债券安排的项目，还本完成后，项目才能标记“终止”。

六是对于特定目标类项目中的对下级的转移支付项目，应做好上下级项目库管理工作的对接，项目的细化安排情况在下级项目库中反映。

七是对于地方政府专项债券安排的学校项目，应按地方政府专项债券的申报程序进行审批；批准后的学校项目，学校应按照财政部门有关规定实施，定期将项目会计核算信息，包括项目收入、成本、还本、付息及结余等，经主管部门审核后报送财政部门。

62.预算指标账管理机制包含哪些内容？

答：一是全面覆盖预算指标管理各业务环节。预算指标账以预算指标管理业务或事项为核算主线，采用复式记账法对预算指标的批复、分解、下达、调整、调剂、执行和结转结余的全过程进行记录，保证每项指标业务都以相同金额在两个相互关联的账户同时记录，通过各账户之间客观上存在的对应关系，更加真实、全面、动态地反映预算指标管理业务全貌。

二是强化预算对执行的控制。预算指标账建立“支出预算余额控制支出指标余额、支出指标余额控制资金支付”的控制机制，实现预算管理业务或事项有效衔接、相互制衡。支出预算和收入预算遵循“同增同减”原则，真正做到预算管理源头数据无缝衔接和有效控制；预算形成指标，指标控制支出，切实硬化预算约束，未列入预算的无法支出。

三是强化对预算执行全过程的完整反映。建立全国统一的预算指标账科目编码和核算规则，将统一的会计复式记账规则作为一体化系统底层控制机制的重要组成部分，嵌入预算管理各个节点。系统按统一的核算口径和规则完整记录预算指标增减、来源及状态，实时动态地反映各级财政预算执行的运行状态，并可以通过账目之间对应关系，追溯预算从批复到执行全过程变动情况，真正完整反映预算执行全过程。

63.结转结余资金预算管理机制包含哪些内容？

答：一是严格按规定计算结转结余资金。明确财政拨款资金第一年年底未用完，作为结转资金管理；第二年年底仍未用完，作为结余资金管理。系统根据预算执行情况，严格按规定自动计算结转结余资金，为后续管理提供数据支撑。同时，按照《预算法》有关规定明确除科研项目外，不得改变上年财政拨款结转资金的用途。

二是建立结余资金自动收回机制。年度执行中，单位应在最后一笔资金支付完成后，对项目标记“终止或结束”，系统自动冻结剩余指标，经财政部门审核批复后，系统自动收回剩余财政拨款指标。年度终了，系统自动将连续两年未用完的财政拨款预算指标转为结余资金管理，经财政部门批复后系统自动收回。

三是规范国库集中支付结余权责发生制列支。《预算管理一体化规范》要求市县级财政部门应当按照收付实现制核算财政支出事项，总预算会计原则上不得对国库集中支付结余按权责发生制列支，应当按结转下年支出处理。省级财政部门实行国库集中支付结余权责发生制列支的，也要限制条件和范围，进一步加强规范管理。

64.预算管理一体化中单位基础信息管理主要包括哪些内容？

答：单位基础信息管理主要规范中小学校的单位信息、人员信息、资产信息、地方政府债务信息、支出标准、绩效指标、政府收支分类科目、会计科目、政府非税收入项目信息、政府采购基础信息、账户信息、财政区划等基础信息的具体内容、管理流程和规则等。预算管理一体化将预算管理各环节使用的基础信息集中管理，保证一体化系统中基础信息来源的一致性，便于统一控制要素和开展联动分析。

65.预算管理一体化对中小学校的预算管理和会计核算有哪些促进作用?

答:一是进一步明确了预算的编制原则、编制内容、管理流程和规则。明确部门不得代编应由所属单位实施的预算项目;各部门和各单位应当按规定将所有收入及其安排的支出编入预算，保证部门和单位预算完整性。

二是进一步规范了预算批复。预算批复后在系统中生成各单位财政拨款预算指标、财政专户管理资金预算指标和单位资金预算指标，用于控制资金支付;地方各级分解下达转移支付预算时，要关联上级下达的转移支付项目，保证上级可全程追踪转移支付资金预算下达和执行情况。

三是规范了预算调剂的管理流程和规则。对部门、单位预算资金调剂事项的概念、情形、权限、程序等做了具体规定，全面规范部门预算调剂管理。

四是规范了收支预算执行的管理流程和规则。进一步完善了国库集中支付运行机制，严格预算指标对资金支付的控制，同时简化整合资金支付流程，构建高效的资金支付机制。加强了单位资金预算执行管理，财政部门通过系统从单位会计账、单位实有资金账户开户银行或财政代管资金财政专户开户银行获取单位资金实际收入数据，用于加强收入管理。

五是规范了会计核算的流程和规则。预算指标会计核算采用会计复式记账法记录和反映预算批复、预算调整调剂、预算执行等业务环节的指标状态，并控制资金支付，强化了预算指标的控制和反映功能。

六是规范了决算和报告的管理流程和规则。决算、财务报告和资产报告的相关数据由一体化系统自动获取，保证账表一致，提高了决算、财务报告、资产报告编制效率和数据准确性。

66.中小学校及相关工作人员违反《预算法》应当承担什么责任?

答:第一,有下列行为之一的,责令改正,对负有直接责任的主管人员和其他直接责任人员追究行政责任。

(1)未依照本法规定,编制、报送预算草案、预算调整方案、决算草案和部门预算、决算以及批复预算、决算的;

(2)违反本法规定,进行预算调整的;

(3)未依照本法规定对有关预算事项进行公开和说明的。

第二,有下列行为之一的,责令改正,对负有直接责任的主管人员和其他直接责任人员依法给予降级、撤职、开除的处分。

(1)未将所有政府收入和支出列入预算或者虚列收入和支出的;

(2)截留、占用、挪用或者拖欠应当上缴国库预算收入的;

(3)违反本法规定,改变预算支出用途的;

(4)擅自改变上级政府专项转移支付资金用途的。

第三,违反本法规定举借债务或者为他人债务提供担保,或者挪用重点支出资金,或者在预算之外及超预算标准建设楼堂馆所的,责令改正,对负有直接责任的主管人员和其他直接责任人员给予撤职、开除的处分。

第四,有下列行为之一的,责令改正,追回骗取、使用的资金,有违法所得的没收违法所得,对单位给予警告或者通报批评;对负有直接责任的主管人员和其他直接责任人员依法给予处分。

(1)违反法律、法规的规定,改变预算收入上缴方式的;

(2)以虚报、冒领等手段骗取预算资金的;

(3)违反规定扩大开支范围、提高开支标准的;

(4)其他违反财政管理规定的行为。

第四章

如何管好收入

(5)上级补助收入、附属单位上缴收入根据上下级单位的工作任务和业务安排,按照有关法律法规和政策规定取得。

(6)中小学校资产收益、利息收入、捐赠收入等其他收入的取得,也要执行国家有关法律法规和政策规定。

3.如何理解中小学校收入的非偿还性?

答:中小学校取得的收入是不需要偿还的,属于非偿还性资金。一是公益性。中小学校是国家为培养有理想、有道德、有文化、有纪律的社会主义建设者和接班人而举办的公益性事业单位。二是非营利性。中小学校在完成教育教学任务过程中,取得的各项收入都是为弥补开展教育教学活动产生的资金消耗,不是为了营利,不产生收益。

4.财政部门拨付的款项都计入财政补助收入吗?

答:不是,需要区分不同情况分别计入财政补助收入和其他收入。

一是收到的本级财政拨款计入财政补助收入。本级财政拨款是指中小学校直接或者按照部门预算隶属关系从本级财政部门取得的财政拨款。对于一级预算单位,本级财政拨款是从本级财政部门直接取得;对于二级及二级以下预算单位,本级财政拨款是按照部门预算隶属关系,通过一级预算单位转拨取得的,如通过教体局(一级预算单位)转拨到中小学校(二级预算单位)的财政拨款。

二是收到的非本级财政拨款计入其他收入。中小学校从非本级财政部门取得的财政拨款,应列入其他收入中的非本级财政补助收入,不能计入财政补助收入,如设区市的直属中小学校收到驻地所在区财政部门拨付的财政拨款。

5.中小学校财政补助收入主要包括那些?

答:中小学校财政补助收入是学校从本级财政部门取得的各类财政拨款,包括人员经费、公用经费、项目经费等经费拨款。

6.中小学校收取的学费、住宿费等事业性收费可以直接计入事业收入吗?

答:不可以。非义务教育阶段学校实行以政府投入为主、受教育者合理分担、其他多种渠道筹措经费的投入机制,学校按照年生均教育培养成本的一定比例向受教育者收取学费、住宿费。对收取的这部分资金,不能直接计入事业收入,应按照国家有关规定上缴国库或财政专户;只有从财政专户核拨给中小学校的资金和经核准不上缴国库或者财政专户的资金,才作为学校的事业收入。

7.什么是上级补助收入?

答:上级补助收入是指中小学校从主管部门和上级单位取得的非财政补助收入。需要注意两个问题:一是中小学校的主管部门指的是业务主管部门如教育局(厅),上级单位指的是按照行政隶属比中小学校级别高的行政事业单位,如科技局(厅)、工信局(厅)等。二是非财政资金。中小学校的主管部门或上级单位,用财政补助收入之外自身组织的收入或集中下级单位的收入对中小学校给予一定的补助,属于中小学校的上级补助收入,如教育局用自身组织的收入补助某小学5万元,用于弥补经费不足,该项资金就是上级补助收入。

8.什么是附属单位上缴收入?

答:附属单位上缴收入是指中小学校附属的独立核算单位按照规定上缴学校的收入,包括附属事业单位上缴的收入和附属企业上缴的利润等。需要注意的是附属单位必须是具有独立法人资格的单位,包括学校所属的事业单位、企业或社会组织。如某中职学校举办了具有独立法人资格的实业公司,该实业公司单独设置了财会机构,配备专(兼)职财务人员,单独开设银行账户,单独设置账簿,单独计算盈亏,对其经济活动过程及其结果独立、完整地进行会计核算,那么该实业公司就属于学校附属的独立核算单位;如果该实业公司按照规定向学校上缴了收入,学校就应当计入"附属单位上缴收入"。

9.什么是经营收入?

答:经营收入是指非义务教育阶段学校在教育教学及其辅助活动之外,开展非独立核算经营活动取得的收入。该收入同时具备以下几个特征:一是非义务教育学校取得的收入,义务教育阶段学校按照国家有关规定不得从事经营活动,无经营收入。二是学校开展经营活动取得的收入,而不是开展教育教学及其辅助活动取得的收入。三是非独立核算经营活动取得的收入,而不是独立核算经营活动取得的收入。

10.什么是其他收入?

答:其他收入是指上述规定范围以外的各项收入,包括投资收益、利息收入、捐赠收入、非本级财政补助收入、租金收入等。其中:

(1)投资收益是指单位对外投资所得的收入,包括非义务教育阶段学校对外投资取得股利收入、债券利息收入以及与其他单位联营所分得的利润等。

(2)利息收入是指学校将资金存入银行取得的利息收入。

(3)捐赠收入指学校接受其他单位或者个人捐赠取得的收入。

(4)非本级财政拨款收入是指中小学校从非本级财政取得的经费拨款。中小学校取得的非本级财政拨款收入包括两大类,一类是从本级财政以外的本级政府部门取得的横向转拨财政资金,另一类是从上级或下级财政部门取得的各类财政拨款。

(5)租金收入是指中小学校提供固定资产、包装物或者其他有形资产的使用权取得的收入。

11.学校组织收取学费、住宿费等事业性收费时应当禁止哪些行为?

答:一是中小学校各项收费应当严格执行国家规定的收费范围、收费项目和收费标准,不得擅自扩大收费范围、增加收费项目、提高收费标准。二是中小学校对按照规定上缴国库或者财政专户的资金,应当按照国库集中收缴的有关规定及时足额上缴,不得隐瞒、滞留、截留、占用、挪用、拖欠或坐支。三是严禁中小学校利用收取的学费、住宿费设立“小金库”、账外设账、公款私存。

12.“账外账”和“小金库”有什么不同？

答：“账外账”和“小金库”都是违反财经法规的行为，具体区别有以下两点：

（1）二者概念不同。“账外账”是指违反《中华人民共和国会计法》和国家有关规定，在法定会计账册之外设立的账册。“小金库”是指违反法律法规及其他有关规定，应列入而未列入符合规定的单位账簿的各项资金（含有价证券）及其形成的资产。

（2）表现形式不同。“账外账”的具体表现形式多样，主要有三种：一是账外现金账和银行存款账，即小金库账；二是账外资产账，即小仓账；三是账外成本、权益，即利润账。表现在收入上既有本单位的正当收入、收益，又有违规收入；表现在支出上既有合理支出，又有违规支出、虚假存放的问题。“小金库”是“账外账”的一种形式，表现为将违规收费和截留、套取、骗取的资金以及收受回扣等其他渠道获取的资金私设账户、私存私放。

13.中小学校发生公款私存的行为一般有哪些？

答：公款私存是指将单位公款以个人名义存入私人存款账户。该行为是国家明令禁止的违规行为，这些款项不论是用于个人，还是用于学校公共事业的发展，都属于公款私存违规行为。中小学校在实际工作中，容易发生的公款私存行为主要有：一是通过各种方式收取的学生相关费用，在未入账前暂时存入私人账户代管；二是在代扣、代收款时，不及时交给相关单位或不计入学校账户，而存入私人账户；三是在收取押金、定金等时，不及时登记入账或不登记入账而直接存入私人账户；四是在发放应发款项时，把应该发放给教职员工的资金在学校账务上做了登记，但没有按时发放，暂时存入其他人员的私人账户；五是在收取赞助等费用时，不按规定及时登记入账而存入私人账户；六是在发生暂借款项时，不按规定及时办理报销手续，而将资金存入私人账户。

14.什么是中小学校服务性收费？

答：中小学校服务性收费是指学校在完成正常的保育、教育教学任务外，为在校学生提供学习、生活所需的相关便利服务，以及组织开展研学旅行、课后服务、社会实践等活动，对应由学生或学生家长承担的部分，可根据自愿和非营利原则收取服务性费用。中小学服务性收费项目主要包括伙食费、校车服务费、补办证卡工本费、课后服务费等，具体收费项目由各省分别制定。

15.什么是中小学校代收费？

答：中小学校代收费是指相关服务由学校之外的机构或个人提供的，学校可代收代付相关费用，主要包括作业本费、学生装费、社会实践活动费、居民基本医疗保险费、意外伤害保险费、教辅材料费、高中课本费等，具体收费项目由各省分别制定。

学校向学生推荐教辅材料应当严格执行《中小学教辅材料管理办法》的有关规定。一是中小学教辅材料的购买与使用实行自愿原则。任何部门和单位不得以任何形式强迫中小学校或学生订购教辅材料。二是各市教材选用委员会根据当地教育实际和教科书使用情况，按照教科书选用的程序，从本省中小学教辅材料评议公告目录中，一个学科每个版本直接为各县（区）或学校推荐1套教辅材料供学生选用。各市教辅材料推荐结果报省级教育主管部门备案。三是学生自愿购买本地区评议公告目录内的中小学教辅材料并申请学校代购的，学校可以统一代购，但不得从中牟利。其他教辅材料由学生和家长自行在市场购买，学校不得统一征订或提供代购服务。四是任何单位和个人不得进入学校宣传、推荐和推销任何教辅材料。

16.中小学校使用的票据主要有哪些？

答：中小学校使用的票据主要有两类。

（1）财政票据，即国家机关、事业单位、政府依法委托的其他机构、经政府有关部门批准成立的民间组织和政府主办的社会公益事业单位，在依法履行或代行政府职能、提供社会公共服务过程中，向管理和服务对象开具的由财政部门统一印制的收款凭证。财政票据包括非税收入类票据（包括非税收入通用票据、非税收入专用票据、非税收入一般缴款书）、结算类票据（资金往来结算票据）和其他财政票据。中小学校是社会公益事业单位，开展的正常教育教学活动是依法履职的社会公益事业,按照国家有关规定向学生收取的学费、住宿费属于事业性收费,一般应使用非税收入一般缴款书。中小学校发生的暂收、代收和单位内部资金往来结算应当使用资金往来结算票据。中小学校发生资产处置和捐赠收入时应当使用国有资源(资产)收入票据和公益事业捐赠财政票据。

(2)税务发票,即纳税人通过税务机关授权后开具的发票,包括增值税普通发票(购销商品、提供或接受服务所收取或开具的凭证)、增值税电子发票(数据电文形式的收付款凭证,和普通发票架构一样)、增值税专用发票(只限于增值税一般纳税人领购使用的可以兼记销货方纳税义务和购货方进项税额的合法证明)。义务教育学校开展课后服务,可根据自愿和非营利原则收取服务性费用,该项服务性收费既不是行政事业性收费,也不是代收费,在收取时既不能使用财政部门印(监)制的财政票据,也不能使用资金往来结算票据,应当使用增值税普通发票。

17.中小学校如何管理财政票据?

答:(1)财政票据的领购。实行凭证领购、分批限量制度,领购票据时,应当点清票据数量(本数、份数),办理票据领购手续。票据管理员应当按规定设置票据登记账簿,规范登账,年终整理归档。按季盘点库存票据,保证账、票相符。

(2)财政票据的使用。按照财政票据的规定用途和适用范围使用财政票据。使用票据收费必须两人以上,一人开票,一人收款,票证按顺序号填写,各联一次复写,字迹清楚,大小金额不得涂改,各联次内容和金额一致。收费票据必须盖学校公章和开票人签章,填写收费项目名称并详细注明结算方式,做到内容完整真实、印章齐全。票据已填写撕出需作废的,收费两人必须同时签名并向分管领导说明原因,经审批后方可作废。财政票据使用完毕,应当按照要求填写相关资料,按顺序清理票据存根并妥善保管;不得转借、串用、代开、买卖、涂改和擅自销毁财政票据。

(3)财政票据的核销。实行核旧领新制度。核销已使用的票据时,票据员在稽核每本票据收费金额、确认款项已解缴及按照规定使用票据后给予核销。对已经公布停止使用和超过保管期限的财政票据,要及时登记造册,报财政部门办理核销手续。如果发生票据遗失或被盗等，当事人必须将遗失、被盗票据的名称、编号及数量等登记备查，并将有关情况及时向学校领导汇报，经组织认真审查核实，上报财政部门审批后方可核销，并登报声明作废。人为原因造成票据损失的要追究当事人责任。

(4)财政票据的管理。要指定专人负责财政票据的领用、保管与核销。建立财政票据使用登记制度和管理台账，定期对已领入和使用的财政票据进行清查盘点，确保领购、发放、使用、结余票据数量对应一致，已用票据存根注明的金额与收入数额对应一致。票据管理人员调离岗位时，必须认真办理移交手续。

18.义务教育学校课后服务费的收取方式有哪些?

答:中小学校课后服务费的收取方式有两种。

一是学校向学生直接提供课后服务，可以收取服务性收费，计入“其他收入”。学校课后服务性收费实行政府指导价，由市、县(市、区)发展改革部门会同财政、教育部门，按照成本补偿和非营利性原则，结合当地经济社会发展状况、财政补助情况、服务内容、服务方式、服务时间、资源配置等实际情况，制定本地工作日期间课后服务收费标准。学校课后服务性收费标准，原则上需定期核定。学校要建立课后服务“课程超市”，明确课后服务的类型、内容、时间、授课人、收费标准等信息，供学生自主选择。学校根据课后服务内容，在当地政府部门公布的收费标准范围内，分别确定各类课程收费标准。

二是对经教育主管部门遴选引入学校的第三方机构提供的课后服务，收取的课后服务费作为代收费管理。学校课后服务代收费实行政府指导价，由市、县(市、区)教育部门会同发展改革、财政部门，根据当地经济社会发展状况及第三方机构服务条件、服务内容、服务时间、服务成本等，按照公益性原则，根据不同服务项目分别制定收费标准。

19.义务教育学校可以自行引入第三方机构提供课后服务吗?

答:不可以。应当由市或县(市、区)教育主管部门制定第三方机构遴选办法，统一组织遴选。中小学校从教育主管部门遴选的第三方机构中自主选择，不得自行引入第三方机构。对第三方机构的遴选，教育主管部门要把好入口审核、过程监管、效果评价、退出机制等主要关口。第三方机构只能提供非学科类课后服务，第三方机构服务不得带有任何商业推广和商业隐含元素。

20.义务教育课后服务费的支出用途主要有哪些？

答：（1）可用于参与课后服务教师和相关人员的补助，有关部门在核定绩效工资总量时，应当考虑教师参与课后服务的因素，把用于教师课后服务补助的经费额度作为增量纳入绩效工资并设立相应项目，但不作为次年正常核定绩效工资总量的基数。对聘请校外人员提供课后服务的，课后服务补助应当按劳务费管理。

（2）可用于社会志愿者劳务补助、为参与课后服务人员购买的人身意外保险等，以及用于购买第三方机构服务。

（3）可用于与开展课后服务工作相关的消耗品购置等。

21.义务教育学校应如何加强课后服务收费管理？

答：（1）全部纳入学校账户统一管理、独立核算、专款专用。严禁将收取的课后服务费存入个人账户，严禁设立“小金库”，严禁截留、挪用、挤占。

（2）课后服务收费，应当通过门户网站、公众号、公示栏、明白纸等多种形式公开公示收费项目、收费标准、收费期限等。同时，对学校及第三方机构提供的课后服务项目、内容、范围、时间等分别公示公开。费用支出情况要主动接受社会和家长的监督。

22.学校可以要求学生购买平板电脑或教育App吗？

答：不可以。教育部等五部门《关于进一步加强和规范教育收费管理的意见》明确提出“不得强制或者暗示学生及家长购买指定的教辅软件或资料”。中小学校不得以信息化教学或分班教学为名，强制或变相强制学生购买平板电脑或教育 App。作为教学、管理工具要求统一使用的平板电脑或教育 App，学校不得作为服务性收费和代收费项目向学生及家长收取任何费用，不得以家委会等名义变相强制学生购买。

23.什么是幼儿园服务性收费?

答:幼儿园服务性收费是指幼儿园在完成正常的保育教育外,为在园儿童提供的由家长自愿选择的服务而收取的费用。幼儿园服务性收费项目主要包括伙食费、校车服务费等,具体收费项目由各省分别制定。

24.什么是幼儿园代收费?

答:幼儿园代收费是指幼儿园为方便儿童在园学习和生活,在家长自愿的前提下,为提供服务的单位代收代付的费用。幼儿园代收费项目主要包括床上用品费、居民基本医疗保障费、儿童人身意外伤害保险等,具体收费项目由各省分别制定。

25.教育收费管理应坚持什么样的基本原则?

答:各地要进一步巩固完善以政府投入为主、多渠道筹集教育经费体制,逐步完善各级各类教育投入机制和非义务教育培养成本分担机制,建立健全教育收费政策体系、制度体系、监管体系,不断提升教育收费治理能力。

(1)坚持公益属性、分类管理。坚持教育的公益性,充分发挥政府对教育事业的主导作用。区分义务教育和非义务教育的不同阶段,区分非营利性和营利性民办教育的不同属性,正确处理政府与社会、受教育者之间的关系,合理分担教育培养成本。

(2)坚持分级审批、属地管理。各省、自治区、直辖市按照规定的管理权限,科学制定收费政策,加强收费项目管理,合理确定收费标准,全面落实教育收费管理主体责任。中央部门所属学校收费标准实行属地管理。

(3)坚持问题导向、改革创新。不断健全教育收费管理体制,完善教育收费政策,加强重点领域、重点单位的收费治理,着力解决与教育改革发展不相适应的收费体制机制问题,着力解决群众反映强烈的收费问题。全面依法治教,坚持依法行政、依法理财,强化事中事后监管,将日常监督与专项监督相结合,创新收费监管方式。

26.各地应如何健全教育收费标准动态调整机制?

答:国家为不断健全教育收费管理体制,完善教育收费政策,着力解决与教育改革发展不相适应的收费体制机制问题，明确要建立健全教育收费标准动态调整机制，并提出如下要求：

(1)各地应当按照规定的管理权限和属地化管理原则，综合考虑经济社会发展水平、教育培养成本和群众承受能力等因素，合理确定公办学校学费(保育教育费)、住宿费等收费标准，建立与拨款、资助水平等相适应的收费标准动态调整机制。

(2)学校收费政策有变化的，应当在招生简章发布前向社会公示。鼓励各地适应弹性学制下的教学组织模式，探索实行学校学分制收费管理。

(3)学费、住宿费的收取实行“老生老办法、新生新办法”，按照学年或学期收取，不得跨学年(学期)预收。

(4)学生如因故休学、退学、提前结束学业或经批准转学，学校应当根据实际学习时间合理确定退费额度。

(5)各地要全面落实国家各项资助政策，帮助家庭经济困难学生解决实际问题，不得因学费标准调整影响学生的正常学习和生活。

27.中小学校收费如何定价？

答：为规范中小学校收费定价管理，维护学校和受教育者的合法权益，根据国家有关规定，中小学校收费实行政府定价、政府指导价和市场调节价三种管理方式。

(1)政府定价是指依照《中华人民共和国价格法》规定，由政府价格主管部门或者其他有关部门，按照定价权限和范围制定的价格。

(2)政府指导价是指依照《中华人民共和国价格法》规定，由政府价格主管部门或者其他有关部门，按照定价权限和范围规定基准价及其浮动幅度，指导中小学校制定的价格。

(3)市场调节价是指由中小学校自主制定，通过市场竞争形成的价格。

28.中小学校收费定价的三种管理方式分别适用于哪些方面？

答：(1)政府定价或政府指导价适用于公办中小学校的住宿费、课后服务费、学生装费以及公办高中学费等收费项目。

(2)政府指导价适用于非营利性民办中小学校的学费、住宿费收费项目。

(3)市场调节价适用于营利性民办高中收费项目。

29.中小学校服务性收费和代收费的管理要求有哪些?

答:(1)必须坚持自愿和非营利原则,严禁强制或变相强制提供服务并收费,严禁将服务性收费和代收费与行政事业性收费一并收取。

(2)按学期或按月据实结算,学校和教师在为学生服务、代办有关事项的过程中不得获取任何经济利益,不得收取任何形式的回扣,确有折扣的,必须全额返还学生。

(3)严格执行服务性收费和代收费公示制度,中小学校要在招生简章和入学通知书中注明有关服务性收费和代收费项目、标准及批准收费的文号,并通过学校公示栏、公示牌、公示墙等方式将服务性收费和代收费项目、标准、收费资金的使用情况和投诉电话等进行公示,主动接受学生、家长和社会的监督。按照规定应当公示而未公示或公示内容与政策规定不符的,不得收费。

(4)加强服务性收费和代收费的资金管理,服务性收费和代收费不属于行政事业性收费。课后服务性收费作为学校收入,纳入预算管理;代收费由学校全部转交提供服务的单位,不得计入学校收入。严禁任何部门、单位或个人以任何理由截留、挪用、挤占服务性收费和代收费资金。

30.教育收费公示制度有哪些规定?

答:(1)各地要严格执行教育收费公示制度,未经公示不得收费。

(2)各级各类学校应当建立健全规范化的收费公示动态管理制度,主动接受社会监督。

(3)应当将收费项目和标准在校内醒目位置向学生公示,在招生简章和入学通知书中注明。

(4)义务教育阶段民办学校收费标准应当和学校获得的生均公用经费补助一并公示。

(5)对按规定应当公示而未公示的收费,或公示内容与规定政策不符的收费,学生有权拒绝缴纳。

(6)收费政策变动时,学校要及时更新公示内容,确保公示内容合法、有效。

(7)各地要严格执行教育收费等行政事业性收费目录清单,不得擅自增加收费项目、扩大收费范围。

31.对学校未公示或公示内容与规定政策不符的收费,学生可以不缴纳吗?

答:可以。国家规定学校收费时,要严格执行教育收费公示制度,未经公示不得收费。对按规定应当公示而未公示的收费,或公示内容与规定政策不符的收费,学生有权拒绝缴纳。

32.中小学校的收费在哪些情况下可以退费?

答:学生如因故休学、退学、提前结束学业或经批准转学,学校应当根据实际学习时间合理确定退费额度。

(1)学生退学的,学校应当根据学生实际学习时间,按月计退剩余的学费、住宿费等。中小学校学生学习时间按每学年10个月计算。

(2)学生休学、经批准转学等,参照退学规定退还有关费用。学生休学期间不缴纳学费、住宿费等。复学后,按照随读年级的收费标准缴纳有关费用。

33.教育收费收支有哪些管理规定?

答:(1)学校要将教育收费收支全部纳入部门预算管理,加大资金统筹力度;教育收费安排的相关支出按规定纳入项目库规范管理。

(2)结合教育收费等其他收入情况,统筹安排财政拨款预算,更好发挥财政资金使用效益。

(3)各地不得将学校收费收入用于平衡预算,不得以任何形式挤占、截留、平调、挪用学校收费资金。

(4)学校收取行政事业性收费时要按照财务隶属关系使用财政部门印(监)制的财政票据,在收取服务性收费时应当使用相应的税务发票,代收费时应使用资金往来结算票据。

34.中小学校收费行为应当禁止的情形有哪些?

答:(1)严格执行教育收费公示制度,未经公示不得收费。

(2)严格执行教育收费等行政事业性收费目录清单,不得擅自增加收费项目、提高收费标准、扩大收费范围。中小学校与学校教学活动、教学管理直接关联的服务事项,以及国家明令禁止或明确规定纳入公用经费开支的项目,不得列为服务性收费和代收费。中小学校严禁将讲义资料、试卷、电子阅览、计算机上机、取暖、降温、饮水、图书馆查询、自行车看管以及军训期间发生的费用作为服务性收费和代收费项目。

(3)学费、住宿费的收取实行"新生新办法、老生老办法",按照学年或学期收取,不得跨学年(学期)预收。

(4)严禁收取与招生入学挂钩的捐资助学款。

(5)不得违反规定向学生收取实习押金、培训费、实习材料费、就业服务费或者其他形式的实习费用。

(6)不得要求学生提供担保或以其他名义收取学生财物。

(7)学校不得以校企合作(中外合作)办学名义擅自提高或变相提高学费收费标准,不得以合作名义向学生收取校企合作费、培训费、就业委托费等费用。

(8)不得将学费与培训费等捆绑收费,收取培训费要遵循学生自愿原则,不得强制学生参加各类培训并收费。

(9)服务性收费和代收费应据实结算,学校不得在代收费中获取差价;服务性收费和代收费不得与学费、住宿费一并收取。

(10)学校或教师不得暗示家委会或家长代表发动以自愿购买的形式,群体式购买教辅软件、教学终端设备和网络培训课程。

(11)严禁中小学校组织、要求学生参加有偿补课,严禁在职中小学教师组织、推荐和诱导学生参加校内外有偿补课。不得通过提前开学等形式或变相违规补课加收相关费用。

35.幼儿园收费行为应当禁止的情形有哪些?

答:(1)严格执行教育收费公示制度,未经公示不得收费。幼儿园在招生前没有按规定公示收费标准,或者没有明确收费标准调整变化的,对新招生儿童收费不得超过上年度的收费标准。

(2)幼儿园对入园幼儿按月或按学期收取保教费,由幼儿家长自愿选择，不得跨学期预收。

(3)幼儿园为在园幼儿教育、生活提供方便而代收代管的费用，应遵循“家长自愿，据实收取，及时结算，定期公布”的原则，不得与保教费一并收取。

(4)幼儿园不得收取书本费、空调费、取暖费、床位费、观看监控费等；不得以任何名义向幼儿家长收取与入园挂钩的赞助费、捐资助学费、建园费、教育成本补偿费等费用；幼儿园不得在保教费外以开办实验班、特色班、兴趣班、课后培训班和亲子班等特色教育为名向幼儿家长另行收取费用。

36.各地应如何落实教育收费监管责任?

答：为进一步加强教育收费的监督管理，本着问题导向的原则，强化事中事后监管，国家规定将日常监督与专项监督相结合，在加强教育收费治理方面，要严格落实教育收费监管责任。

(1)教育收费坚持“谁审批、谁负责”的原则。

(2)治理教育乱收费联席会议成员单位按照各自职责，将教育收费纳入目录管理，适时动态调整并及时向社会公布，依法对相关收费项目和收费标准的执行情况实施监督。

(3)加强教育收费成本调查，建立健全收费标准动态调整机制。

(4)加强教育领域的收费监督检查，依法查处违法违规收费行为。

(5)加强教材、教辅材料价格管理。

(6)指导各级各类学校落实教育收费政策，规范收费行为。各级各类学校要严格执行规定的收费范围、收费项目、收费标准和收费方式，建立健全学校收费管理制度。

37.怎样完善教育收费治理工作机制?

答：为进一步加强教育收费治理体系和治理能力建设，完善教育收费治理工作机制的规定有：

(1)各地要高度重视教育收费管理工作，建立健全领导体制和工作机制，坚持系统推进教育收费管理工作。

(2)各地治理教育乱收费联席会议成员单位要统筹协调，完善定期会商、信息发布机制，形成责任明确、协作联动、互相促进的收费管理工作格局，加强重点领域教育收费治理。

(3)要把教育收费管理纳入教育督导范围。

(4)探索建立学校收费专项审计制度，重点加强对非营利性民办学校的审计，严禁非营利性民办学校举办者和非营利性中外合作办学者通过各种方式从学费收入等办学收益中取得收益、分配办学结余(剩余财产)，或通过关联交易、关联方转移办学收益等行为。

38.怎样加大对违规收费行为的查处力度？

答：为进一步加强教育收费的监督管理，本着问题导向的原则，强化事中事后监管，国家规定要加强重点领域、重点单位的收费治理，将日常监督与专项监督相结合，在加强教育收费治理方面，要加大对违规收费行为的查处力度。

(1)各地要加强对教育收费的日常监督和定期检查，建立完善教育收费风险预警、信访受理、督查督办、公开通报及约谈机制，对发现的违规收费问题要严肃处理。

(2)建立健全问责机制，对收费管理主体责任不落实、措施不到位，损害群众切身利益，造成恶劣社会影响的单位和相关责任人要严肃问责。

(3)对民办学校违规乱收费造成恶劣影响的，依法依规扣减招生计划、财政扶持资金等，直至撤销、吊销办学许可证。

39.民办中小学校收费有哪些具体的管理规定？

答：民办中小学校为学生提供教育教学服务的，可收取学费；为在校学生提供住宿的，可收取住宿费；在学生和学生家长自愿的前提下，为在校学生提供服务(或代办服务)的，可以收取服务性收费或代收费。

民办中小学校收费应当体现公益属性，实行分级分类管理。按照民办中小学校非营利或者营利性的办学性质，收费分别实行政府指导价或者市场调节价管理。非营利性民办中小学校学费、住宿费，实行政府指导价管理。非营利性民办中小学校在不超过核定的学费、住宿费标准范围内，根据实际情况确定具体收费标准。营利性民办普通高中学校的学费、住宿费，实行市场调节价，收费标准由学校自主制定。

非营利性民办中小学校学费、住宿费标准坚持非营利性原则，按照成本补偿，统筹考虑当地经济社会发展水平、学校发展规划、政府公用经费补助、教育教学质量、社会承受能力、市场供需水平等因素合理确定。营利性民办普通高中学校学费、住宿费标准调整应当遵循公平、合法和诚实信用原则，依据办学成本、服务内容、服务质量、社会承受能力、市场供需状况等因素，统筹考虑社会效益合理确定。调整收费标准时应书面征求学生及家长意见，并提前向社会公开。

民办中小学校学生在校期间的收费分学期缴纳，不得跨学期预收。学生入学后因故休学、退学、提前结束学业或经批准转学的，除已终结商品买卖和劳务服务关系的代收费项目外，其他收费由学校实行按月退费(学期按5个月计算)，当月不足月的按实际天数计算。

民办中小学校学费、住宿费调整不分学段，实行“新生新办法、老生老办法”，即学校提高收费标准，只限于新入学的学生，老生继续执行入学时的收费标准；学校降低标准，不论老生还是新生都执行降低后的收费标准。插班生按插入班级学生的学费、住宿费标准执行。

民办中小学校实行教育收费公示制度，学校应通过门户网站、校园公示栏、收费场所、招生简章等形式，向社会公示收费项目、收费标准、收费依据、投诉电话、退费办法等与收费相关的内容，主动接受学生、家长和社会监督。

民办中小学校服务性收费和代收费按照公办中小学校服务性收费和代收费管理办法执行。

40.如何加强对民办中小学校的收费监管？

答：(1)加强价格监测和成本调查。各级发展改革和教育主管部门要加强对民办学校收费水平的动态监测，适时开展办学成本调查，有效引导民办学校收费保持在合理水平。民办学校应当积极配合做好价格监测和成本调查工作，如实提供相关办学及账务资料。

(2)加强收费指导和监督检查。各级发展改革和教育主管部门要加强对各类民办学校收费行为的监督指导，对收费标准调整频繁或者一次调整幅度过大，引起社会强烈反映的，要及时提醒告诫，必要时公布学校办学成本,引导合理收费;对不按规定进行收费公示或者只收费不服务等乱收费行为,提请有关部门严肃查处,情节严重的实施失信惩戒。

(3)加强行业监管。各级教育主管部门要充分发挥行业监管作用,对违规收费问题严重、社会反映强烈的学校举办者及主要负责人进行约谈或通报批评,必要时可减少学校招生计划,情节严重的,责令停止招生直至吊销办学许可证。

41.民办中小学校收费发生哪些行为时,监管部门应给予查处?

答:有下列行为之一的,由市场监督管理部门依据《中华人民共和国价格法》《价格违法行为行政处罚规定》《明码标价和禁止价格欺诈规定》等相关法律法规查处。

(1)非营利性民办中小学校超出政府指导价范围或者幅度收费的。

(2)擅自设立收费项目或者采取分解收费项目、重复收费、扩大范围等方式提高收费标准的。

(3)跨学期预收费用或违反价格调整周期规定的。

(4)收取或者变相收取与入学关联的捐资助学款、借读费、择校费等费用的。

(5)强制或者暗示学生及家长购买指定的教学产品(包括教学软硬件)或者资料而收取费用和获得差价、好处费的。

(6)不按规定执行收费公示制度,或发布的招生简章和招生信息内容与规定的收费项目和收费标准不一致的。

(7)其他违法收费行为。

第五章

如何管好支出

1.什么是中小学校支出?

答:中小学校支出是指学校为开展教育教学及其他活动发生的各项资金耗费和损失,包括事业支出、经营支出、对附属单位补助支出、上缴上级支出以及其他支出。

2.中小学校的支出分为哪几类?

答:一是事业支出,即中小学校开展教育教学及其辅助活动发生的基本支出和项目支出。基本支出是指中小学校为保障其正常运转、完成日常工作任务所发生的支出,包括人员经费支出和公用经费支出。项目支出是指中小学校为了完成特定工作任务和事业发展目标所发生的支出。

二是经营支出,即非义务教育阶段学校在教育教学及其辅助活动之外开展非独立核算经营活动发生的支出。

三是对附属单位补助支出,即中小学校用财政补助收入之外的收入对附属单位补助发生的支出。

四是上缴上级支出,即中小学校按照财政部门和主管部门的规定上缴上级单位的支出。

五是其他支出,即上述各项支出以外的支出,包括利息支出、捐赠支出等。

中小学校可以结合实际,在上述支出分类的基础上,进一步按照教育教学功能细化支出分类。中小学校支出是学校发生的所有支出,但是各类支出有着明确的界限和不同的要求,弄清它们之间的区别和联系是中小学校合理安排支出、规范支出管理的基础。

3.中小学校支出与费用的区别是什么?

答:支出与费用在核算范围(内容)、核算依据等方面有所差异。

支出是指中小学校为开展教育教学及其他活动发生的各项资金耗费和损失,其核算依据是收付实现制,支出的发生一定伴随着资金的流出,但有的支出可以费用化,有的支出不能费用化。

费用是指中小学校报告期内导致学校净资产减少的、含有服务潜力或者经济利益的经济资源的流出，其核算依据是权责发生制，费用的发生不一定伴随着资金的流出，如折旧费。

4.什么是中小学校事业支出？

答：事业支出是指中小学校开展教育教学活动及其辅助活动发生的支出，包含基本支出和项目支出，有以下特点：一是因开展教育教学及其辅助活动发生的支出。教育教学活动是指学校开展教学、科研等活动，辅助活动是指学校的行政管理、后勤管理和设备购置、基本建设等活动。该类支出属于中小学校的主体支出。二是事业支出分为基本支出和项目支出两部分。三是事业支出来源多渠道，中小学校依法组织的财政补助收入、事业收入、上级补助收入、附属单位上缴收入和其他收入等，都可以用来安排事业支出。

5.什么是中小学校基本支出？

答：基本支出是指中小学校为保障其正常运转、完成日常工作任务所发生的支出，包括人员经费支出和公用经费支出。

人员经费支出是指直接用于中小学校纳入编制管理教职工及其他人员的支出，具体包括工资和福利支出及对个人和家庭补助支出。

公用经费支出是指中小学校用于保障学校正常运转、完成教育教学活动和其他日常工作任务等方面的支出。

6.中小学校人员经费支出包括哪些内容？

答：人员经费主要包括政府收支分类科目—经济分类中的“工资和福利支出”与“对个人和家庭补助支出”。工资和福利支出包括基本工资、津贴补贴、奖金、伙食补助、绩效工资、各类社会保险缴费、职业年金缴费、住房公积金、医疗费、其他工资和福利支出等，对个人和家庭的补助支出包含离休费、退休费、退职费、抚恤金、生活补助、助学金、奖励金、其他对个人和家庭的补助等。

7.中小学校临时聘用的教职工薪酬可以列人员经费支出吗？

答：不可以。中小学校要严格按照编制控制人员、清理超编人员，学校严格按编制安排人员经费，从严控制人员支出，临时聘用的教职工等非编制内人员应由政府以购买服务的方式予以解决，其发生的薪酬不计入学校人员经费支出。

8.中小学校公用经费包括哪些内容？

答：公用经费主要包括政府收支分类科目—经济分类中的“商品和服务支出”与“资本性支出”。一是商品和服务支出，包括办公费、印刷费、咨询费、手续费、水费、电费、邮电费、取暖费、物业管理费、差旅费、因公出国（境）费用、维修（护）费、租赁费、会议费、培训费、公务接待费、专用材料费、劳务费、委托业务费、公务用车运行维护费等支出；二是资本性支出中用于正常运转、完成教育教学活动和其他日常工作任务的教学设备购置、图书购置、教学软件购置等支出。

9.中小学校公用经费能列支人员经费吗？

答：不能。公用经费是用于保障学校正常运转、完成教育教学活动和其他日常工作任务等方面的支出，主要是保障中小学校的正常运转。而人员经费是学校在编教职工的薪酬及其他补贴，由财政予以保障，不能挤占公用经费。

10.什么是中小学校项目支出？

答：项目支出是指中小学校为了完成特定工作任务和事业发展目标所发生的支出，是在基本支出之外所发生的支出，如建设性支出等，包含两个方面：一是完成特定工作任务的支出，如中小学校的大型培训、课题研究等支出；二是完成事业发展目标所发生的支出，如中小学校的校舍建设、校舍修缮、信息化建设等支出。项目支出应当按照规定专款专用。

11.为什么中小学校基本支出与项目支出不得混用？

答：一是支出内容不同，基本支出包含人员经费支出和公用经费支出，项目支出是学校除基本支出以外的支出。

二是支出目的不同，基本支出是为了保障中小学校正常运转、完成日常工作任务，项目支出是为了完成特定工作任务和事业发展目标。

三是优先程度不同，在编制预算时优先保障基本支出，再根据财力情况和事业发展目标区分轻重缓急安排项目支出。

四是审批程序不同，虽然二者都必须遵循财务管理要求，但项目支出相较于基本支出审批程序更为复杂，监管更为严格。

12.中小学校的事业支出和事业收入是配比关系吗？

答:不是。中小学校事业支出的资金来源是多渠道的，中小学校依法取得的各项收入均可用于事业支出，包括财政补助收入、事业收入、上级补助收入、附属单位上缴收入、其他收入等，事业收入只对应事业支出中的一部分。因此，事业支出与事业收入并不是配比关系。

13.什么是经营支出？

答:经营支出是指非义务教育阶段学校在教育教学及其辅助活动之外开展非独立核算经营活动发生的支出。非义务教育阶段学校可以在不影响教育教学活动的前提下，利用自身优势，开展一些非独立核算的经营活动，用所得收益弥补事业资金的不足。这些经营活动所发生的全部支出，都属于经营支出。经营支出需与经营收入配比。

14.为什么义务教育阶段学校不能发生经营支出？

答:《义务教育法》明确了依法实施义务教育的学校应当按照规定标准完成教育教学任务，保证教育教学质量。义务教育是政府提供的基本公共服务，学校经费全部由政府予以提供，而经营活动的目的是能够获得经济利益，这与义务教育的任务相背离。因此，义务教育阶段学校不得从事经营活动，不应发生经营支出。

15.什么是中小学校对附属单位补助支出？

答:对附属单位补助支出是指中小学校用财政补助收入之外的收入对附属单位补助发生的支出。需要注意以下几点：一是附属单位必须是具有独立法人资格的、开展独立核算的附属单位；二是支出的是非财政补助收入，财政补助收入之外的收入包括事业收入、附属单位上缴收入、经营收入、其他收入等；三是附属单位补助支出既包含支付给附属单位的各种款项，也包含为附属单位支付各种费用的支出，如某职业学校按照合同为其校办实业公司（独立法人）支付水电费1.2万元；四是临时为附属单位垫付各种费用的支出不属于附属单位补助支出。

16.什么是中小学校上缴上级支出？

答：上缴上级支出，即中小学校按照财政部门和主管部门的规定上缴上级单位的支出。需要注意以下几点：一是上缴上级支出的资金来源必须是非财政补助收入；二是上缴上级的支出应当符合财政部门和主管部门的规定；三是中小学校归还上级单位为其垫支的各种费用所发生的支出，不属于上缴上级支出。

17.中小学校其他支出包含哪些内容？

答：其他支出是指中小学校除事业支出、上缴上级支出、对附属单位补助支出、经营支出以外的其他各项支出，主要包括：一是利息支出，包含支付的计入固定资产价值的利息支出和其他利息支出；二是捐赠现金支出，即中小学校按照规定对外捐赠现金的支出；三是现金盘亏损失；四是中小学校在资产处置过程中支付的资产处置费用，如设备拆卸费等；五是部分税费，中小学校在接受捐赠或接受无偿调入非现金资产时、对外捐赠或无偿调出非现金资产、与其他单位进行资产置换过程中支付的各项税费；六是中小学校发生的罚没支出等。

18.中小学校的支出除了按照用途进行分类外，还可以按照其他标准进行分类吗？

答：可以。目前，各地中小学校的办学标准和经费定额标准不尽相同，为了进一步细化中小学校的支出分类，提高各地支出管理的针对性，中小学校可以结合实际，在国家统一的支出分类基础上，按照教育教学功能细化支出分类的内容。

19.中小学校对支出管理的总体要求是什么?

答:一是坚持预算管理。各项支出全部纳入学校预算,实行项目库管理,建立健全支出管理制度,未纳入预算项目库的项目一律不得安排预算。

二是坚持厉行节约。树立“过紧日子”的思想,从严从简,反对浪费,降低成本,弘扬艰苦奋斗、勤俭节约的优良作风。

三是坚持依规开支。严格执行国家有关财务规章制度规定的开支范围及开支标准。

四是坚持专款专用。加强支出管理,各项支出不得混用,基本支出、项目支出不得混用,公用经费支出、人员经费支出不得混用;项目支出应当按照规定专款专用,不得挤占和挪用。

五是坚持据实列支。严禁虚列虚支、虚报冒领和挤占挪用。

六是坚持成本核算。加强经济核算,根据开展业务活动及其他活动的实际需要,实行成本核算。

20.中小学校如何厉行节约、贯彻落实“过紧日子”思想?

答:一是增强全员节约意识,指导督促广大师生自觉在教育教学和日常活动中节约水、电、办公耗材等资源。

二是坚持勤俭办事,在保证教育教学质量的前提下,尽力压减一般性支出。例如,压减“三公经费”,严控会议、差旅、培训、庆典展会等经费,严禁超预算或无预算报销、超范围或超标准报销以及报销与公务活动无关的费用,严禁超标准配备办公设备,从严控制新增资产等。

三是坚持精打细算,实施精细化管理,科学设定相关标准,严格控制经费支出总额,严禁搞形象工程、政绩工程,严禁超标准建设豪华学校,避免铺张浪费。

四是强化绩效管理,建立事前绩效评估,事中绩效监控,事后绩效评价,注重绩效评价结果应用的绩效管理理念,提高资金使用效益,切实做到“花钱必问效,无效必问责”。

五是严肃财经纪律,加大监督力度,保证资金使用规范,严格执行政府采购制度、国库集中支付制度、公务卡管理制度,避免因违法违纪造成的资金浪费。

21.中小学校事业支出有哪些管理要求？

答：一是中小学校应当根据依法取得的财政补助收入、事业收入、上级补助收入和其他收入等情况按规定合理安排事业支出。

二是中小学校要注意保持合理的支出结构，处理好基本支出与项目支出的关系，优先保证基本支出的需要。在基本支出安排上，要处理好人员支出与公用支出的关系，要严格按照编制控制人员、清理超编人员，从严控制人员支出；在项目支出安排上，要根据轻重缓急和财力可能，进行妥善安排。

三是划清基本支出和项目支出界限，基本支出和项目支出不得混用，公用支出不得用于教职工福利等人员支出，项目支出应当按照规定专款专用，不得挤占挪用。

四是专项资金必须专款专用、单独核算，不得随意改变项目内容或扩大使用范围。

五是坚持严格执行国库集中支付制度和政府采购制度等有关规定。

六是依法实施票据管理。依法加强各类票据管理，确保票据来源合法、内容真实、使用正确，不得使用虚假票据。

22.中小学校人员经费支出有哪些管理要求？

答：中小学校人员经费支出包括工资福利支出、对个人和家庭补助支出。

工资福利支出是指中小学校开支的在编教职工的各类劳动报酬，以及为上述人员缴纳的各项社会保险费等，主要包括基本工资、津贴补贴、奖金、伙食补助费、绩效工资、基本养老保险缴费、基本医疗保险缴费、职业年金缴费、住房公积金等。人员支出的管理要求主要有以下几个方面：一是要严格执行国家制定的人员编制制度。中小学校的人员编制是工资性支出管理的重要基础和依据，是直接影响工资性支出规模的主要因素。因此，中小学校必须加强人员编制管理，严格控制学校增员。未经编制部门批准，不得自行增加编制，更不得超过编制配备人员。二是要严格执行国家有关工资、津贴、补贴等个人待遇的规定。中小学校应加强对津贴补贴、奖金等工资性支出的管理，严格按照国家规定的发放范围和开支标准进行发放，不得擅自扩大发放范围和提高开支标准。三是要认真履行国家法律法规的规定，及时、足额缴纳教职工的基本养老、基本医疗、失业、工伤等社会保险费用，保障教职工的合法权益。

对个人和家庭补助支出反映政府对个人和家庭的补助情况，包括离休费、退休费、退职（役）费、抚恤金、遗属补助等生活补助、救济费、医疗费、助学金等学生资助经费、住房补贴和住房公积金以及其他补贴等。管理要求主要有：一是对个人和家庭补助支出政策性强，中小学校财务人员要认真学习、熟悉各种补助政策和各项补助标准，落实好各项政策，维护好广大师生的切身利益；二是学生资助工作要严格落实学生资助的认定标准和认定程序，确保资助资金专款专用，各项政策落实到位。

23.中小学校的公用经费支出有哪些管理要求？

答：中小学校的公用经费支出是指中小学校为了保障其正常运转、完成教育教学和其他日常工作任务而发生的商品服务支出。该项支出开支项目繁多，涉及面广，且具有节约潜力大、管理弹性大的特点。一是要加强对商品服务支出的管理，建立健全并严格执行各项开支的规章制度。二是办理支出时，要检查费用开支是否符合事业计划，是否符合预算和用款计划，不得办理无预算、超预算支出；检查经费支出是否符合规定的开支标准，不得办理超标准开支；检查各项支出是否按审批权限办理审批手续，对超越审批权限的开支，要坚决拒绝付款；检查每笔经费支出是否具备合法的原始凭证和经办、验收、保管、领用、主管人员等的签名。三是对“三公经费”和办公费、培训费、差旅费等项目以及水、电、气、油等主要的一次性消耗物资，都要实行重点管理。四是公用支出不得用于基本建设等项目支出。

24.加强中小学校公用经费管理应遵循哪些原则？

答：一是要坚持统筹兼顾原则。安排使用公用经费，既要满足日常教育教学活动所需的基本开支，又要适当安排促进学生全面发展所需的活动经费开支。

二是要坚持依法依规列支原则。严格按照规定的列支范围和标准列支，划清基本支出和项目支出、公用经费与人员经费界限，不得挤占挪用。教师培训费按照不低于学校年度公用经费预算总额的5%安排。

三是要坚持厉行节约原则。中小学校应当细化支出范围与标准，建立健全物品验收、进出库、保管、领用制度，加强实物消耗核算，提高经费使用效益。

四是要坚持政府采购原则。符合政府采购条件的，应当实行政府采购，如中小学校使用公用经费购置仪器设备、教学办公用品及图书资料等。

五是坚持公开透明原则。加强公用经费的会计核算，准确反映公用经费支出状况，定期公布公用经费使用情况，接受内外监督。

25.中小学校的“三公经费”包含哪些内容？

答：中小学校的“三公经费”包含中小学校因公出国（境）费、公务用车购置及运行费和公务接待费。其中，因公出国（境）费是指中小学校公务出国（境）的国际旅费、国外城市间交通费、住宿费、伙食费、培训费、公杂费等支出；公务用车购置及运行费是指中小学校公务用车购置支出（含车辆购置税、牌照费）及公务用车燃料费、维修费、过路过桥费、保险费等支出；公务接待费是指单位按规定开支的各类公务接待（含外宾接待）支出。

26.因公出国（境）费有哪些管理要求？

答：中小学校应当根据本级政府及相关部门制定的《因公出国（境）费管理办法》要求，做好因公出国（境）经费的管理工作。

一是严格编制出境计划。统筹安排年度因公临时出国计划，严格控制团组数量和规模，不得安排照顾性、无实质内容的一般性出访，不得安排考察性出访，严禁集中安排赴热门国家和地区出访，严禁以各种名义变相公款出国旅游。严格执行因公临时出国限量管理规定，不得把出国作为个人待遇，安排轮流出国。严格控制跨地区、跨部门团组。

二是加强因公临时出国经费预算总额控制，严格执行经费先行审核制度。无出国经费预算安排的，一律不予批准；确有特殊需要的，按规定程序报批。严禁违反规定使用出国经费预算以外资金作为出国经费，严禁向所属单位、校办企业、合作办学单位等摊派或者转嫁出国费用。

三是出国团组应当按规定标准安排交通工具和食宿，不得违反规定乘坐民航包机，不得乘坐私人、企业和外国航空公司包机，不得安排超标准住房和用车，不得擅自增加出访国家或者地区，不得擅自绕道旅行，不得擅自延长在国外停留时间。

四是出国期间，不得与我国驻外机构和其他中资机构、企业之间用公款互赠礼品或者纪念品，不得用公款相互宴请。

五是严格遵守因公出境经费预算、支出、使用、核算等财务制度，不得接受超标准接待和高消费娱乐，不得接受礼金、贵重礼品、有价证券、支付凭证等。

27.公务用车购置及运行经费有哪些管理要求？

答：一是中小学校应当按照规定的标准配备公务用车，严禁超编制、超标准配备公务用车，不得以任何方式换用、借用、占用下属单位或者其他单位和个人的车辆，不得违规接受企事业单位和个人赠送的车辆。

二是公务用车购置实行政府集中采购，应当选用国产汽车，优先选用新能源汽车。公务用车严格按照规定年限更新，已到更新年限尚能继续使用的应当继续使用，不得因学校领导干部职务晋升、调任等原因提前更新。

三是公务用车保险、维修、加油等实行政府采购，严格控制运行成本。

四是根据公务活动需要，严格按规定使用公务用车，严禁公车私用。

五是已经实行公车改革的中小学校，不得一边领取车辆补贴，一边使用公务用车办理公务。

28.公务接待费用有哪些管理要求？

答：一是中小学校应当建立公务接待审批控制制度，对无公函的公务活动不予接待，严禁将非公务活动纳入接待范围。

二是对于国内公务接待，中小学校应当严格按照当地的接待标准，实行接待费支出总额控制制度。中小学校应当严格按标准安排接待对象的住宿用房，协助安排用餐的按标准收取餐费，不得在接待费中列支应当由接待对象承担的费用，不得以举办会议、培训等名义列支、转移、隐匿接待费开支。

三是建立国内公务接待清单制度，如实反映接待对象、公务活动、接待费用等情况。接待清单作为财务报销的凭证之一并接受审计。

四是外宾接待工作应当遵循服务外交、友好对等、务实节俭的原则。外宾邀请单位应当严格按照有关规定安排接待活动，从严从紧控制外宾团组和接待费用。

29.国内公务接待在用餐方面有哪些具体规定？

答：一是接待对象应当按照规定标准自行用餐。确因工作需要，接待单位可以安排工作餐一次，并严格控制陪餐人数。接待对象在10人以内的，陪餐人数不得超过3人；接待对象超过10人的，陪餐人数不得超过接待对象人数的1/3。

二是工作餐应当供应家常菜，不得提供鱼翅、燕窝等高档菜肴和用野生保护动物制作的菜肴，不得提供香烟和高档酒水。

三是公务接待不得使用私人会所、高消费餐饮场所。

30.中小学校报销国内公务接待费用应提供哪些原始凭证？

答：一是派出单位的接待公函；二是单位内部的接待审批单；三是经过相关负责人审签的接待清单，接待清单应当包含接待对象的单位、姓名、职务和公务活动项目、时间、场所、费用等内容；四是相关的财务发票及明细单据；五是当地相关部门及中小学校单位内部规定的其他资料。

31.中小学校的差旅费支出范围包括哪些？

答：差旅费是指中小学校的工作人员出差期间发生的城市间交通费、住宿费、伙食补助和市内交通费。

32.差旅费中的城市间交通费有哪些具体的管理规定？

答：一是出差人员应当按照规定的等级乘坐交通工具，未按规定等级乘坐交通工具的，超支部分由个人自理。

二是乘坐飞机的，民航发展基金、燃油附加费可以凭据报销。

三是乘坐飞机、火车、轮船等交通工具的，每人次可以购买一份交通意外保险，所在单位统一购买交通意外保险的，不再重复购买。

四是订票费和经批准发生的签转或退票费可凭据报销。

五是购买机票、船票、火车票应当严格执行公务卡和政府采购等有关规定。

六是自行驾车出差的，应按照当地的管理规定报销相关的费用。

33.差旅费中的住宿费有哪些具体的管理规定？

答：出差人员应当在职务级别对应的住宿费标准限额内，选择安全、经济、便捷的宾馆住宿。

34.差旅费中的伙食补助和市内交通费有哪些具体的管理规定？

答：一是伙食补助和市内交通费为包干使用，具体办法可依照本级财政部门的具体管理规定执行。

二是出差期间凡由接待单位统一安排用餐的，应当按照用餐标准向接待单位交纳伙食费，没有用餐标准的早餐、午餐、晚餐，分别按照日伙食补助的20％、40％、40％交纳。

三是接待单位或其他单位提供交通工具的，应当按标准向接待单位或其他单位交纳相关费用，没有收费标准的，每人每半天按照日市内交通费标准的50％交纳。

四是交纳餐费或者交通费的，应当取得相应的票据，此票据不作为报销凭证，由出差人员留存备查。

35.中小学校的培训费支出包含哪些内容？

答：中小学校的培训费支出一般包括中小学校教职工按照学校年度培训计划参加其他单位组织的培训所交纳的培训费用和中小学校自行举办培训所发生的费用。

36.中小学校教职工参加其他单位组织的培训发生的费用应如何报销和列支？

答：一是中小学校教职工参加其他单位组织的培训发生的交通费、伙食补助费和住宿费等差旅费应当按照当地财政部门出台的差旅费管理办法确定开支标准。

二是中小学校教职工参加其他单位组织的培训发生的其他费用如资料费、师资费、场地费等费用按照举办方的收费标准进行报销,作为培训费列支。

需要注意的是:除上级部门以及与上级部门相关的单位组织的培训外,中小学校应当谨慎选择参加各类收费培训班,严禁参加借培训为名组织公款旅游的培训班,严禁学校与第三方单位合作举办超过自办培训支出标准的培训。

37.中小学校自办的培训可以开支哪些费用?

答:中小学校自行举办的培训可以开支的费用包括师资费、住宿费、伙食费、培训场地费、培训资料费、交通费以及其他费用。其中:师资费是指聘请师资授课发生的费用,包括授课老师讲课费、住宿费、伙食费、城市间交通费等;住宿费是指参训人员及工作人员培训期间发生的租住房间的费用;伙食费是指参训人员及工作人员培训期间发生的用餐费用;培训场地费是指用于培训的会议室或教室租金;培训资料费是指培训期间必要的资料及办公用品费;交通费是指用于培训所需的人员接送以及与培训有关的考察、调研等发生的交通支出,中小学校组织到外地举办培训的,往返单位驻地的交通费按差旅费管理;其他费用是指现场教学费、设备租赁费、文体活动费、医药费等与培训有关的其他支出。

38.中小学校自办培训的各项费用有什么具体的管理规定?

答:一是培训费应已列入单位年度预算,没有列入预算的,一律不得安排;培训费可以通过公用经费、非税收入或专项经费等收入来源统筹解决。

二是按照规定标准和范围开支培训费。

三是培训住宿以标准间为主,不得安排高档套房,不得额外配发洗漱用品。

四是培训用餐安排自助餐或工作餐,不得上高档菜肴,不得提供烟酒。

五是除必要的现场教学外,7天以内的培训不得组织调研、考察、参观。

六是培训报到和离会时间须符合要求，通常情况下报到和离会时间分别不得超过1天。

七是严禁借培训名义安排公款旅游；严禁借培训名义组织会餐或安排宴请；严禁组织高消费娱乐健身活动；严禁使用培训费购置电脑、复印机、打印机、传真机等固定资产以及开支与培训无关的其他费用；严禁在培训费中列支公务接待费、会议费。

八是培训费的报销应当按照国库集中支付和公务卡管理制度规定，采用银行转账或公务卡方式结算，不得以现金方式支付。报销培训费应当提供培训计划审批文件、培训通知、实际参训人员签到表、讲课费签收单或合同，以及培训机构出具的收款票据、费用明细等凭证。

39.中小学校会议费有哪些具体的管理规定？

答：会议费是指中小学校在会议期间按照规定开支的住宿费、伙食费、场地租金、文印费、医药费等支出。中小学校会议费管理要点包括以下几方面：

一是中小学校召开会议应当坚持厉行节约、规范简朴、务实高效原则，先审批后开会、先预算后支出，将会议费纳入部门预算。

二是召开会议应当尽量压缩会期，按照属地规定的会期限制举办会议，会议报到和离会时间要符合要求，通常情况下报到和离会时间总计不得超过1天；应当严格控制会议规模，压减参会人员，不得邀请与会议内容无关的单位和人员参会。

三是召开会议应优先采取电视电话、网络视频会议形式；不能采用电视电话、网络视频会议形式召开的，应尽量选择在单位会议室召开；单位会议室不能满足需要的，应按照属地要求选择在定点宾馆召开；不得在风景名胜区召开会议。

四是会议费的开支标准不得超过当地财政部门确定的会议费综合定额标准。

五是会议费的报销应当按照国库集中支付和公务卡管理制度规定，采用银行转账或公务卡方式结算，不得以现金方式支付。报销会议费须附有会议审批文件、会议通知，会议服务单位提供的实际参会人员名单、费用原始明细单据、电子结算单据等。财务部门应严格按规定审核会议费开支，未经批准的会议及超范围、超标准开支的经费，不予报销。

六是严禁借召开会议名义组织会餐或安排宴请，严禁套取会议费设立“小金库”，严禁在会议费中列支公务接待费。应当严格控制会议用房标准，不得安排高档套房；会议用餐应安排自助餐，严格控制菜品种类、数量和分量，严禁提供高档菜肴，不备烟酒；会场一律不摆放花草，不制作背景板，不提供水果。不得使用会议费购置电脑、复印机、打印机、传真机等固定资产以及开支与本次会议无关的其他费用；不得组织会议代表旅游和与会议无关的参观活动；严禁组织高消费娱乐、健身等活动；严禁以任何名义发放纪念品；不得额外配发洗漱用品。

七是应当将非涉密会议名称、主要内容、参会人数、经费开支等情况在本单位内部公示或者向社会公开。

40.国家有关财务规章制度没有统一规定开支标准的项目应当如何开支？

答：国家有关财务规章制度没有统一规定开支标准的项目，中小学校可以结合本校情况制定开支标准，并报主管部门和财政部门备案。学校制定开支标准时，可以参考以下几个方面：

一是参照其他相关规定中同类费用的开支标准，结合实际情况制定相应的开支标准。例如某地对于公务接待用餐费没有规定相应的开支标准，中小学校可以参考当地关于会议费、培训费等相关管理办法中的用餐标准，再结合学校实际情况，制定相应的接待用餐标准。

二是参照上级部门、其他地区关于该类项目的支出标准，结合当地经济发展水平和学校自身财力情况，制定相应的开支标准。例如，某学校自主招生命题劳务费开支标准没有明确的财务管理规定，学校可以参考其他市、县教育招生考试部门的命题专家劳务费标准，结合当地的物价水平、收入水平和学校自身财力状况制定本校的命题工作劳务费开支标准。

三是对于没有同类费用开支标准也没有上级部门或其他地区参照开支标准的，中小学校可以参照行业标准、同类或类似市场相关的价格，结合学校自身情况确定相关支出标准。例如某地关于学校法律咨询没有相关的支出标准，假设其他地区也没有相关规定，中小学校可以根据自身情况结合当地律师协会相关的收费标准制定本校法律咨询服务的开支标准。

41.加强中小学校水电费、取暖费管理应注意哪些事项？

答：中小学校的水电费、取暖费占公用经费支出的比例较高，在管理过程中应注意以下几点：

一是保证学校正常运转的水电费、取暖费必须按照规定开支，不得为了减少开支一味压缩水电费、取暖费。

二是不得向学生收取应当由学校承担的水电费、取暖费。

三是要加强各类管道及地下管网的维修维护，防止发生跑、冒、滴、漏现象。

四是要及时足额支付水电、取暖费用，防止因缓交、少交产生滞纳金、罚款等费用。

五是学校垫付的应由个人承担的水电费、取暖费，应当及时足额收回。

42.中小学校维修(护)费和大型修缮费用有什么具体的管理规定？

答：一是维修、维护或修缮之前应当对该项目的经济价值进行评估，不符合成本效益原则的不予维修、维护或修缮。

二是对设备、建筑物等进行维修、维护或修缮时，应当严格执行政府采购制度，按照规定的程序实施政府采购，并在学校预算控制额度内列支。

三是正确区分维修(护)费与大型修缮费的界限。维修(护)费是指中小学校日常开支的固定资产(不包括车船等交通工具)修理和维护费用、网络信息系统运行与维护费用。大型修缮是指按照财务制度允许资本化的各类设备、建筑物等的大型修缮支出，大型修缮费用列支出的同时，要办理固定资产价值增加手续。

四是维修或修缮完成后，必须完成相应的验收手续后才能办理资金支付。

43.中小学校的课后服务费支出需要单独核算吗？

答：需要。中小学校的课后服务收费属于成本补偿性收费，为了正确反映中小学校课后服务的成本，应当对中小学校课后服务相关支出进行单独核算。

44.中小学校的房屋建筑物构建和设备购置等项目支出有哪些具体的管理要求？

答：一是学校要充分利用现有设施、设备等资产，发挥其应有的作用，对确需购建的设施、设备，应进行可行性论证，编制采购预算上报审批后方可实施。

二是凡纳入政府采购目录的工程、设备和服务，都要实行政府采购和国库集中支付。

三是要严格履行投资决策程序、项目审批程序和监督管理程序，严格执行项目法人责任制、招标投标制、项目合同管理制。

四是项目支出应专款专用，不得挤占和挪用；同时，要划清基本支出与项目支出的界限，分别按照不同的资金来源渠道支出和管理，不得相互挤占、挪用。

五是严格划分一般维修与大型修缮和基本建设项目的界限，一般维修费用在基本支出中列支，大型修缮和基本建设项目资金在项目支出中列支。

45.中小学校的经营支出有哪些具体的管理规定？

答：一是经营支出与事业支出对应的主体不同。义务教育阶段学校不得开展经营活动，没有经营支出；非义务教育阶段学校开展经营活动须符合法律法规的规定。

二是准确界定经营支出范围。与经营活动直接相关的人工、材料费用的支出直接计入经营支出，对于经营活动使用的水、电、暖等由学校统一开支的费用，应当采用合理分配方式分配计入经营支出。

三是遵循配比原则。中小学校开展经营活动是为了获得经济利益，经营支出所耗费资源将来须得用经营收入补偿，经营支出应当与经营收入配比，正确计算经营结余；要严格区分经营活动和事业活动，不能将财政拨款、事业收入等形成的资金用于经营支出。

46.中小学校的对附属单位补助支出管理应注意哪些问题?

答:一是所谓的附属单位是指非义务教育阶段学校所属独立核算的附属单位,如附设的幼儿园、独立核算的校办企业等。二是注意区分“对附属单位补助支出”与“转拨财政部门拨入的各类财政拨款”的关系。三是对附属单位补助支出与事业支出的性质不同,对附属单位补助支出不构成学校的常规支出,具有调剂性支出的性质。

47.中小学校的上缴上级支出管理应注意哪些问题?

答:一是中小学校上缴上级支出必须由财政部门会同主管部门确定,也就是说未经财政部门和主管部门同意的,中小学校可以拒绝上缴。二是中小学校实行收入上缴是有条件的,不是所有的中小学校都存在收入上缴,只有当中小学校非财政补助收入较多,而且超过其正常支出也比较多时,学校才可以按照财政部门和主管部门的规定实行收入上缴,由此发生的支出就相应地反映在上缴上级支出中。三是上缴上级支出不构成学校的常规支出,具有调剂性支出的性质。

48.中小学校的其他支出管理应注意哪些问题?

答:一是必须从严控制其他支出,列支其他支出必须符合规定的开支范围,不得随意列支。二是必须严格审核列支的项目和内容,列支其他支出必须有详细的项目名称,内容必须翔实,不能把没有名目的支出、没有详细内容的支出纳入其他支出。

49.中小学校应怎样正确区分各种支出的界限?

答:中小学校的各项支出在支出性质及资金管理上存在较大差异,在日常管理工作中,必须正确区分各种支出的界限。一是划清单位支出和个人支出的界限。应当由教职工个人承担的支出,如教职工周转房内使用的水电费、煤气费以及教职工个人订阅的报纸、刊物等,应由职工自理,不得用公款支出。二是划清事业支出与经营支出的界限。应当列入事业支出的项目,不得列入经营支出;应当列入经营支出的项目,也不得列入事业支出。

三是划清事业支出与对附属单位补助支出的界限。对附属单位支出属于内部调剂性质的支出，这部分支出最终将体现在内部附属单位，不能计入学校的事业支出，以免虚增事业支出。四是划清下属独立核算单位与中小学校支出的界限。应由独立核算单位支出的水、电、暖等费用，应当在独立核算单位列支，不应在中小学校列支。

50.什么是专项资金？专项资金有什么管理要求？

答：专项资金是国家有关部门或上级部门下拨的具有专门指定用途或特殊用途的资金。

专项资金的管理要求是：中小学校从财政部门和主管部门取得的有指定项目和用途的专项资金，应当专款专用、单独核算，并按照规定报送专项资金使用情况报告，接受财政部门或者主管部门的检查、验收，进行绩效评价。

专项资金报告包括事中报告和事后报告。事中报告是指在项目施工过程中定期向财政部门或者主管部门报送的报告，通常包含项目投资的进度、采购情况、资金支付明细、支付进度情况等内容。事后报告是指项目完成后向财政部门及主管部门报送的报告，通常包含项目设置的目标、资金来源、项目决算、项目投资情况、资金调整情况、项目变更情况、资金支付情况、项目绩效情况等内容。

51.什么是国库集中支付？

答：国库集中支付是以国库单一账户体系为基础，以健全的财政支付信息系统和银行间实时清算系统为依托，支付款项时，由预算单位提出申请，经规定审核机构（国库集中支付执行机构或预算单位）审核后，将资金通过单一账户体系支付给收款人的制度。需注意的是，实行国库集中支付，财政拨款并非是向学校实体资金账户拨入资金，而是向学校下达用款指标，需要支付资金时，学校根据可用的用款指标，向财政提出资金支付申请，经财政审核后，由国库将资金直接支付给收款人。

52.国库集中支付的方式有哪几种？实行预算管理一体化改革后对国库集中支付有什么影响？

答：国库集中支付的方式有两种。一种是直接支付，即学校提交的支付申请通过审核后，财政部门签发支付令，将资金支付给收款人的方式；另外一种是授权支付，即财政将一定的用款额度授权给学校，可由学校直接签发支付令，将资金支付给供应商的支付方式。

2020年，财政部颁布了《预算管理一体化技术规范（试行）》（财办〔2020〕13号），不再区分由财政部门直接支付和经财政部门授权支付，对资金支出统一实行国库资金集中支付的办法。该付款办法统一了资金付款流程，所有资金支付均由单位使用政府资金预算管理一体化系统提出申请，由系统根据财政部门和主管部门制定的项目校验规范对资金预算指标等校验合格后，发送到代理银行办理资金付款。

53.为什么说执行国库集中支付制度可以提高中小学校的资金使用效率？

答：中小学校利用国库单一账户体系和预算管理一体化系统，将资金直接支付给商品和劳务的提供者或最终收款人，大幅减少了支付环节。国库集中支付制度的资金流转链条短、速度快、支付程序简洁、支付信息能及时反馈，使中小学校的支付行为受国库的动态监控，杜绝了传统资金管理方式下财政资金层层转拨程序出现的管理漏洞，提高了资金的使用效益。

54.预算一体化改革对中小学校资金支付有什么影响？

答：一是预算一体化改革进一步强化了预算的刚性约束。传统的国库集中支付是预算指标控制用款计划，用款计划控制资金支付，而实行预算一体化改革的目标是实现“预算指标直接控制资金支付”，预算编制已经细化到具体单位、具体项目的经济科目，因此在资金支付过程中，对于每一笔支出，出纳人员必须严格按照预算中的支出项目、经济科目使用资金，不得随意调剂，确需调剂的需按国家有关规定进行。

二是实行全流程电子支付，提升资金支付效率的同时带来一定的管理风险。预算一体化改革完善了国库集中支付控制机制和集中校验机制，实行全流程电子支付，不再使用支票、汇票等传统的结算方式，有效提升了资金支付工作的效率。但与此同时，银行接到一体化系统发出的指令就可完成付款，可能会存在因工作人员粗心大意或者徇私舞弊等原因向错误的收款人付款的风险。因此，中小学校应当改变过去支票管理、印鉴管理的资金支付控制模式，建立健全分级复核、分级控制的支付模式，确保资金支付安全。

55.中小学校哪些费用可以使用现金支付？

答：未实行公务卡改革的中小学校，以下情况可以使用现金支付：一是未超过人民银行规定的结算起点(1000 元)的支出；二是向个人收购农副产品和其他物资的价款；三是出差人员必须随身携带的差旅费；四是中国人民银行确定需要现金支付的其他支出。

实行了公务卡改革的中小学校，以下情况可用现金支付：一是在县级以下(不包括县级)不具备刷卡条件的地区发生的公务支出；二是在县级及县级以上地区不具备刷卡条件的场所发生的单笔消费在 200 元以下的公务支出。

56.什么是公务卡？

答：公务卡包括单位公务卡和个人公务卡两类。单位公务卡是指预算单位指定工作人员持有，仅用于公务支出与财务报销，以单位为还款责任主体的信用卡。个人公务卡是预算单位工作人员持有的，主要用于公务支出与财务报销，并与个人信用记录相关联的信用卡。公务卡实行“一人一卡”实名制管理，持卡人承担相应的法律责任。

公务卡的特殊之处在于其将财务管理的有关功能与银行卡的结算方式相结合，形成一种新型财务管理手段和工具，以确保公务消费行为有据可查、有迹可寻，同时减少日常开支中的现金流量。

57.公务卡与普通银行信用卡有什么区别？

答：一是公务卡可以和单位国库集中支付系统对接，可以通过国库集中支付系统查询消费记录和还款记录;普通银行信用卡是银行发行给个人的信用消费卡,直接通过消费与银行对接。二是公务卡是指财政预算单位工作人员持有的、主要用于日常公务支出和财务报销业务的贷记卡,普通银行信用卡是私人消费卡。

58.推行公务卡结算有什么重要意义?

答:公务卡作为一种现代化支付结算工具,不仅携带方便,使用便捷,而且透明度高,所有的支付行为都有据可查、有迹可循。推行公务卡制度,无论对提高财政财务透明度、推进源头防治腐败工作,还是对加强预算单位财务管理、推进全国银行卡产业发展等,都具有重要意义。

一是有利于进一步提高财务管理透明度。建立公务卡制度,通过制度和技术创新,可以生成公务消费的各项明细信息,使公务消费置于阳光之下,提高公务支出的透明度,从而有效克服现金支付结算方式信息不透明所导致的种种弊端。

二是有利于提升单位财务管理水平。建立公务卡制度后,预算单位现行财务管理制度、报销审批程序和会计核算办法基本不变,但对现金的使用要实行严格管理。使用公务卡结算,既不需要财务人员从银行提取和保管现金,也不需要工作人员提前向单位借款,简化了手续,减轻了单位财务人员的工作量,同时财政财务部门还可以有效监控支付的真实性和规范性,杜绝利用虚假发票报销等漏洞,对于提升预算单位财务管理水平具有重要的促进作用。

59.公务卡的消费范围有哪些?

答:公务卡消费的资金范围一般包括差旅费、会议费、招待费和零星购买支出等费用,应根据本级财政部门相关管理规定使用公务卡。

60.中小学校开展成本核算的意义是什么?

答:中小学校应根据开展业务活动及其他活动的实际需要开展成本核算,其主要意义有以下几点:

一是提高教育资金的使用效益。开展成本核算有助于揭示中小学校办学成本的构成,找到办学成本产生动因,进而可以通过对成本的分析,控制不必要成本的发生。

二是提供教育收费定价决策依据。中小学校的课后服务费、非义务教育阶段学校学费等收费标准的核定都是以成本监审方式来确定,中小学校开展成本核算能够为教育收费定价和成本补偿提供决策依据。

三是完善支撑绩效管理体系。按照绩效管理的要求,绩效评价指标包含成本指标,开展成本核算能够为绩效评价提供基础数据。

61.中小学校违规发放津贴、补贴的情形有哪些?

答:一是违规自行设立津贴、补贴、奖金项目或超过规定标准、范围发放津贴、补贴。例如某高中学校,违反规定擅自设立暑假值班补助、高三升学奖励等名目发放津贴、补贴。

二是利用“小金库”发放津贴、补贴。

三是违规以购物卡、实物等形式发放津贴、补贴,或者以差旅补贴等形式向职工普遍发放补贴。

四是违规使用工会会费、福利费及其他专项经费发放津贴、补贴、奖金。

五是学校以组织各种评比、比赛等活动的名义向职工普遍发放实物奖品。

六是向与中小学校有关的单位输送利益,再由利益接受单位以各种名目给学校职工发放津贴、补贴。例如A公立学校与B私立学校进行合作办学,A公立学校让渡部分教学资源给B私立学校,B学校向A学校教职工发放节日福利。

62.中小学校支出管理中常见的违规行为有哪些?

答:一是超标准、超范围支出;二是支出核算不规范;三是报销凭证不规范;四是挤占、挪用资金;五是利用支出套取资金。

63.中小学校常见的报销凭证不规范的情形有哪些?

答:一是凭证内容失真,如原始凭证填写的经济业务与实际发生的经济业务不相符等;二是不按规定用途使用发票,如将一些商业零售发票或其他行业发票代替建筑行业发票报销基建或维修支出等;三是报销凭证不合法,如使用假发票报销,使用旧版发票或作废发票报销,使用非正规票据报销,使用有刮、补、挖、擦痕迹的违规原始凭证报销等情形。

64.中小学校在支出过程中如何加强票据管理?

答:一是票据来源方面。中小学校作为列支依据的票据必须是发票、财政票据或者其他合法取得的票据,除国家另有规定的外,不得使用自制凭证作为列支依据。

二是票据内容方面。中小学校所使用的票据必须各项要素齐全。票据所载明的经济业务必须与实际发生的经济业务一致,且应当清楚标明所购货物或服务的品名、数量、单价等信息。对于汇总开具的机打发票,必须使用从税务系统打印的货物明细作为附件,不得另行开具明细清单。

三是票据使用方面。中小学校应当正确使用票据,购买货物或者服务的,应当向销售方索取发票,向其他行政事业性单位支付其他费用的,应当按照规定取得财政票据或其他合法票据。

四是票据查验方面。中小学校会计人员应当提升专业素养,增强对虚假发票的识别能力,可以通过税务部门网站、手机 App 等方式查验发票真伪。使用电子发票报销的,中小学校应当采取一定的控制措施,防止电子发票的重复使用。

第六章

如何管好结转结余资金

1.什么是结转和结余?

答:结转和结余是指中小学校收入与支出相抵后的余额,包括结转资金和结余资金,具体又分为财政拨款结转、财政拨款结余,非财政拨款结转、非财政拨款结余。其中,非财政拨款结转和结余中的经营收支结转和结余要单独反映。

2.中小学校年终剩余资金为什么要分为结转和结余?

答:(1)符合财政管理的要求。按照财政预算管理科学化、精细化的相关要求,为严格预算执行,提高资金使用效益,切实维护预算管理的严肃性,中小学校在年终决算时,要对学校年度所有收入与支出相抵后的余额进一步细化,根据资金的不同性质和特征,采取相应的管理措施。因此,学校要区分"结转"和"结余"。

(2)符合深化部门预算改革的要求。对年终决算资金区分"结转"和"结余",主要是针对决算资金形成的不同原因,分类编制预算,科学做好项目论证,提升下一年度预算执行质量。

(3)符合中小学校财务管理的规范要求。中小学校的结转和结余,作为年度收入与支出相抵后的余额,这部分数据和各年度的变化能反映学校财务的基本状况,体现学校的财务管理水平。学校对结转和结余分别进行管理,有利于学校进一步规范财务行为,提高财务管理水平和资金使用效益。

3.结转资金和结余资金有什么不同?

答:结转资金是指当年预算已执行但未完成,或者因故未执行,下一年度需要按照原用途继续使用的资金。结余资金是指当年预算工作目标已完成,或者因故终止,当年剩余的资金。

4.财政拨款结转结余资金年末财政部门一定收回吗?

答:不一定。财政拨款结余资金按预算管理的有关规定,用于编制下年度的部门预算,统筹使用,这部分资金财政部门是予以收回的。财政拨款结转资金原则上不得调整用途,将转入下一年按照原用途的预算继续使用,但连续两年未用完的结转资金按规定收回统筹使用,对不足两年的结转资金中不需按原用途使用的资金收回统筹用于经济社会发展急需支持的领域。

5.什么是财政拨款结转资金?

答:财政拨款结转资金是指当年支出预算已执行但尚未完成,或因故未执行,下年需按原用途继续使用的财政拨款资金。

6.怎样使用财政拨款结转资金?

答:财政拨款结转资金包括基本支出结转资金和项目支出结转资金。其中,基本支出结转资金包括人员经费结转资金和日常公用经费结转资金。

(1)基本支出结转资金原则上要结转下年继续使用,可以用于增人增编等人员经费和日常公用经费支出,需特别注意的是,在人员经费和日常公用经费两个项目之间不得挪用,尤其是日常公用经费不得用于人员经费开支,不得用于提高人员经费开支标准。

(2)项目支出结转资金要结转到下年,并按原用途继续使用,但连续两年未用完的结转资金按规定收回统筹使用,对不足两年的结转资金中不需按原用途使用的资金收回统筹用于经济社会发展急需支持的领域。

(3)财政拨款结转资金原则上不得调剂用途。如果在年度预算执行过程中确需调剂结转资金用途的,需报财政部门审批。

(4)财政部门连续年度期间安排预算的延续项目,如有结转资金,在编制以后年度预算时,要根据项目结转资金的情况和项目年度资金的需求情况,统筹安排财政拨款预算。

7.什么是财政拨款结余资金?

答:财政拨款结余资金是指支出预算工作目标已完成,或由于受政策变化、计划调整等因素影响工作终止,当年剩余的财政拨款资金。对财政拨款结余资金,中小学校需按照财政部门的规定上交国库。

8.什么是非财政拨款结转和结余?

答:非财政拨款结转是指中小学校除财政拨款收支以外的各专项资金

收入与相关支出相抵后剩余的，需按规定用途使用的结转资金。

非财政拨款结余是指中小学校除财政拨款收支以外的各项非专项资金收入与各项非专项资金支出相抵后的余额。一般来说，非财政拨款结余包括事业结余以及经营结余；其中，事业结余是在固定的时间间隔之内，除去财政补助收入和支出、经营收支以及非财政专项资金之外所结余的金额；经营结余是指在一定时间内，经营收支相抵之后所剩余的金额在弥补上年度经营亏损之后所剩余的金额。非财政拨款结余可以按照国家有关规定提取职工福利基金，剩余部分用于弥补以后年度学校收支差额；国家另有规定的，从其规定。

9.什么是经营收支结转和结余？

答：经营收支结转是指非义务教育阶段学校从事非独立核算的经营活动，因故当年未完成，下一年度需要按照原来的用途继续使用的资金。

经营收支结余是指非义务教育阶段学校从事非独立核算的经营活动，经营项目结束后，取得的经营收入减去其经营支出后的余额。

10.经营收支结转和结余需要单独反映吗？

答：需要。经营收入与经营支出应当配比，经营收支结转和结余是非独立核算经营活动形成的，不是中小学校开展公共服务形成的收支结转和结余，为更加准确地反映中小学校经营收支和效益情况，需要将经营收支结转和结余单独反映。

11.中小学校如何有效压减结转结余资金？

答：为减少产生结转结余资金，可采取如下措施：

(1)科学编制年度预算。学校在编制年度预算时，应当坚持量入为出、收支平衡、统筹兼顾、保证重点、勤俭节约和讲求绩效的原则。考虑学校维持正常运转和发展的基本需要，参考以前年度的预算执行情况，根据预算年度的收入增减因素和措施，以及以前年度结转和结余情况，积极稳妥地逐项测算编制收入预算。

(2)编制三年滚动预算。学校对目标比较明确的项目，要编制三年滚动预算,加强项目库管理,健全项目预算审核机制,明确规划期内将要开展的项目。对列入三年滚动预算的项目,学校要提前做好项目可行性研究、评审、招投标、政府采购等前期准备工作,确保资金一旦到位就能使用。

(3)严格预算执行。学校在预算执行时,要强化日常管理和监督,保证预算执行进度和支付率。对当年执行进度缓慢、预计年底可能形成较多结转或结余资金的项目,应当及时提出调减当年预算或调整用于学校执行中新增的重要支出的建议,报财政部门审批。

12.中小学校财政拨款结转和结余应当如何计算?

答:财政拨款结转和结余是指中小学校财政拨款收入与支出相抵后的总余额。计算公式:财政拨款结转与结余=财政拨款收入-财政拨款支出。

如:某中学年初收到本级财政部门拨付的公用经费20万元,校舍维修专项资金8万元,设备购置专项资金6万元。当年学校用财政拨款安排的公用经费共支出20万元;教学楼维修工程尚未结束,已经支付维修工程费用6万元;设备购置项目已完成,实际支付款项5.8万元。因此年终,财政拨款结转与结余2.2万元=(20万元+8万元+6万元)-(20万元+6万元+5.8万元)。其中:财政拨款结转2万元=8万元-6万元;财政拨款结余0.2万元=(20万元-20万元)+(6万元-5.8万元)。

13.中小学校非财政拨款结转应当如何计算?

答:非财政拨款结转是指中小学校除财政拨款收支以外的各项专项资金收入与其相关支出相抵后剩余滚存的、需按规定用途结转使用的资金。计算公式:非财政拨款结转=[事业收入(专项资金)+上级补助收入(专项资金)+附属单位上缴收入(专项资金)+其他收入(专项资金)]-[事业支出(非财政拨款专项资金)+其他支出(专项资金)]。

如:某学校收到教育部的科研课题经费50万元,课题延续期间两年,当年末课题经费使用了37万元,非财政拨款结转13万元=50万元-37万元。

14.中小学经营结转和结余应当如何计算?

答:经营结转是指非义务教育阶段学校从事非独立核算的经营活动,当年未完成,下一年度需要按照原来的用途继续使用的资金。

经营结余是指非义务教育阶段学校从事非独立核算的经营活动,经营项目结束后,取得的收入减去其经营支出后的余额。计算公式:经营结转和结余=经营收入-经营支出。

如:某中职学校为甲、乙两个单位提供培训服务。甲单位培训完成,学校支付相关费用4.5万元,取得5万元的收入,存入银行;乙单位培训未完成,学校取得5万元的收入,存入银行,依据培训进度确认成本4万元。因此年终,经营结转1万元=5万元-4万元;经营结余0.5万元=5万元-4.5万元。

第七章

如何管好专用基金

不得超出基金规模。

“先提后用”是指专用基金作为净资产，必须按照规定的渠道和比例提取后，方可安排使用。“专款专用”是指为了保证资金使用的合理和高效，中小学校要对各项专用基金单独进行管理和核算，必须严格按照规定用途使用，不得挪用、混用。同时，专用基金还应当保证收支平衡，支出不得超出基金规模，即中小学校提取专用基金后，要严格按照规定的开支范围和标准支出，根据专用基金的余额安排支出，量入为出，专用基金只能是正数，不应出现负数。此外，还应当根据全口径预算管理的要求，将专用基金的收支纳入中小学校预算管理，合理地编制专用基金年度预算，依法履行报批程序。

5.中小学校专用基金与专用结余一样吗？

答：不一样。

一是二者包括的内容不同。专用结余是从非财政拨款结余或经营结余中提取的基金，一般仅指职工福利基金；而专用基金包括职工福利基金、奖助学基金和其他基金。

二是科目属性不同。专用结余是预算结余类科目，属于预算会计科目；专用基金是净资产类科目，属于财务会计科目。

三是会计处理不同。按照非财政拨款结余的一定比例以及其他规定提取转入，主要用于学校教职工的集体福利设施、集体福利待遇的职工福利基金，预算会计和财务会计都要做会计处理；奖助学基金和其他基金只做财务会计处理，预算会计不做处理。

6.中小学校财政补助结余可以计提职工福利基金吗？

答：不可以。中小学校的业务活动分为教育教学活动和其他活动，教育教学活动的资金来源于本级财政拨入的各项经费，主要用于人员经费、公用经费和项目支出。中小学校除了从事教育教学活动外，还可以利用其专业优势为社会提供服务，如专业培训等。各级政府为了提高学校利用其专业知识为社会提供服务的积极性，允许中小学校按照其结余的一定比例用于职工集体福利。因此，中小学校的财政补助结余不能计提职工福利基金。

7.中小学校职工福利基金是如何计算的?

答:职工福利基金提取额=非财政拨款结余×提取比例=[经营结余(正数)+事业结余]×提取比例。如:某中职学校当年事业结余22万元,经营结余8万元,按照40%计提职工福利基金,那么职工福利基金为:(22+8)×40%=12(万元)。

8.中小学校职工福利基金有哪些具体的管理规定?

答:中小学校职工福利基金的管理应当注意以下两点:一是要按照规定用途使用,主要用于职工食堂、职工浴室、职工理发室等支出项目,以及按照国家规定可由职工福利基金开支的其他支出项目。二是要根据职工福利基金金额,量入为出,做好计划,对于一些重大的职工福利支出项目,应当充分发扬民主,公开项目计划、支出内容和支出决算,接受职工的监督。

9.中小学校职工福利来源渠道主要有哪些?

答:一是公用经费。如职工健康查体经费,根据《国务院办公厅关于进一步加强领导认真做好干部健康体检的通知》(国办发〔1995〕5号),各地均明确机关和事业单位干部职工健康查体有关支出应当纳入部门公用经费列支,由本级财政预算足额保障;山东省《乡村教师支持计划(2015~2020年)》规定"实施乡村教师年度健康体检制度,所需费用从学校公用经费中列支,有条件的可由同级财政单列资金予以保障"。

二是职工福利基金。职工福利基金主要用于中小学校教职工集体福利设施、集体福利待遇等支出。

三是工会经费。根据中华全国总工会印发的《基层工会经费收支管理办法》,工会经费可以用于基层工会组织开展职工教育、文体、宣传等活动所发生的支出和工会组织的职工集体福利支出。

10.中小学校工会经费来源有哪些?

答:中小学校工会经费的来源主要包括会费收入、拨缴经费收入、上级工会补助收入、行政补助收入、其他收入等。具体如下：

(1)会费收入。会费收入是指工会会员依照全国总工会规定按本人工资收入的5‰向所在中小学校工会缴纳的会费。

(2)拨缴经费收入。拨缴经费收入是指建立工会组织的中小学校按全部职工工资总额2%依法向工会拨缴的经费中的留成部分。

(3)上级工会补助收入。上级工会补助收入是指中小学校工会收到的上级工会拨付的各类补助款项。

(4)行政补助收入。行政补助收入是指中小学校依法对工会组织给予的各项经费补助。

(5)其他收入。其他收入是指工会取得的资产盘盈、固定资产处置净收入、接受捐赠收入和利息收入等。

11.中小学校工会经费收支管理应遵循哪些原则？

答:(1)遵纪守法原则。中小学校工会应当依据《中华人民共和国工会法》的有关规定,依法组织各项收入,严格遵守国家法律法规,严格执行全国总工会有关制度规定,严肃财经纪律,严格工会经费收支管理。

(2)经费独立原则。中小学校工会应当依据全国总工会关于工会法人登记管理的有关规定取得工会法人资格,依法享有民事权利、承担民事义务,并根据财政部、中国人民银行的有关规定,设立工会经费银行账户,实行工会经费独立核算。

(3)预算管理原则。中小学校工会应当按照《工会预算管理办法》的要求,将学校各项收支全部纳入预算管理。学校工会经费年度收支预算(含调整预算)需经同级工会委员会和工会经费审查委员会审查同意并报上级主管工会批准。

(4)服务职工原则。中小学校工会应当坚持工会经费正确的使用方向,优化工会经费支出结构,严格控制一般性支出,将更多的工会经费用于为职工服务和开展工会活动,维护职工的合法权益,增强工会组织服务职工的能力。

(5)勤俭节约原则。中小学校工会应当按照党中央、国务院关于厉行勤俭节约、反对奢侈浪费的有关规定,严格控制工会经费开支范围和开支标准,经费使用要精打细算,少花钱多办事,节约开支,提高工会经费使用效益。

(6)民主管理原则。中小学校工会应当依靠会员管好用好工会经费,年度工会经费收支情况应当定期向会员大会或会员代表大会报告,建立经费收支信息公开制度,主动接受会员监督,同时接受上级工会监督,依法接受国家审计监督。

12.中小学校工会经费核算能否纳入学校经费核算?

答:不能。一是中小学校应当设立工会经费专用银行账户,实行工会经费独立核算。任何组织和个人不得截留、挪用、侵占工会经费。二是中小学校工会应当根据经费独立原则,建立预算、决算和经费审查监督制度。三是中小学校工会积极组织各项收入,合理安排各项支出并严格按照《工会会计制度》的要求,科学设立和登记会计账簿,准确办理经费收支核算,定期向工会委员会和经费审查委员会报告预算执行情况。四是中小学校工会经费年度财务决算需报上级工会审批。五是中小学校工会应当按照有关规定收缴、上解工会经费,依法独立管理和使用工会经费。六是中小学校需确保会计工作和会计资料的真实性、完整性。

13.中小学校工会经费支出范围包括哪些?

答:工会经费主要用于为职工服务和开展工会活动,支出范围包括职工活动支出、维权支出、业务支出、资本性支出、事业支出和其他支出。

14.中小学校工会经费可以列支的职工活动支出有哪些?

答:中小学校工会职工活动支出是指中小学校工会组织开展职工教育、文体、宣传等活动所发生的支出和工会组织的职工集体福利支出,包括职工教育支出、文体活动支出、宣传活动支出、职工集体福利支出、其他活动支出等。

15.中小学校工会经费可以用于哪些职工福利?

答:中小学校工会经费可以用于逢年过节和会员生日、婚丧嫁娶、退休离岗的慰问支出等职工集体福利支出。

一是中小学校工会逢年过节可以向全体会员发放节日慰问品。逢年过节的年节是指国家规定的法定节日(即元旦、春节、清明节、劳动节、端午节、中秋节和国庆节)和经自治区以上人民政府批准设立的少数民族节日。节日慰问品原则上为符合中国传统节日习惯的用品和职工群众必需的生活用品等,中小学校工会可结合实际采取便捷灵活的发放方式。

二是中小学校工会会员生日慰问可以发放生日蛋糕等实物慰问品,也可以发放指定蛋糕店的蛋糕券。

三是中小学校工会会员结婚生育时,可以给予一定金额的慰问品。

四是中小学校工会会员生病住院、工会会员或其直系亲属去世时,可以给予一定金额的慰问金。

五是中小学校工会会员退休离岗,可以发放一定金额的纪念品。

16.中小学校工会经费可以列支的职工维权支出有哪些?

答:中小学校教职工维权支出是指中小学校工会用于维护职工权益的支出,包括劳动关系协调费、劳动保护费、法律援助费、困难职工帮扶费、送温暖费和其他维权支出。

17.中小学校工会经费支出“八不准”指什么?

答:根据《基层工会经费收支管理办法》,中小学校工会应严格执行以下规定:(1)不准使用工会经费请客送礼。(2)不准违反工会经费使用规定,滥发奖金、津贴、补贴。(3)不准使用工会经费从事高消费性娱乐和健身活动。(4)不准单位行政利用工会账户,违规设立“小金库”。(5)不准将工会账户并入单位行政账户,使工会经费开支失去控制。(6)不准截留、挪用工会经费。(7)不准用工会经费参与非法集资活动,或为非法集资活动提供经济担保。(8)不准用工会经费报销与工会活动无关的费用。

18.什么是家庭经济困难学生?

答:家庭经济困难学生是指本人及其家庭所能筹集到的资金,难以支付其在校学习期间学习和生活基本费用的学生。

19.家庭经济困难学生认定机构有哪些?

答:学校认定机构包括学生资助工作领导小组、认定小组、评议小组。评议小组负责认定工作的民主评议,认定小组负责认定工作的具体组织和审核,学生资助工作领导小组负责家庭经济困难学生认定工作的领导和监督。学生资助管理部门承担领导小组办公室的职能,负责认定工作的组织和管理。

20.家庭经济困难学生认定工作应遵循哪些基本原则?

答:一是坚持实事求是、客观公平。认定家庭经济困难学生以学生家庭经济状况为主要认定依据,认定标准和尺度要统一,确保公平公正。

二是坚持定量评价与定性评价相结合。既要建立科学的量化指标体系,进行定量评价,也要通过定性分析修正量化结果,更加准确、全面地了解学生的实际情况。

三是坚持公开透明与保护隐私相结合。既要做到认定内容、程序、方法等公开透明,又要尊重和保护学生隐私,严禁让学生当众诉苦、互相比困。

四是坚持积极引导与自愿申请相结合。既要引导学生如实反映家庭经济情况,主动利用国家资助完成学业,也要充分尊重个人意愿,遵循自愿申请的原则。

21.家庭经济困难学生认定依据有哪些因素?

答:一是家庭经济因素。主要包括家庭劳动力及职业状况、家庭财产及收入、家庭负担等情况。

二是特殊群体因素。主要指脱贫享受政策家庭学生、脱贫不稳定家庭学生、边缘易致贫家庭学生、最低生活保障家庭学生、特困救助供养学生、孤儿、烈士子女、残疾学生及残疾人子女学生等群体。

三是地区经济社会发展水平因素。主要指校园地、生源地经济发展水平及城乡居民最低生活保障标准等。

四是突发状况因素。主要指遭受重大自然灾害、重大突发意外事件等情况。

五是学生消费因素。主要包括学生消费金额、消费结构等情况。

六是其他影响家庭经济状况的因素。

22.家庭经济困难学生认定程序是什么?

答:家庭经济困难学生认定工作原则上每学年进行一次,每学期按照家庭经济困难学生实际情况进行动态调整。工作程序一般包括提前告知、个人申请、学校认定、结果公示、建档备案等环节。

23.纳入重点资助对象的特殊困难家庭学生有哪几类?

答:脱贫享受政策家庭学生、脱贫不稳定家庭学生、边缘易致贫家庭学生、最低生活保障家庭学生、特困救助供养学生、家庭经济困难的残疾学生、残疾人子女、孤儿、烈士子女及因其他原因(如家庭遭受重大自然灾害或成员患重大疾病等)造成经济特别困难的家庭学生为特殊困难家庭学生,予以重点资助。

24.学前教育阶段学生资助政策有哪些?

答:按照“地方先行、中央补助”的原则,国家建立起以政府资助为主体、幼儿园资助和社会资助为补充的学前教育资助体系。

政府资助是指地方政府出台的资助政策,目前地方政府对经县级以上教育行政部门审批设立的普惠性幼儿园在园家庭经济困难儿童予以资助。普惠性幼儿园包括经县级及以上教育行政部门审批设立的公办、公办性质幼儿园和普惠性民办幼儿园。

幼儿园资助是指幼儿园从事业收入中提取一定比例的经费,用于减免保教费、幼儿园助学金等。

社会资助是指企业、社会团体及个人等捐资,对家庭经济困难幼儿予以资助。

25.学前教育政府资助项目有哪些?资助标准是多少?

答:截至2022年秋季学期,国家尚未制定统一的学前教育政府资助项目。部分省份自行制定了学前教育政府资助政策,如山东省出台了学前政府助学金、学前教育免保教费两项资助政策。中央财政根据地方出台的资助政策、经费投入及实施效果等因素，予以奖补。

(1)学前政府助学金：对普惠性幼儿园在籍在园家庭经济困难儿童发放政府助学金。政府助学金的平均资助标准为每生每年1200元，具体标准由各地结合实际在1000～1400元范围内确定，可以分为2～3档。

(2)学前教育免保教费：对脱贫享受政策家庭儿童、防止返贫监测帮扶对象、低保家庭儿童、特困救助供养儿童、重点困境儿童、事实无人抚养儿童、孤儿和残疾儿童免保教费。免除标准按照各市人民政府及其价格、财政主管部门批准的公办幼儿园保教费标准执行。普惠性民办幼儿园按照当地同类型公办幼儿园收费标准免除保教费，保教费标准高于公办幼儿园的部分，幼儿园可以按规定继续向幼儿收取。

26.如何申请学前教育政府助学金？(以山东为例)

答：普惠性幼儿园在籍在园家庭经济困难幼儿家长向幼儿园提交《山东省学前教育学生资助申请表》，有突发事件或大病等特殊情况的，还需要提交相关证明材料。申请材料由班主任收集、幼儿园汇总审核。原则上，幼儿家长一学年向幼儿园提交一次申请。秋季学期开学一个月内，幼儿家长向幼儿园提交申请。秋季学期未享受政府助学金的幼儿如有突发事件或大病等特殊情况的，也可在春季学期开学一个月内向幼儿园提交申请材料。

27.如何确定学前教育政府助学金的资助对象？(以山东为例)

答：幼儿园成立政府助学金评审小组，评审小组结合本园家庭经济困难学生认定情况进行评审，初步确定资助对象名单和资助档次并进行不少于5个工作日的公示。评审时，不设置比例，不限名额，根据家庭经济困难认定情况应助尽助。公示无异议后，确定政府助学金受助幼儿名单。一般情况下，学前教育政府助学金一学年评审一次。对发生突发事件、大病等特殊情况或因转学、退学等园籍异动的，要动态调整政府助学金受助学生名单。

28.学前教育政府助学金可以通过幼儿家长的银行卡发放吗?(以山东为例)

答:不可以。根据山东省有关规定,助学金通过幼儿本人的银行卡、社会保障卡等方式按学期发放给受助学生。确因特殊情况无法办理银行卡、社会保障卡的,须经省级学生资助管理部门批准后方可通过现金发放。

29.国家统一实施的义务教育资助项目有哪些?

答:国家统一实施的义务教育资助项目有四项。

(1)免学杂费:免除义务教育学校所有学生学杂费。

(2)免费教科书:对义务教育学校所有学生免费提供教科书。为小学一年级新生免费提供正版学生字典。

(3)家庭经济困难学生生活补助:补助义务教育学校家庭经济困难学生生活费。

(4)营养改善计划:为试点地区农村义务教育阶段学生提供营养膳食补助,国家基础标准为每生每天5元。

30.义务教育学校家庭经济困难学生生活费补助标准是多少?

答:根据国家统一规定,寄宿生补助标准为小学生每生每年1000元,初中生每生每年1250元;非寄宿生补助标准为小学生每生每年500元,初中生每生每年625元。

31.如何申请义务教育学校家庭经济困难学生生活费补助?(以山东为例)

答:在籍在校家庭经济困难学生向就读学校提交《山东省义务教育学生资助申请表》,如有突发事件或大病等特殊情况的,还需要提交相关证明材料。申请材料由班主任收集、学校汇总审核。原则上,学生一学年向学校提交一次申请。秋季学期开学一个月内,学生向学校提交申请。秋季学期未享受生活费补助的学生如有突发事件或大病等特殊情况的,也可在春季学期开学一个月内向学校提交申请材料。

32.如何确定义务教育家庭经济困难学生生活费补助的资助对象?（以山东为例）

答:学校成立家庭经济困难学生生活费补助评审小组,评审小组结合本校家庭经济困难学生认定情况进行评审,初步确定资助对象名单并进行不少于5个工作日的公示。评审时,不设置比例,不限名额,根据家庭经济困难情况应助尽助。公示无异议后,确定家庭经济困难学生生活费补助受助学生名单。原则上,家庭经济困难学生生活费补助一学年评审一次。对发生突发事件、大病等特殊情况或因转学等学籍异动的,可动态调整家庭经济困难学生生活费补助受助学生名单。

33.家庭经济困难学生生活费补助发放方式是什么?（以山东为例）

答:家庭经济困难学生生活费补助通过学生本人的银行卡、社会保障卡等方式按学期发放给受助学生。确因特殊情况无法办理银行卡、社会保障卡的,须经省级学生资助管理部门批准后方可通过现金发放。

34.国家统一实施的普通高中资助项目有哪些?

答:国家统一实施的资助项目有两项。

(1)国家助学金:用于资助具有正式注册学籍的普通高中在校生中的家庭经济困难学生。

(2)免学杂费:对普通高中原建档立卡等家庭经济困难学生(含脱贫享受政策家庭学生、脱贫不稳定家庭学生、边缘易致贫家庭学生、家庭经济困难残疾学生、农村最低生活保障家庭学生、农村特困救助供养学生)免学杂费。

35.普通高中教育学生资助政策还有哪些?

答:在普通高中教育阶段,我国实行以国家助学金、免学杂费为主,地方政府资助和学校、社会资助为补充的政策体系。

(1)地方政府资助。部分地区出台地方性奖学金、助学金等政策。

(2)学校资助。学校从事业收入中提取一定比例的经费,用于减免学费、设立校内奖助学金等支出。

(3)社会资助。企业、社会团体及个人等面向普通高中设立奖学金、助学金等。

36.国家统一实施的普通高中学生资助项目资金来源是什么?

答:国家统一实施的普通高中免学杂费和国家助学金政策,所需经费由中央与地方财政分档按比例分担,省级财政统筹落实。

37.普通高中免学杂费的标准是什么?

答:免学杂费标准按照各级人民政府及其价格、财政主管部门批准的公办学校学杂费标准执行(不含住宿费)。

38.享受普通高中免学杂费政策的学生不用交学费了吗?

答:不是,要分情况而定。

(1)公办学校享受免学杂费政策的学生不再交学杂费,对因免学杂费导致学校收入减少的部分,由财政按照享受免学杂费政策学生人数和免学杂费标准补助学校,弥补学校运转出现的经费缺口。

(2)民办普通高中学校按照当地公办普通高中学校收费标准免除学杂费,学费标准高于公办学校的部分,学校可以按规定继续向学生收取。

39.普通高中国家助学金的申请条件及资助标准是什么?

答:(1)普通高中国家助学金的基本申请条件是:热爱祖国,拥护中国共产党的领导;遵守宪法和法律,遵守学校规章制度;诚实守信,道德品质优良;勤奋学习,积极上进;家庭经济困难,生活俭朴。

(2)国家助学金平均资助标准为每生每年2000元,具体标准由各地结合实际情况在1000～3000元范围内确定,可以分为2～3档。档次主要依据家庭经济困难程度确定。

40.如何申请普通高中国家助学金?(以山东为例)

答:在籍在校的家庭经济困难学生向就读的学校提交《山东省普通高中

学生资助申请表》,如有突发事件或大病等特殊情况的,还需要提交相关证明材料。申请材料由班主任收集、学校汇总审核。原则上,学生一学年向学校提交一次申请。秋季学期开学一个月内,学生向学校提交申请。秋季学期未享受国家助学金的学生如有突发事件或大病等特殊情况的,也可在春季学期开学一个月内向学校提交申请材料。

41.如何确定普通高中国家助学金的资助对象?(以山东为例)

答:学校成立普通高中国家助学金评审小组,评审小组结合本校家庭经济困难学生认定情况进行评审,初步确定资助对象名单和资助档次并进行不少于5个工作日的公示。评审时,不设置比例,不限名额,根据家庭经济困难情况应助尽助。公示无异议后,确定国家助学金受助学生名单。原则上,普通高中国家助学金一学年评审一次。对发生突发事件、大病等特殊情况或因转学、退学等学籍异动的,可动态调整国家助学金受助学生名单。

42.普通高中国家助学金发放方式是什么?

答:根据国家有关规定,普通高中国家助学金通过学生本人的普通高中银行卡、社会保障卡等方式按学期发放给受助学生。确因特殊情况无法办理银行卡、社会保障卡的,须经省级学生资助管理部门批准后方可通过现金发放。

43.国家统一实施的中等职业教育资助项目有哪些?

答:(1)国家奖学金:奖励学习成绩、技能表现等方面特别优秀的中等职业学校全日制在校生,每年奖励2万名,每生每年6000元。

(2)国家助学金。资助中等职业学校全日制学历教育正式学籍一、二年级在校涉农专业学生和非涉农专业家庭经济困难学生。

(3)免学费。对中等职业学校全日制学历教育正式学籍一、二、三年级在校生中所有农村(含县镇)学生、城市涉农专业学生、城市家庭经济困难学生、民族地区学校就读学生、戏曲表演专业学生免除学费(其他艺术类相关表演专业学生除外)。

44.中等职业教育学生资助政策还有哪些?

答:在中等职业教育阶段,我国建立了以国家奖学金、国家助学金、免学费为主,地方政府资助、学校资助和社会资助为补充的学生资助政策体系。

(1)地方政府资助。在落实国家奖学金、国家助学金和免学费政策的基础上,部分地区出台了地方性奖学金、助学金、免学费等政策。

(2)学校资助。中等职业学校从事业收入中提取一定比例的经费,用于学费减免、发放校内奖助学金和勤工助学等。

(3)社会资助。企业、社会团体及个人面向中等职业学校学生设立奖学金、助学金等。

45.国家统一实施的学生资助项目有哪些资金来源?

答:中等职业教育国家奖学金由中央财政承担。中等职业教育免学费补助资金和国家助学金由中央与地方财政分档按比例分担,省级财政统筹落实。免学费补助资金和国家助学金均由中央财政统一按每生每年 2000 元的测算标准与地方分档按比例分担。

46.涉农专业的中等职业教育学校学生可以享受国家助学金和免学费政策,其中涉农专业是指哪些专业?

答:目前涉农专业范围根据教育部 2021 年发布的中等职业学校专业目录及专业设置管理办法确定。目前涉农专业有 47 个,分别是:种子生产技术、作物生产技术、循环农业与再生资源利用、家庭农场生产经营、园艺技术、植物保护、茶叶生产与加工、中草药栽培、烟草栽培与加工、饲草栽培与加工、农村电气技术、设施农业生产技术、农机设备应用与维修、农产品加工与质量检测、农产品贮藏与加工、农产品营销与储运、棉花加工与检验、休闲农业生产与经营、农资营销与服务、林业生产技术、园林技术、园林绿化、森林资源保护与管理、木业产品加工技术、畜禽生产技术、特种动物养殖、宠物养护与经营、蚕桑生产与经营、淡水养殖、海水养殖、航海捕捞、森林消防、太阳能与沼气技术利用、水利工程运行与管理、水利水电工程施工、机电排灌工程技术、现代灌溉技术、农村饮水供水工程技术、水泵站机电设备安装与运行、水土保持技术、林产化工技术、食品加工工艺、酿酒工艺与技术、民族食品加工技术、食品安全与检测技术、粮油和饲料加工技术、粮油储运与检验技术。

47.享受免学费政策的戏曲表演专业有哪几个？哪些艺术类相关表演专业不享受免学费政策？

答：目前享受免学费政策的戏曲表演专业有6个，分别是：戏曲表演、戏剧表演、曲艺表演、木偶与皮影表演及制作、戏曲音乐、民族音乐与舞蹈。

不享受免学费政策的艺术类相关表演专业包括音乐表演、舞蹈表演、服装表演、杂技与魔术表演、民族服装与饰品、社会文化艺术、播音与主持等。

48.享受中等职业教育免学费政策的学生不用交学费吗？

答：不是，要分情况而定。

(1)公办学校享受中等职业教育免学费政策的学生不再交学费，对因免学费导致学校收入减少的部分，由财政按照享受免学费政策学生人数和免学费标准补助学校，弥补学校运转出现的经费缺口。

(2)民办中等职业学校按照当地同类型同专业公办中等职业学校收费标准免除学费，学费标准高于公办学校的部分，学校可以按规定继续向学生收取。

49.中等职业教育地方资助政策有哪些？（以山东为例）

答：山东省将免学费政策资助面扩大，城市非涉农非家庭经济困难学生以及非戏曲表演专业的其他艺术类专业均享受免学费政策，即所有注册中职学籍的全日制一、二、三年级学生全部享受免学费政策。

50.中等职业教育国家助学金的资助对象、申请条件及资助标准是什么？

答：(1)中等职业教育国家助学金的资助对象是中等职业学校全日制学历教育正式学籍的一、二年级在校涉农专业学生和非涉农专业家庭经济困难学生。

(2)中等职业教育国家助学金的基本申请条件是：热爱祖国，拥护中国共产党的领导;遵守宪法和法律,遵守学校规章制度;诚实守信,道德品质优良;勤奋学习,积极上进;家庭经济困难,生活俭朴。

(3)国家助学金平均资助标准为每生每年2000元,具体标准由各地结合实际情况在1000～3000元范围内确定,可以分为2～3档。档次主要依据家庭经济困难程度确定。

51.如何申请中等职业教育国家助学金?(以山东为例)

答:在籍在校的一、二年级涉农专业学生和非涉农专业家庭经济困难学生向就读学校提交《山东省中等职业教育学生资助申请表》,如有突发事件或大病等特殊情况的,还需要提交相关证明材料。申请材料由班主任收集、学校汇总审核。原则上,学生一学年向学校提交一次申请。秋季学期开学一个月内,学生向学校提交申请。秋季学期未享受国家助学金的学生如有突发事件或大病等特殊情况的,也可在春季学期开学一个月内向学校提交申请材料。

52.如何确定中等职业教育国家助学金的资助对象?(以山东为例)

答:学校成立中等职业教育国家助学金评审小组。评审小组结合本校家庭经济困难学生认定情况进行评审,初步确定资助对象名单和资助档次并进行不少于5个工作日的公示。评审时,不设置比例,不限名额,根据家庭经济困难情况应助尽助。公示无异议后,确定国家助学金受助学生名单。中等职业教育国家助学金一学年评审一次。对发生突发事件、大病等特殊情况或因转学、退学等学籍异动的,可动态调整国家助学金受助学生名单。

53.中等职业教育国家助学金发放方式是什么?

答:根据国家有关规定,中等职业教育国家助学金通过学生本人的中职银行卡、社会保障卡等方式发放给受助学生。原则上按学期发放。确因特殊情况无法办理银行卡、社会保障卡的,须经省级学生资助管理部门批准后方可通过现金发放。

54.申请中等职业教育国家奖学金的学生需要具备哪些基本条件？有什么具体要求？

答:(1)基本条件:具有中华人民共和国国籍;热爱祖国,拥护中国共产党的领导;遵守宪法和法律,遵守《中等职业学校学生公约》,遵守学校规章制度;诚实守信,道德品质优良;在校期间学习成绩、道德风尚、专业技能、社会实践、创新能力、综合素质等方面表现特别优秀。

(2)具体要求:中等职业学校全日制二年级及以上学生;学习成绩排名位于年级同一专业前5%(含5%)的学生和学习成绩排名位于年级同一专业排名未进入5%,但达到前30%(含30%)且在道德风尚、专业技能、社会实践、创新能力、综合素质等方面表现特别突出的,可以申请中等职业教育国家奖学金。

55.中等职业教育国家奖学金是如何评审和发放的？

答:中等职业教育国家奖学金每学年评审一次,实行等额评审。中等职业学校制定评审细则,具体负责组织中等职业教育国家奖学金申请受理、评审等工作,并于每年10月31日前完成评审。地方教育行政部门成立国家奖学金评审委员会,评审完成报经教育部批准后,学校于每年12月31日前将国家奖学金一次性发放给获奖学生,颁发国家统一印制的荣誉证书并将获得中等职业教育国家奖学金情况记入学生学籍档案。

56.学校资助经费如何提取？

答:学生资助资金纳入学校预算管理,每年年初,学校按照上年度的事业收入提取资助经费。普通高中应从事业收入中足额提取3%～5%的经费,用于减免学费、设立校内奖助学金和特殊困难补助等支出。中等职业学校应从事业收入中提取一定比例的经费用于学费减免、设立校内奖助学金、特殊困难补助和勤工助学等。民办学校应从学费收入中提取不少于5%的资金,用于奖励和资助学生。幼儿园应从事业收入中提取3%～5%的资金,用于减免收费、提供特殊困难补助等,具体比例由各地自行确定。

第八章

如何管好资产

1.中小学校资产包括哪些?

答:中小学校资产是指中小学校依法直接支配的各类经济资源,包括流动资产、固定资产、在建工程、无形资产、对外投资、文物文化资产等。

2.中小学校资产必须进行货币计量吗?

答:不是。中小学校资产不再强调“货币计量”特征,进一步拓展了资产范围,将学校向上级主管部门借入、共享共用的资产、自然资源、文物文化资产等暂时无法进行货币计量的资产,纳入中小学校的资产范畴。中小学校资产配置方式多样,包括调剂、购置、建设、租用、接受捐赠等方式,中小学校对于无法用货币计量的资产在管理实践中应当登记备查簿,进行实物数量统计,加强实物资产管理。如自然资源资产暂时无法进行货币计量与会计核算,应当加强实物数量统计与管理。在日常工作中,中小学校可以不进行货币计量的资产有以下两类:

(1)成本无法可靠取得的文物资源资产。《国有文物资源资产管理暂行办法》(财资〔2021〕84号)规定:“管理收藏单位应当按照国家统一的会计制度规定进行会计核算,将成本能够可靠取得的文物资源资产及时登记入财务账,确保不重不漏。文物资源资产涉及价值增减变动的,应当及时调整相关账目。成本无法可靠取得的文物资源资产,应当设置备查簿进行登记,并在年度国有资产报告中体现数量,待成本可以可靠取得后,再按照国家统一的会计制度的规定及时入账。”中小学校取得的文物文化资产如果成本无法计量,应按照国家规定在资产备查簿中进行数量登记。

(2)中小学校借入或使用的共享共用资产。国有资产共享共用是指把自己单位占有、使用的部分国有资产,在满足本单位使用和确保资产安全的前提下,对其他单位、个人、社会开放,或者由主管单位在本部门之间进行调剂,实现国有资产的共同使用。国有资产共享共用,其占有权和使用权仍归原单位所有,并不发生转移,共享共用的中小学校进行资产备查簿登记,只登记数量。

3.中小学校资产必须是实物吗?

答:不一定。中小学校资产所包含的内容比较广泛,有的是以实物形态存在的，如固定资产、存货等；有的是以非实物形态存在的，如无形资产、债权等。对中小学校资产的确认不是以资产的存在形式为标准，而应该是以中小学校依法直接支配的各类经济资源作为确认资产的标准。

4.中小学校对其依法直接支配的资产享有哪些权利？

答：中小学校根据国家的授权，对其所管理的国家财产享有占用、使用以及依照法律和国务院的有关规定收益、处分的权利。《民法典》第二百五十六条规定："国家举办的事业单位对其直接支配的不动产和动产，享有占有、使用以及依照法律和国务院的有关规定收益、处分的权利。"《行政事业性国有资产管理条例》（中华人民共和国国务院令第738号）也明确规定："行政事业性国有资产属于国家所有，实行政府分级监管、各部门及其所属单位直接支配的管理体制。"因此，中小学校对学校的资产享有占用权、使用权和依照法律和国务院的有关规定收益、处分的权利。

5.中小学校资产的来源渠道有哪些？

答：(1)财政资金形成的资产。为保障履行职能的需要，中小学校用国家财政预算安排的各项经费，购置（构建）房屋建筑物、专用设备、交通工具等固定资产和各种专用材料、物资、低值易耗品等流动资产。

(2)接受调拨或者划转、置换形成的资产。国家无偿调拨给中小学校的资产，主要包括划拨土地、划拨房产、划拨设备等。

(3)中小学校按照国家规定组织收入购置的资产。

(4)接受捐赠形成的资产。

6.中小学校资产管理的主要目标是什么？

答：一是维护中小学校国有资产的安全完整，防止国有资产流失，这是资产管理的基本要求和首要任务，也是当前加强资产管理需要首先解决的问题。中小学校国有资产是用来保障事业发展的，是用于提供公共产品和公共服务的，不以营利为目的。

二是实现中小学校资产的合理配置，这是学校资产充分有效使用的前提和基础。资产配置的科学性、合理性，决定着资产使用的效率和效果。

三是实现中小学校资产的有效利用，这是发挥资产在学校履行职能方面物质基础作用的根本保证。

7.中小学校资产管理应当遵循什么原则？

答：中小学校资产管理应当遵循安全规范、节约高效、公开透明、权责一致的原则，实现实物管理与价值管理相统一，资产管理与预算管理、财务管理相结合。

8.什么是中小学校的流动资产？

答：中小学校流动资产是指可以在一年以内变现或者耗用的资产，包括现金、各种存款、应收及预付款项、存货等。其特点有：一是流动性强，二是变现能力强，三是周转速度快。

9.中小学校的现金如何管理？

答：现金是指库存现金，属于流动资产。中小学校的库存现金主要用于日常零星开支。根据国家规定，中小学校应通过以下几方面加强现金管理：

(1)库存现金严格执行限额管理，由学校提出申请，报经开户银行审批。

(2)单位之间的经济往来，必须通过银行进行转账结算。根据国家有关规定，可以通过现金结算的范围有以下几种：职工工资、各种工资性津贴；个人劳动报酬，包括稿费和讲课费及其他工资酬劳；支付给个人的各种奖金，包括国家颁发给个人的各种科学技术、文化艺术、体育等奖金；各种劳保、福利费用以及国家规定的对个人的其他现金支出；向个人收购农副产品和其他物资支付的价款；出差人员必须随身携带的差旅费；结算起点 1000 元以下的零星支出。

(3)中小学校收入现金应当于当日送存银行，当日送存确有困难的，由开户银行确定送存时间。中小学校不得“坐收”“坐支”现金。

(4)加强内部控制，实行账钱分管。学校出纳人员办理现金收付业务；会计管账不管钱，出纳管钱不管账。

(5)现金要定期进行盘点，盘盈或盘亏要分清责任并规范进行账务处理。

(4)其他应收款,即除了应收账款、应收票据和预付账款以外的其他各项应收及暂付款项,如职工预借的差旅费、应向职工收取的各种垫付款项等。

15.中小学校应收及预付款项管理应遵循什么原则?

答:应收及预付款项是学校与其他单位或个人在结算过程中形成的流动资产,属于学校的短期性债权。如果时间过长或数额过大,会在一定程度上影响学校资金的正常运转,甚至虚增学校的资产。所以学校要重视对应收及预付款项的管理。应收及预付款项的管理应当遵循以下原则:

(1)预算控制原则。学校不得办理无资金来源、无预算或超预算的暂付款项。

(2)归口管理原则。审批预付款的负责人和经办人要在财务部门备案,否则不予办理报销事宜;经办人负有催报暂付款项的责任。

(3)一事一清原则。预付款原则上必须一事一借、一事一清,前款不清、后款不借,不能长期挂账,一般应按人设立暂付款明细账。

(4)限期结算原则。学校应当根据预付款的用途,制定限期结算的奖惩制度,以督促借款人或借款单位及时报账。对于应收款项,应当注意控制应收款项的额度和收回时间,及时组织结算和催收。

(5)专款专用原则。学校应当严格按照资金的用途办理暂付款手续,坚持专款专用的原则,不得随意挪用具有专门用途的资金。

16.中小学校对应收及预付款项有哪些具体的管理规定?

答:(1)建立应收及预付款项备查簿。中小学校财务人员应当对发生的应收及预付款项及时记账,并建立备查簿;同时,加强合同管理,对债务人执行合同情况进行跟踪分析,防止坏账发生。

(2)建立应收及预付款项催收制度。特别是对没有经济往来且挂账时间超过一年以上的应收及预付账款,应当通过书面催收。

(3)建立应收及预付款项年度清查制度,确保账实相符,账账相符。

(4)建立呆账、坏账核销管理制度,规范核销程序。中小学校在清查核实的基础上,对确实不能按期收回的各种应收及预付款项,应当作为坏账损失,并按有关认定条件按照相应法规进行处理。

17.中小学校的存货有哪些种类?

答:中小学校存货是指学校在开展教育教学和其他活动过程中为耗用或出售而储存的资产,主要包括材料、燃料、包装物和低值易耗品以及未达到资产标准的用具、装具、动植物等。具体如下:

(1)材料,即中小学校库存的各种原材料,包括原料及主要材料、辅助材料、外购半成品(外购件)和修理用备件(备品备件)等。

(2)燃料,即中小学校在教育教学活动中耗用的各种固体燃料、液体燃料和气体燃料。

(3)包装物,即为包装产品而储备的各种包装容器,如桶、箱、瓶、坛、袋等均属于包装物。

(4)低值易耗品,即单项价值在规定限额以下并且使用年限在一年以内,达不到固定资产标准的资产。购买的零星日常办公用品,由于是随买随用,在会计核算上一般直接列支出,不纳入存货核算范围。

18.中小学校存货的入账价格如何确定?

答:学校存货的来源一般分为外购、自制、委托外部加工、接受社会捐赠。不同来源的存货,其计价方式不完全相同,具体如下:

(1)外购物品一般以买价加上运杂费作为存货的入账价格。

(2)自制物品以自制过程中发生的材料费、人工费和其他费用作为入账价格。

(3)委托外部加工物品以加工中耗用材料的实际成本、支付的加工费和加工物品往返运杂费等作为入账价格。

(4)接受捐赠的存货,按发票账单所列金额加运杂费等计价入账;没有发票,按同类存货的市场价加运杂费计价入账。

(5)盘盈的存货,按照同类存货的实际成本入账。

19.中小学校应怎样做好存货的管理?

答:中小学校在对存货管理过程中,应加强存货购买、验收、入库、保管、领用、发出、使用等重点环节的管理，并建立健全相应管理制度。同时，为了及时发现问题，堵塞漏洞，加强管理，最大限度地保证存货的安全完整，中小学校必须对存货进行定期或者不定期的清查盘点。对于盘盈或者盘亏的存货，应当及时查明原因，分清责任，并按照规定进行账务处理。属于正常的溢出或损耗，按照实际成本，做增加或减少支出处理；属于人为的责任损失，应当按规定承担经济责任，赔偿一定数额的损失，确保账实相符，确保存货的安全、完整。

20.中小学校存货的领用手续有哪些？

答：中小学校流动资产中的存货应当加强领用管理，健全存货领用制度，规范领用流程，具体如下：

(1)中小学校各部门领用存货，领用人应当填写存货领用申请单并办理相应的审批手续，凭申请单到仓库领取。

(2)领取申请单应填明需求事由、存货名称、规格、型号、领取数量等，并经部门负责人签字。

(3)仓库工作人员对领取申请单进行审核，审核内容包括存货的用途、领用部门、数量以及相关的审批签字信息等，审核无误后，才能发货。

(4)领用存货时，领取人必须同仓库工作人员办理交接手续，当面点清，并在领取申请单上签字。

(5)仓库工作人员按“先进先出，按规定供应”的原则发放存货。核对单据、监督领取并及时清点剩余库存量。

(6)仓库工作人员根据存货领用情况，编制出库单，并在出库单上加盖“已发讫”印章，同时需有仓库保管员和领用人签章。

(7)仓库工作人员应当妥善保管所有发货凭证，避免丢失。

(8)仓库工作人员及时将存货领用的单据交财务部门，会计根据加盖“已发讫”后的“出库单”登记库存明细账，作为减少存货账务处理的原始凭证。

21.什么是中小学校的固定资产？

答：固定资产是指使用期限超过一年，单位价值在1000元以上，并在使用过程中基本保持原有物质形态的资产。单位价值虽未达到规定标准，但是使用年限超过1年(不含1年)的大批同类物资，如图书、家具、用具、装具等，应当确认为固定资产。需要注意的是：中小学校的固定资产不再作"专用设备在1500元以上"的要求。

22.中小学校固定资产如何分类？

答：现行中小学校固定资产分为六大类：

(1)房屋和建筑物类，即学校拥有占有权和使用权的房屋、建筑物及其附属设施。

(2)专用设备类，即学校根据教学和业务工作的实际需要购置的各种具有专门性能和专门用途的设备，如教学仪器、电教设备、交通工具、炊事机械、医疗器械。

(3)通用设备类，即常用的办公与事务方面的设备，如家具设备、办公用具。

(4)文物和陈列品类，即学校的各种文物和陈列品，如字画、纪念品、标本、纪念物品等。

(5)图书类，即中小学校贮藏的统一管理和使用的图书与档案。具体包括各种藏书、期刊、档案、特种文献资料、缩微资料、视听资料、磁盘、光盘资料等。

(6)其他固定资产，即除以上五种固定资产外的其他固定资产。

23.中小学校固定资产中的实验室设备与教学设备主要有哪些？

答：实验室设备主要包括物理、化学、生物等实验室或探究实验室的一切和教学有关的设备、设施(含实验桌、椅、演示台、通风橱、准备台、仪器柜和配套设施)。

教学设备主要是电教设备、信息化设备、教育教学软件等，一般包括电教平台(含班班通多媒体设备)、校园网络设备、校园广播、监控安保系统、校园电视台、摄录设备、教师用计算机、服务器、教学软件、管理软件、教学资源、资源库等设备。

24.中小学校在确认固定资产时,有哪些特殊情况需要特别注意?

答:(1)固定资产的各组成部分具有不同使用年限或者以不同方式为学校实现服务潜力或提供经济利益,适用不同折旧率或折旧方法且可以分别确定各自原价的,应当分别将各组成部分确认为单项固定资产。

(2)应用软件构成相关硬件不可缺少的组成部分的,应当将该软件的价值包括在所属的硬件价值中,一并确认为固定资产;不构成相关硬件不可缺少的组成部分的,应当将该软件确认为无形资产。

(3)购建房屋及构筑物时,不能分清购建成本中的房屋及构筑物部分与土地使用权部分的,应当全部确认为固定资产;能够分清购建成本中的房屋及构筑物部分与土地使用权部分的,应当将其中的房屋及构筑物部分确认为固定资产,将其中的土地使用权部分确认为无形资产。

25.中小学校固定资产管理主要包括哪些工作环节?

答:中小学校固定资产管理工作环节主要包括资产配置、资产使用、资产处置、资产收益、产权界定、产权登记、产权纠纷调处、资产评估、资产清查、资产信息化管理、资产绩效管理、资产监督检查等。

26.中小学校固定资产管理员的主要职责有哪些?

答:(1)负责制定学校资产管理具体办法并组织实施。

(2)负责学校资产的账卡管理、清查登记、统计报告及日常监督检查等工作。

(3)负责学校资产的配置、验收、维修和保养等日常管理工作,保障国有资产的安全完整。

(4)负责办理学校资产的配置、处置、出租、出借、对外投资、担保等事项的报批手续。

(5)负责办理学校资产收益的收缴工作。

(6)负责对学校资产实施信息化管理。

(7)接受财政部门和主管部门的指导和监督,报告学校资产管理情况。

27.中小学校应当怎样健全固定资产内部管理制度?

答:中小学校内部的资产管理制度是中小学校财务管理制度体系的重要组成部分。中小学校应当严格执行《行政事业性国有资产管理条例》《中小学校财务制度》《事业单位国有资产管理暂行办法》以及相关规章制度,结合学校自身特点,建立和完善内部资产管理制度和具体办法,主要有资产购置审批制度、资产采购制度、资产入库登记制度、资产保管清查制度、资产领用交回制度、资产处置审批制度、资产管理岗位奖惩制度、内部审计和考评制度、资产统计报告制度等。

28.中小学校固定资产实行什么样的管理体制?

答:中小学校固定资产实行统一领导、归口管理、分级负责、责任到人的管理体制。应单独设置或明确固定资产管理部门,对全校固定资产实施统一监督管理,并设置总资产管理员、部门资产管理员等负责资产管理日常工作。

29.中小学校总资产管理员的工作职责有哪些?

答:中小学校资产管理部门对全校资产实施统一管理,并设置专职固定资产总管理员,主要职责有:

(1)登记固定资产总分类账、明细账和报损报废固定资产备查账。

(2)负责“资产管理系统”总管理员用户的数据审核维护工作。

(3)审核办理固定资产增减手续及资产清查统计。

(4)协助财务部门完成固定资产产权登记和年检工作。

(5)会同使用部门合理配置固定资产。

(6)监督、检查固定资产使用、管理和维护情况。

(7)每月填制“固定资产对账单”,会同会计、部门管理员做好账务核对工作。

30.中小学校部门资产管理员的工作职责有哪些?

答:中小学校固定资产实行归口管理,归口部门负责对资产进行分类管理，并设置固定资产部门管理员，主要职责有：

（1）登记固定资产明细账，负责固定资产增减、变动登记和“资产管理系统”部门管理员用户数据录入工作。

（2）负责归口管理固定资产的清查、维护、统计等工作。

（3）提出调剂、购置建议并根据批复组织实施。

（4）组织固定资产报废、报损技术鉴定，提出处理建议。

（5）检查、指导使用部门对固定资产的维护工作。

31.中小学校资产使用人的职责有哪些？

答：固定资产的使用人（保管人）对本人使用、保管的固定资产负有使用、保管的直接责任，主要职责有：

（1）资产使用人（保管人）应当核对自己使用（保管）的固定资产在国有资产信息系统中的资产信息，确保资产信息准确无误，如资产信息与实际不符，应当及时向本部门资产管理员提出更正要求。

（2）资产使用人（保管人）应当按规定正确使用、保管好资产，保证资产的安全与完整。

32.什么是中小学校资产配置？

答：中小学校资产配置是指财政部门、主管部门及中小学校根据单位教育教学工作的需要，按照国家有关法律、法规和制度规定的标准和程序，通过调剂或者购置等方式为学校配备资产的行为。

中小学校应当根据依法履行职能和事业发展的需要，结合资产存量、资产配置标准、绩效目标和财政承受能力配置资产。优先通过调剂方式配置资产，不能调剂的，可以采用购置、建设、租用等方式。

33.应如何优化中小学校资产配置效益？

答：（1）应以满足学校教育教学工作的基本需要为原则。资产配置要与中小学校教育教学工作实际需要相适应，与学校的机构编制人数、职能设置、业务发展规划等要求相适应。在制定资产配置计划时，应当根据教育教学工作任务的需要，在充分考虑利用现有资产的基础上，同有关业务部门具体研究确定。在具体工作中，不得盲目追求高标准、高档次，盲目增加配置数量和提高配置档次，造成资产的闲置浪费；也不得简单控制和压缩配置标准和配置数量，单纯强调节约支出，导致资产不能满足工作需要。

(2)资产配置应当做到科学合理，优化结构，勤俭节约，从严控制。根据工作需要，科学合理地编制配置规划或计划，充分发挥存量资产的作用，避免重复配置。推动不同学校以及学校内部各部门之间调剂使用、共享共用机制，对临时需要且能够通过市场租用的资产，不得重新配置。在质量、性能可靠的前提下，应当尽可能降低采购成本。通过加强资产存量管理与增量配置管理，实现资产的优化配置，提高资产的使用效益。

34.中小学校固定资产如何进行登记管理？

答：中小学校对配置的固定资产要及时进行验收、登记，录入资产管理信息系统，明确使用保管的部门，及时进行账务处理。中小学校要设置固定资产总账、明细账及固定资产卡片，详细记载固定资产的编码、名称、类别、规格、型号、原值、购置日期、使用部门等信息，准确完整地反映学校资产情况。中小学校固定资产登记管理具体如下：

(1)中小学校完成资产购置后，及时将购置资料(包括采购合同、货物清单、票据、工程竣工财务决算报告等)交资产管理人员。

(2)组织资产采购、使用、管理人员对照采购资料对购置资产进行验收，如实填写“验收报告”。

(3)验收合格后依据购置资料信息填制增加凭单(增加凭单一般是一式四份)，根据学校资产管理体系，依次由部门资产管理员、总资产管理员、学校分管领导、校长签字确认，加盖财务专用章。

(4)依据“固定资产增加凭单”，由资产管理员、财务人员同时做资产、财务账务的增加处理。

35.为什么资产配置要优先选择调剂方式？

答：《行政事业性国有资产管理条例》规定，各部门及其所属单位管理行政事业性国有资产应当遵循安全规范、节约高效、公开透明、权责一致的原则，实现实物管理与价值管理相统一，资产管理与预算管理、财务管理相结合;资产配置标准应当按照勤俭节约、讲求绩效和绿色环保的要求,根据国家有关政策、经济社会发展水平、市场价格变化、科学技术进步等因素适时调整;各部门及其所属单位应当优先通过调剂方式配置资产,不能调剂的,可以采用购置、建设、租用等方式。中小学校资产管理的主要任务是加强资产管理,合理配置和有效利用资产;中小学校资产配置要做到科学合理,优化结构,勤俭节约,从严控制,科学合理地编制配置规划或计划,充分发挥存量资产的作用,加强闲置资产调剂,推行不同学校以及学校内部各部门之间调剂使用、共享共用机制,通过调剂方式配置资产,避免重复配置。

36.中小学校应当如何进行资产调剂?

答:《事业单位国有资产管理暂行办法》规定,对于事业单位长期闲置、低效运转或者超标准配置的资产,原则上由主管部门进行调剂,并报同级财政部门备案;跨部门、跨地区的资产调剂应当报本级或者共同上一级的财政部门批准。中小学校在调剂资产时要严格执行国家的法律、法规和相关政策,具体如下:

(1)主管部门主导。教育主管部门会同财政部门主导中小学校的资产调剂,工作过程中教育主管部门会同财政部门履行监督职能,中小学校对其支配的资产有管理的责任,所有中小学校调剂资产行为均需经过相关部门的批准。教育主管部门应当充分了解各中小学校的资产状况,掌握所属中小学校的资产闲置或短缺情况,在摸清实底的基础上建立中小学校资产调剂数据库。

(2)确定调剂资产的内容及数量。中小学校根据资产的配置情况,向教育主管部门提出申请,教育主管部门按照申请情况,对照中小学校资产调剂数据库进行核查,根据存量情况拟订可以调剂资产的内容和数量。

(3)中小学校办理资产调剂。中小学校根据教育主管部门及财政部门批复的资产调剂计划审批单,规范办理调剂资产的交接手续。经教育主管部门及财政部门批复的审批单是资产调剂及账务处理的原始依据。中小学校调剂调入后的资产由学校作为自有资产管理使用,没有进行调剂的闲置资产继续由原学校管理。

37.中小学校应如何设置资产管理台账？

答：台账是资产管理的基础档案，是记录资产从产生到消亡全过程的重要资料，一般按照资产的类别，对资产的编号、名称、数量、原值、折旧、净值、存放地点、使用人员以及资产状态和资产来源等情况进行全面完整的记录。资产管理台账的分类及信息口径应当与财务管理部门保持一致。资产管理台账可以是纸质记录表、电子文档，也可以是管理信息平台电子数据，应当确保资产管理台账的存放安全。

资产台账的基础信息来源是采购合同、货物清单、票据、工程竣工财务决算报告、产品铭牌等资料，并且应当确保信息准确；如信息来源资料缺失，应当按照规定参考同类资产或评估定价等方式补全信息。

38.中小学校应如何加强固定资产的日常管理？

答：一是要健全资产管理制度并严格执行，建立健全资产的验收、领用、使用、保管、维护等内部管理制度和流程，将资产管理责任明确到人，确保资产的安全完整，防止资产使用过程中的损失和浪费。

二是对资产的丢失、损毁等情况落实责任追究制度，尽可能减少资产的非正常损耗，力求做到节约高效、物尽其用，充分发挥资产的使用效益。

三是中小学校对固定资产必须要定期或不定期进行清查盘点，年度终了前要进行一次全面清查盘点，确保做到家底清楚，账账、账卡、账实相符。

39.什么是中小学校国有资产共享共用？

答：中小学校国有资产共享共用是指中小学校把自己单位占有、使用的部分国有资产，在满足本单位使用和确保资产安全的前提下，对其他单位、个人、社会开放，或者由主管单位在本部门之间进行调剂，实现国有资产的共同使用。如学校的大型仪器设备，学校的操场、体育馆、游泳馆等运动场地，学校的实验室、图书室等功能室，学校长期闲置和不经常使用的资产均可实行共享共用。

国有资产共享共用，其占有权和使用权仍归本单位所有，并不发生转移。所以，国有资产共享共用不同于出售、转让、捐赠等资产处置方式。国

计提的折旧总额的差额，主要用于计算盘盈、盘亏、毁损固定资产的损溢等。残值反映固定资产报废时收回的价值，用于计算固定资产使用期满报废时处置资产所能收取的价款。

(2)计算方式不同。固定资产净值＝固定资产原值－累计折旧；固定资产残值＝固定资产原值×残值率。

47.什么是中小学校的在建工程？

答：在建工程是指中小学校已经发生必要支出，但尚未完工交付使用的各种建筑(包括新建、改建、扩建、修缮等)和设备安装工程。

48.中小学校的在建工程属于固定资产吗？

答：不属于。中小学校在建工程属于资产类中的非流动资产，是中小学校新建、改扩建或技术改造、设备更新和大修缮工程等尚未完工的工程支出，未达到交付使用状态前，其不属于固定资产。

当在建工程达到交付使用状态，按照规定办理工程财务决算和资产交付使用手续之后，方可转为固定资产。中小学校在建工程，办理工程竣工财务决算和资产交付使用手续期限不得超过一年，从建设项目竣工验收合格后开始计算。

49.中小学校应如何加强对在建工程的管理？

答：在建工程项目一般建设周期较长，管理难度较大，中小学校应当加强对在建工程的管理。

一是要对在建工程各项资产登记造册，明确管理责任，定期清查盘点。

二是要及时办理在建工程转固定资产手续。当中小学校在建工程达到预定可使用状态时，应当全面核算在建工程成本，并按照规定及时办理在建工程转固定资产手续。已经达到预定可使用状态但尚未办理竣工决算手续的在建工程，应当按照估计值计入固定资产，待确定实际成本后再进行调整。

三是在建工程达到交付使用状态时，应当按照规定办理工程竣工财务决算和资产交付使用，期限最长不得超过1年。

50.中小学校在建工程如何确定已达到交付使用状态？

答：(1)固定资产的实体建造(包括安装)工作已经全部完成或者实质上已经全部完成。

(2)已经过试生产或试运行，并且其结果表明资产能够正常运行或者能够稳定地生产出合格产品时，或者试运行结果表明资产能够正常运转或营业时。

(3)该项建造的固定资产的支出金额很少或者几乎不再发生。

(4)所购建的固定资产已经达到设计或合同要求，或与设计、合同要求基本相符，即使有极个别地方与设计或合同要求不相符，也不足以影响其正常使用。

51.什么是中小学校在建工程竣工财务决算？

答：中小学校在建工程竣工财务决算是在建设项目或单项工程完工后，由建设单位财务及有关部门，以竣工结算等资料为基础，编制的反映建设项目实际造价和投资效果的文件，是办理资产交付使用手续的依据。

在建工程竣工财务决算文件主要包括项目竣工财务决算报表、竣工财务决算说明书、竣工财务决算审核情况及相关资料。在建工程项目应在项目竣工后三个月内由建设单位完成竣工财务决算的编制工作，并报主管部门审核，审核通过方可交付使用。

52.中小学校在建工程如何办理交付使用手续？

答：中小学校在建工程达到交付使用状态且完成竣工财务决算后，建设方和施工方应当办理交付使用手续，要严格按照程序办理。建设项目资产交付要以项目实施部门、使用部门、资产管理部门为主，监管部门履行监督职责，根据资产管理有关制度，对照项目交付资产清单，结合施工合同、采购合同等进行数量、品牌、规格型号、使用说明等方面的核实、清点和确认。办理完成交接手续之后，由接收单位的财务部门和资产部门同步进行资产入账登记。

53.什么是中小学校的无形资产?

答:中小学校无形资产是指不具有实物形态而能为中小学校提供某种权利的资产,包括专利权、商标权、著作权、土地使用权、非专利技术以及其他财产权利。无形资产作为中小学校以特殊形式存在的资产,是中小学校重要的经济资源,对中小学校的健康发展同样有着非常重要的作用。无形资产具有以下三个特点:

(1)非实体性。无形资产不具有实物形态,通常表现为中小学校拥有的特殊权利。

(2)排他性。除专利技术外,其他权利作为受法律保护的权利具有明显的排他性。

(3)高效性。无形资产能为学校带来远远高于其成本的经济效益和社会效益。

54.中小学校的无形资产可以通过哪些方式取得?

答:中小学校取得无形资产可分为外购无形资产和自创无形资产。

外购无形资产是指从中小学校外部购入的无形资产,可以单独购入,或与其他资产同时购入,也可以与中小学校整体一并购入。

自创无形资产是指中小学校自行研究和开发而内部形成的无形资产。按照会计惯例,应当确认的无形资产主要是外购无形资产,自创无形资产除符合资本化条件之外,一般不能确认。

55.中小学校的无形资产有没有使用寿命?

答:不一定。中小学校的无形资产可以分为使用寿命有限的无形资产和使用寿命不确定的无形资产。无形资产能否确定使用寿命,对无形资产是否摊销有着决定作用。

有些无形资产(如专利权、商标权、著作权、土地权等)使用寿命受法律法规、协议或合同的限制,是可以确定的。对于使用寿命有限的无形资产,应该正确估计使用寿命,并将其成本在使用寿命内系统合理摊销。

有些无形资产(如非专利技术等)的使用寿命则是无限的或很难确定

的。对于使用寿命不确定的无形资产,不应进行摊销。

56.中小学校的商誉属于无形资产吗?

答:不属于。无形资产应当是可辨认无形资产。可辨认无形资产是指可以具体认定的、可以脱离中小学校而单独存在的无形资产。而商誉与中小学校整体联系,不能单独认定,不能脱离中小学校而单独存在,因而商誉是不能具体辨认的,不属于无形资产。

57.中小学校在教育教学过程中形成的非专利技术受法律保护吗?

答:中小学校非专利技术不受法律保护。中小学校非专利技术是指中小学校在教育活动中已采用了的、不为外界所知的各种技术和经验,例如中小学校在教育教学过程中形成的教学方法、教学经验、教学模式、优秀课件等。非专利技术作为中小学校的技术和经验,与专利权不同的是没有在专利机关登记注册,依靠保密手段进行垄断,不受法律保护。

58.中小学校的无形资产可以对外转让吗?

答:可以。无形资产作为重要的经济资源,中小学校可以在国家法律、法规允许的范围内对外转让。中小学校对外转让无形资产时,应当按照国家有关规定进行资产评估,取得的收入按照国家有关规定处理。转让的方式有两种:

一是转让所有权,中小学校可以将无形资产的所有权完全转让给受让方,中小学校不再拥有占有、使用、收益、处置等方面的权利。

二是转让使用权,中小学校仅仅将无形资产的使用权转让给受让方,但中小学校仍保留对无形资产的所有权。仅转让使用权时,受让方只能根据合同规定使用无形资产,不具有该无形资产的所有权。

59.怎样理解中小学校的土地使用权?

答:中小学校的土地使用权是指中小学校依照法定程序或依约定对国有土地或农民集体土地所享有的占有、使用、收益和有限处分的权利。

中小学校的土地使用权,一般是通过国家无偿划拨的方式(国家所有性质的土地)或依约从村集体(集体所有性质的土地)获得。中小学校的土地使用权在土地使用权存续期间,具有相对独立性,其他任何组织和个人(包括土地所有者)不得任意收回土地或者非法干预学校的合法活动。中小学校在法定范围内具有占有、使用、收益和处分的权利。

60.什么是中小学校对外投资?

答:对外投资是指非义务教育阶段学校依法利用货币资金、实物、无形资产等方式向其他单位的投资。

61.如何加强对中小学校对外投资的监管?

答:(1)严格控制中小学校对外投资行为。《中小学校财务制度》规定:“中小学校应当严格控制对外投资。在保证学校正常运转和事业发展的前提下按照国家有关规定可以对外投资的,应当履行相关审批程序。”因此,要严格控制中小学校对外投资行为,确有必要且按照相关规定可以对外投资的,也应当与中小学校职能定位相符合、与其业务工作相关联,并且须以不影响学校完成正常的事业发展任务为前提。

(2)严格履行审批程序。中小学校利用国有资产对外投资的应当进行必要的可行性论证,并提出申请,经主管部门审核同意后,报同级财政部门审批。

(3)规范投资资金来源和投资方向。财政拨款和财政拨款结余应当用于支持中小学校开展公益性活动,不能作为对外投资的资金来源。同时,出于稳健性和主业相关性考虑,中小学校不得从事股票、期货、基金、企业债券等投资。

(4)严禁义务教育阶段学校进行对外投资。义务教育阶段学校作为公益一类事业单位,不得从事经营活动,严禁对外投资。

(5)坚持投资回报原则,合理确定资产价值。对外投资应当科学选择投资对象,充分进行技术和经济论证,正确选择出资方式,合理确定投资资产价值,避免投资损失,控制风险,确保国有资产的安全完整与保值增值。同时,对于中小学校以非货币性资产进行对外投资的,要按照有关规定,选择具有相应资质的中介机构,对用于对外投资的非货币性资产进行资产评估。

62.非义务教育阶段中小学校应当如何进行对外投资？

答：非义务教育阶段中小学校进行对外投资应当按照《事业单位国有资产管理暂行办法》(财政部令第36号)规定办理，具体如下：

(1)由中小学校或者聘请专业机构对投资项目进行必要的可行性论证，做出国家产业政策分析、市场分析、效益分析、技术与管理分析、法律分析、风险分析及其他方面的分析，形成评估报告。

(2)聘请中介机构对准备用来投资的实物资产和无形资产进行评估，确定其价格。

(3)将可行性论证、评估报告、投资企业资信情况等内容，提交学校“三重一大”会议审核并进行集体决策。

(4)按照主管部门要求，提供符合规定的申请资料，向主管部门提出对外投资申请。

(5)经主管部门审核同意后，报同级财政部门审批。

(6)经同级财政部门审批通过后，对意向企业进行投资，开展投资管理。

各地主管部门、财政部门如有具体实施管理办法的，应当按照实施管理办法执行。

63.中小学校对外投资前的可行性研究报告应当包含哪些内容？

答：非义务教育阶段中小学校对外投资的可行性研究报告应当包括以下内容：

(1)投资的必要性及背景。

(2)投资方式、投资金额及资金来源。

(3)投资对单位财务状况和履行职能的影响。

(4)投资企业的股权结构情况，拟合作方的资信状况。

(5)投资行业的基本情况，投资的风险、收益、回收期等经济指标分析。

(6)其他有关情况。

64.中小学校哪些资产可以对外投资？

答：非义务教育阶段中小学校经相关部门批准后可以利用下列资产进

79.中小学校处置资产应如何履行审批程序?

答:中小学校处置国有资产,应当严格履行审批手续,未经批准不得自行处置。资产处置应当按照本级财政部门规定的审批权限开展,授权范围内资产处置由主管部门审核后进行处置,授权范围以外的资产处置需经主管部门审核后报本级财政部门审批。

80.中小学校可以对哪些资产予以报废、报损?

答:根据《行政事业性国有资产管理条例》规定,中小学校应当对下列资产及时予以报废、报损:

(1)因技术原因确需淘汰或者无法维修、无维修价值的资产,如使用年限较长的计算机等资产。

(2)涉及盘亏、坏账以及非正常损失的资产,如学校占有但未使用或不需用的闲置资产等。

(3)已超过使用年限且无法满足现有工作需要的资产。

(4)因自然灾害等不可抗力造成毁损、灭失的资产。

81.中小学校资产可以为其他单位或个人进行担保吗?

答:不可以。担保是为担保某项债务的实现而采取的措施,包括人保、物保和金钱担保。《中华人民共和国担保法》第九条规定:“学校、幼儿园、医院等以公益为目的的事业单位、社会团体不得为保证人。”中小学校资产不能为其他单位或个人进行担保。

82.中小学校如何办理国有资产产权登记?

答:国有资产产权登记(以下简称“产权登记”)是国家对事业单位占有、使用的国有资产进行登记,依法确认国家对国有资产的所有权和事业单位对国有资产的占有、使用权的行为。中小学校应当向同级财政部门或者经同级财政部门授权的主管部门(以下简称“授权部门”)申报、办理产权登记,并由财政部门或者授权部门核发《事业单位国有资产产权登记证》。

(1)新设立的中小学校,办理占有产权登记。

(2)发生分立、合并、部分改制,以及隶属关系、单位名称、住所和单位负责人等产权登记内容发生变化的中小学校,办理变更产权登记。

(3)因依法撤销或者整体改制等原因被清算、注销的中小学校,办理注销产权登记。

中小学校办理法人年检、改制、资产处置和利用国有资产对外投资、出租、出借、担保等事项时,应当出具《事业单位国有资产产权登记证》。

83.中小学校国有资产产权登记的内容主要包括什么?

答:(1)单位名称、住所、负责人及成立时间。

(2)单位性质、主管部门。

(3)单位资产总额、国有资产总额、主要实物资产额及其使用状况、对外投资情况。

(4)其他需要登记的事项。

84.中小学校与其他单位发生国有资产产权纠纷时应如何处理?

答:中小学校与其他国有单位发生国有资产产权纠纷的,由当事人协商解决。协商不能解决的,可以向同级或者共同上一级财政部门申请调解或者裁定,必要时报有管辖权的人民政府处理。

中小学校与非国有单位或者个人发生产权纠纷的,应当提出拟处理意见,经主管部门审核并报同级财政部门批准后,与对方当事人协商解决。协商不能解决的,依照司法程序处理。

85.中小学校什么情况下需要进行资产评估?

答:资产评估即资产价值形态的评估,是指专门的机构或专门评估人员,遵循法定或公允的标准和程序,运用科学的方法,以货币作为计算权益的统一尺度,对一定时点上的资产进行评定估算的行为。资产评估结果是对外投资或资产处置的重要依据。中小学校以下几种情况需要进行资产评估:

(1)对无法进行会计确认入账的资产,可以根据需要组织专家参照资产评估方法进行估价,并作为反映资产状况的依据。

(2)中小学校对其资产进行出售、出让、转让、拍卖、置换、对外投资等情况时,应当按照国家有关规定进行资产评估。

86.什么是资产清查?

答:资产清查是指各级政府及财政部门、主管部门或中小学校,根据各级政府及其财政部门专项工作要求或者特定经济行为(划转、撤销、合并、分立)需要,按照规定的政策、工作程序和方法,对中小学校进行账务清理、财产清查,依法认定各项资产损溢和资金挂账,真实反映中小学校国有资产占有使用状况的工作。

87.中小学校在什么情况下需要开展资产清查?

答:有下列情形之一的,中小学校应当对行政事业性国有资产进行清查:

(1)根据本级政府部署要求。

(2)发生重大资产调拨、划转以及单位分立、合并、改制、撤销、隶属关系改变等情形。

(3)因自然灾害等不可抗力造成资产毁损、灭失。

(4)会计信息严重失真。

(5)国家统一的会计制度发生重大变更,涉及资产核算方法发生重要变化。

(6)其他应当进行资产清查的情形。

88.资产清查的程序有哪些?

答:资产清查工作根据组织主体不同,分别按照以下程序进行:

(1)由政府及其财政部门组织开展的资产清查工作。由政府及其财政部门统一部署,明确清查范围、基准日等。中小学校在主管部门、本级财政部门的监督指导下明确本单位资产清查工作机构,制定资产清查工作实施方案,根据方案组织清查,必要时可委托社会中介机构对清查结果进行专项审计,形成资产清查报告并按规定逐级上报。财政部门和主管部门对报送的资产清查结果进行审核确认。

(2)由主管部门组织开展的资产清查工作。主管部门应当向本级财政部门提出资产清查立项申请，说明资产清查的原因，明确清查范围和基准日等内容，经本级财政部门同意立项后按照上述的规定程序组织实施。

(3)由中小学校自行组织开展的资产清查工作。中小学校应当向主管部门提出资产清查立项申请，说明资产清查的原因，明确清查范围和基准日等内容，经主管部门同意立项后，在主管部门的监督指导下明确学校资产清查工作机构，制定实施方案，根据方案组织清查，必要时可委托社会中介机构对清查结果进行专项审计，形成资产清查报告并按规定逐级上报至主管部门审核确认。

中小学校可以委托依法设立的、具备与所承担工作相适应的专业人员和具备专业胜任能力的会计师事务所等社会中介机构对资产清查结果进行专项审计。财政部门或者主管部门认为必要时，可以直接委托社会中介机构对资产清查结果进行专项审计或复核。资产清查工作专项审计的费用，按照“谁委托，谁付费”的原则，由委托方承担。

89.资产清查具体包括哪些内容？

答：资产清查主要包括学校基本情况清理、账务清理、财产清查和完善制度等。一是学校基本情况清理，即对应当纳入资产清查工作范围的所属学校处数、机构及人员状况等基本情况进行全面清理。二是账务清理，即对中小学校的各种银行账户、各类库存现金、有价证券、各项资金往来和会计核算科目等基本账务情况进行全面核对和清理。三是财产清查，即对中小学校的各项资产进行全面的清理、核对和查实。中小学校对清查出的各种资产盘盈、损失和资金挂账应当按照资产清查要求进行分类，提出相关处理建议。四是完善制度，即针对资产清查工作中发现的问题，进行全面总结、认真分析，提出相应整改措施和实施计划，建立健全资产管理制度。

90.什么是资产清查中的损溢认定？

答：损溢认定是指中小学校资产清查中，财政部门在进行基本情况清理、账务清理、财产清查的基础上，依据有关规定，对清理出来的有关资产盘盈、资产损失和资金挂账进行的认证。如：某小学在资产清查中发现一台电脑被盗，财政部门依据公安机关的结案证明，确认学校的损失。

91.什么是资产清查中的资产核实?

答：中小学校的资产核实是指财政部门和主管部门根据国家资产清查核实政策和有关财务、会计制度，对中小学校资产清查工作中认定的资产盘盈、资产损失和资金挂账等进行认定批复，并对资产总额进行确认的工作。

92.资产清查核实由谁来组织实施?

答：清查核实由财政部门、主管部门和中小学校按照“统一政策、分级管理”的原则组织实施。财政部门、主管部门和中小学校在规定权限内对资产盘盈、资产损失和资金挂账等事项进行处理，国家另有规定的，依照其规定。清查核实应当依托行政事业单位资产管理信息系统开展。

93.中小学校资产清查核实中财政部门的主要职责是什么?

答：一是根据国家及上级财政部门有关行政事业单位资产清查核实的规定和工作需要，制定本地区和本级行政事业单位资产清查核实规章制度，组织开展本地区和本级行政事业单位资产清查核实工作，并负责监督检查。二是负责所属中小学校资产清查立项申请的批复(备案)。三是负责审核汇总所属中小学校资产清查结果，及时向上级财政部门报告工作情况。四是按照规定权限审批所属中小学校资产盘盈、资产损失和资金挂账等事项。五是指导对中小学校的清查核实工作。

94.中小学校资产清查核实中主管部门的主要职责是什么?

答：一是负责审批或者提出本部门所属中小学校的资产清查立项申请。二是负责指导本部门所属中小学校制定资产清查实施方案，并对所属中小学校资产清查工作进行监督检查。三是按照规定权限审核或者审批所属中小学校资产盘盈、资产损失和资金挂账等事项。四是负责审核汇总本部门所属中小学校资产清查结果，并向同级财政部门报送资产清查报告。五是根据有关部门出具的资产核实批复文件，指导和监督本部门所属学校调整信息系统相关数据并进行账务处理。

95.什么是资金挂账？

答：资金挂账是指中小学校在资产清查基准日应当按照损溢、收支进行确认处理，但挂账未确认的资金（资产）数额。对于清查出的资金挂账，按照真实客观反映经济状况的原则进行认定。特殊资金挂账按照以下方式处理：一是属于按照国家规定组织实施住房制度改革，职工住房账面价值应当冲减而未冲减的挂账，在按照国家规定办理房改有关合法手续、移交产权后，按照规定核销。二是属于对外投资中由于所办企业按照国家要求脱钩等政策性因素造成的损失挂账，在取得国家关于企业脱钩的文件和产权划转文件后，可在办理资产核实手续时申报核销处理。

96.中小学校资产核实的程序有哪些？

答：一是学校应当依据资产清查出的资产盘盈、资产损失和资金挂账等事项，搜集整理相关证明材料，提出处理意见并逐级向主管部门提出资产核实的申请报告。中小学校应当对所报送材料的真实性、合规性和完整性负责。

二是主管部门按照规定权限进行合规性和完整性审核（审批）同意后，报本级财政部门审批（备案）。

三是财政部门按照规定权限进行审批（备案）。

四是中小学校依据有关部门对资产盘盈、资产损失和资金挂账的批复，调整信息系统相关数据并进行账务处理。

五是财政部门、主管部门和中小学校结合清查核实中发现的问题完善相关制度。

97.中小学校资产核实的管理权限是如何规定的？

答：中小学校资产核实的管理权限，由本级财政部门根据实际情况和资产清查工作的实际需要确定。

(1)资产盘盈。学校应当按照财务、会计制度的有关规定确定价值，并在资产清查工作报告中予以说明，报经主管部门批准，并报财政部门备案后调整有关账目。

(2)资产损失。对于货币性资产损失核销、对外投资损失，学校应当逐级上报，经财政部门批准后调整有关账目。中小学校的固定资产、无形资产和存货损失，按照现行管理制度规定的资产处置权限进行审批，其中房屋构筑物、土地和车辆损失，学校应当逐级上报，经财政部门批准后核销。

(3)资金挂账。学校应当逐级上报，经财政部门批准后调整有关账目。

中小学校申请的资产核实事项中，既包括财政部门审批权限内资产，也包括主管部门审批权限内资产的，应当统一报送财政部门进行审批。

98.中小学校的资产核实事项应当提交哪些申报材料？

答:一是资产损溢、资金挂账核实申请文件。

二是信息系统生成打印的行政事业单位国有资产清查报表。

三是信息系统生成打印的行政事业单位国有资产损溢、资金挂账核实申请表。

四是申报处理资产盘盈、资产损失和资金挂账的专项说明，逐笔写明发生日期、损失原因、政策依据、处理方式，并分类列示。

五是根据申报核实的事项，提供相应的具有法律效力的外部证据、社会中介机构出具的经济鉴证证明、特定事项的单位内部证据等证明材料。

六是其他需要提供的材料。

99.中小学校的资产清查报告包括哪些内容？

答:一是工作报告，主要反映中小学校的资产清查工作基本情况和结果，应当包括学校资产清查的基准日、范围、内容、结果，基准日资产及财务状况，对清查中发现问题的整改措施和实施计划。

二是清查报表，即按照规定在信息系统中填报的资产清查报表及相关纸质报表。

三是专项审计报告，即社会中介机构对中小学校资产清查结果出具的经注册会计师签字的专项审计报告。

四是证明材料,即清查出的资产盘盈、资产损失和资金挂账等的相关凭证资料和具有法律效力的证明材料。

五是其他需要提供的备查材料。

100.中小学校在向财政部门申报资产的盘盈、损失和资金挂账损失时,需要提供哪些证明材料财政部门才能批复?

答:中小学校申报各项资产盘盈、资产损失和资金挂账,必须提供具有法律效力的外部证据、社会中介机构的经济鉴证证明和特定事项的单位内部证据。

一是中小学校收集到的与学校资产损溢相关及具有法律效力的外部证据,主要包括学校的撤销、合并公告及清偿文件,政府部门有关文件,司法机关的判决或者裁定,公安机关的结案证明,工商管理部门出具的注销证明,专业技术部门的鉴定报告,保险公司的出险调查单和理赔计算单,企业的破产公告及破产清算的清偿文件,符合法律规定的其他证明等。

二是社会中介机构的经济鉴证证明,主要是指具备与所承担工作相适应的专业人员和专业胜任能力的会计师事务所、资产评估机构、律师事务所、专业鉴定机构等社会中介机构按照独立、客观、公正的原则,对学校的某项经济事项出具的专项经济鉴证证明或鉴证意见书。资产损失和资金挂账应当委托社会中介机构出具经济鉴证证明。

三是特定事项的学校内部证据,主要是指中小学校对涉及资产盘盈、资产损失和资金挂账等情况的内部证明和内部鉴定意见书等,包括有关会计核算资料和原始凭证,学校的内部核批文件及情况说明,资产盘点单和明细表,学校内部鉴定技术小组或内部专业技术部门的鉴定文件或资料,因经营管理责任造成的损失的责任认定意见及赔偿情况说明,相关经济行为的业务合同等,符合法律规定的其他证明等。

申报不合规,证据不齐全、不真实,或者不符合相关制度规定的资产盘盈、资产损失、资金挂账事项,主管部门和财政部门不予核实。

101.行政事业性国有资产管理情况报告的内容有哪些?

答:国家建立了行政事业性国有资产管理情况报告制度,中小学校每年都应逐级向主管部门和财政部门报送行政事业性国有资产管理情况报告。报告主要包括资产负债总量，相关管理制度建立和实施，资产配置、使用、处置和效益，推进管理体制机制改革等情况。行政事业性国有资产管理情况按照国家有关规定向社会公开。

第九章

如何防范财务风险

1.什么是中小学校的负债？包含哪些类型？

答：负债是指中小学校所承担的能以货币计量，需要以资产或者劳务偿还的债务。中小学校的负债必须是能够以货币计量的一种现实义务，这种义务将来会导致资产的减少或者是向对方提供劳务。中小学校的负债包括借入款项、应付款项、应缴款项、代管款项等。

借入款项是指非义务教育阶段学校经批准从银行等金融机构借入的短期或者长期借款。

应付款项包括中小学校应付票据、应付账款、其他应付款和预收账款等。

应缴款项包括中小学校收取的应当上缴国库或者财政专户的资金、应缴税费，以及其他按照国家有关规定应当上缴的款项。

代管款项是指中小学校接受委托代为管理的各类款项。

2.负债会不会给中小学校带来财务风险？

答：会。负债是中小学校的一种现实义务，负有到期偿还本金的法定责任。如果学校不能及时筹措资金，会使学校面临无力偿债的风险，会影响学校信誉，严重的还可能使学校破产。

3.中小学校应如何做好负债管理工作？

答：一是要健全负债管理制度。中小学校应当根据学校自身情况，建立健全负债相关的管理制度，规范工作流程，如短期或者长期借款的审批制度、应付款项的管理制度、代管款项的管理制度等，对负债产生、使用、清偿的全过程进行全面管理。

二是要完善负债分类管理。中小学校应当对负债进行分类管理，如区分借入款项、应付款项、应缴款项、代管款项等；此外，还需要对负债进行细化管理，如应付账款、应付票据应当按照债权人进行分类管理，其他应付款应当按照类别以及债权人进行分类管理。

三是要规范负债会计核算。中小学校应当按照政府会计准则制度、中小学校财务制度，规范确认负债的时点、金额，正确使用会计科目，及时规范

(3)账款支付。中小学校应当按照合同的约定,及时付款,付款时需对应付账款的相关信息与合同或入库单、验收单进行核对,确认应付款项已经达到付款条件。

(4)账款清查。中小学校应当定期对应付款项进行清查,建立双方定期对账制度,保证账面金额的准确,并防止中小学校采购人员舞弊行为的发生,对长期无人追索的应付款项应当进行调查,确属无法偿付或债权人豁免偿还的应付账款,应当按照规定报经批准后进行销账处理,核销的应付账款应当在备查簿中保留登记。

9.中小学校长期挂账的应付款项多长时间可以核销?

答:中小学校应当定期对应付款项进行清查,对于长期挂账的应付款项,应当查找未支付的原因,确定无须支付的应付款项,应当按照规定报经批准后进行销账处理。

《中小学校财务制度》没有规定应付款项的核销时间,但《民法典》对诉讼期限进行了规定,向人民法院请求保护民事权利的诉讼时效期间为三年。诉讼时效期间自权利人知道或者应当知道权利受到损害以及义务人之日起计算;诉讼时效因提起诉讼当事人一方提出要求或者同意履行义务而中断,从中断时起诉讼时效期间重新计算;如果超过诉讼期间,当事人自愿履行的,不受诉讼时效的限制。按照以上规定,如果债权人三年内不向中小学校要求偿还债务,会超过诉讼时效,人民法院不予受理;如果债权人三年内提出让学校偿还债务的要求,诉讼时效期间将重新计算。

10.中小学校应付的一年期和两年期的质保金有区别吗?

答:有区别。中小学校应付的质保金按照支付的期限长短不同,分为一年内支付的质保金和一年以上支付的质保金。虽然两种质保金都属于中小学校的负债,但是在管理方面有所不同,一年内(含一年)支付的质保金应当作为流动负债进行管理,而一年以上支付的质保金作为长期负债管理。随着时间的推移,一年以上支付的质保金变为一年内支付的质保金时,需要将其转为流动负债进行管理。

11. 什么是中小学校财务风险?

答: 风险是与预期目标存在差异的可能性,只要有经济活动,就会存在财务风险。中小学校财务风险是指中小学校在各项财务活动中,由于各种难以预料和无法控制的因素,使学校所获取的最终财务成果与预期目标发生偏差,从而使中小学校蒙受损失的可能性。

12. 中小学校应当关注的财务风险有哪些?

答: 中小学校的财务风险可能存在于学校的各项经济活动中,具体包括以下几类:

(1)预算业务风险。中小学校在预算编制过程中,学校内部各部门之间沟通协调是否充分,预算编制与资产配置是否相结合、与具体工作是否相对应;是否按照批复的额度和开支范围执行预算,预算执行进度是否合理,日常支出中是否存在无预算、超预算支出等问题;决算编报是否真实、完整、准确、及时等。

(2)收支业务风险。中小学校的收入是否实现归口管理,是否按照规定及时向财会部门提供收入的有关凭据,是否按照规定保管和使用印章和票据等;发生支出事项时是否按照规定审核各类凭据的真实性、合法性,是否存在使用虚假票据套取资金的情形等。

(3)采购业务风险。中小学校是否按照预算和计划组织政府采购业务,是否按照规定组织政府采购活动和执行验收程序,是否按照规定保存政府采购业务相关档案等。

(4)资产管理风险。中小学校是否实现资产归口管理并明确使用责任;是否定期对资产进行清查盘点,对账实不符的情况及时进行处理;是否按照规定处置资产等。

(5)建设项目风险。中小学校是否按照概算投资,是否严格履行审核审批程序,是否建立有效的招投标控制机制,是否存在截留、挤占、挪用、套取建设项目资金的情形,是否按照规定保存建设项目相关档案并及时办理移交手续等。

(6)合同管理风险。中小学校是否实现合同归口管理,是否明确签订合同的经济活动范围和条件，是否有效监控合同履行情况，是否建立合同纠纷协调机制等。

13.中小学校应如何规避财务风险？

答：一是要完善各项管理制度。加强内部控制建设，建立分工明确、权责分明、平衡制约、运行有序的财务内控体系，将权力关进制度的“笼子”，规范财务行为，有效降低财务风险。

二是要严把财务人员准入关。应当重视对财务人员的选用，选择专业的人做专业的事；财务、会计人员应当熟悉国家财经法律、法规、规章和方针、政策，掌握财会和教育教学业务管理的相关知识。

三是要定期进行法制教育，构建思想防线。在开展职业道德教育的同时，也要进行正面纪法教育和反面警示教育，让教职工了解“小金库”等财务违规行为的危害，以及会给学校、家庭、个人带来的严重后果，增强工作人员法制观念和抵御拜金主义等腐朽思想侵蚀的能力。

四是要建立内控评价机制，加强对学校日常财务工作的监督检查。对中小学校内控运行情况进行分析，检查内控措施是否全部得到落实，是否存在新的风险点，并对学校的内控机制进行完善。

14.中小学校财务人员应如何规避财务风险？

答：一是要强化法律意识，守住职业道德底线，在思想上构筑反腐防火墙。

二是要加强业务学习，提高业务能力，及时发现学校经济运行活动中存在的财务风险。

三是要严格执行财经纪律，依法办事，依规办事。

四是要及时向学校负责人和上级主管单位报告违法违规业务，请求做出处理。

15.什么是内部控制？中小学校需要进行内部控制建设吗？

答：内部控制是指通过制定制度、实施措施和执行程序，实现对中小学校经济活动风险的防范和管控，包括对其预算管理、收支管理、政府采购管理、资产管理、建设项目管理以及合同管理等主要经济活动的风险控制。

《行政事业单位内部控制规范》第二条规定："本规范适用于各级党的机关、人大机关、行政机关、政协机关、审判机关、检察机关、各民主党派机关、人民团体和事业单位(以下统称单位)经济活动的内部控制。"公办中小学校属于事业单位范畴，应纳入内部控制建设的范围。此外，内部控制建设的主要目的是规避财务风险，中小学校通过内部控制建设可以进一步完善廉政风险防控机制，提高内部管理水平，对保证中小学校各项经济活动合法合规、资产安全和使用有效，防范舞弊和预防腐败具有重要意义。因此，中小学校应当进行内部控制建设，建立健全内部控制制度等监督制度，按规定编制和报送内部控制报告，规范学校各项经济活动，依法公开财务信息。

16.中小学校内部控制的目标主要是什么？

答：合理保证中小学校经济活动合法合规、资产安全和使用有效、财务信息真实完整，有效防范舞弊和预防腐败，提高公共服务的效率和效果。

17.中小学校哪些经济业务需要进行内控建设？

答：中小学校内控建设的主要目的是规避风险，因此内控建设应当涵盖学校经济活动的全过程，主要包括以下经济业务：

(1)预算管理，主要包括预算的编制、预算的审批、预算的执行、预算的调剂、决算和绩效评价等。

(2)收支管理，主要包括收入的收取、票据的管理、支出的审批、支付的管理等。

(3)政府采购管理，主要包括采购预算、采购计划、供应商管理、采购申请、采购执行、采购验收、采购付款、采购档案管理等。

(4)资产管理，主要包括资产配置、资产采购、资产领用、资产使用、资产保管、资产清查、资产处置等。

(5)建设项目管理，主要包括建设项目立项、建设项目预算、建设项目设计、建设项目招标、建设项目实施、建设项目验收等。

(6)合同管理，主要包括合同起草、合同签订、合同履行、合同档案管理等。

18.中小学校常用的内部控制方法有哪些?

答:内部控制方法是中小学校实行内控制度的一项重要内容,通过内控方法可以使中小学校经济业务活动实现互相联系和互相制约的作用,防范内部控制风险。常用的内部控制方法主要有以下几种:

(1)不相容岗位相互分离。合理设置内部控制关键岗位,明确划分职责权限,实施相应的分离措施,形成相互制约、相互监督的工作机制。

(2)内部授权审批控制。明确各岗位办理业务和事项的权限范围、审批程序和相关责任,建立重大事项集体决策和会签制度。相关工作人员应当在授权范围内行使职权、办理业务。

(3)归口管理。根据中小学校实际情况,按照权责对等的原则,采取成立联合工作小组并确定牵头部门或牵头人员等方式,对有关经济活动实行统一管理。

(4)预算控制。强化对经济活动的预算约束,使预算管理贯穿于中小学校经济活动的全过程。

(5)财产保护控制。建立资产日常管理制度和定期清查机制,采取资产记录、实物保管、定期盘点、账实核对等措施,确保资产安全完整。

(6)会计控制。建立健全中小学校财会管理制度,加强会计机构建设,提高会计人员业务水平,强化会计人员岗位责任制,规范会计基础工作,加强会计档案管理,明确会计凭证、会计账簿和财务会计报告处理程序。

(7)单据控制。中小学校应根据国家有关规定和中小学校的经济活动业务流程,在内部管理制度中明确界定各项经济活动所涉及的表单和票据,相关工作人员按照规定填制、审核、归档、保管单据。

(8)信息内部公开。建立健全经济活动相关信息内部公开制度,根据国家有关规定和中小学校的实际情况,确定信息内部公开的内容、范围、方式和程序。

19.中小学校实施内部控制应遵循什么原则?

答:中小学校建立与实施内部控制,应当遵循下列原则:

(1)全面性原则。内部控制应当贯穿学校经济活动的决策、执行和监督全过程,实现对经济活动的全面控制。

(2)重要性原则。在全面控制的基础上,内部控制应当关注学校重要经济活动和经济活动的重大风险。

(3)制衡性原则。内部控制应当在学校内部的部门管理、职责分工、业务流程等方面形成相互制约和相互监督。

(4)适应性原则。内部控制应当符合国家有关规定和单位的实际情况,并随着外部环境的变化、学校经济活动的调整和管理要求的提高,不断修订和完善。

20.中小学校应当如何组织实施内部控制?

答:各中小学校应当根据学校规模、机构设置、人员配备、办学特色等情况,建立适合学校实际情况的内部控制体系,并组织实施。具体的建设工作可以按照以下步骤完成:

(1)梳理中小学校各类经济活动的业务流程。对学校预算管理、财务收支、政府采购、资产管理、建设项目和合同管理的业务流程进行梳理,明确各项业务的控制目标、范围、内容和风险点,并以流程图的形式将各项业务流程加以固化,进行流程再造。

(2)明确业务环节。根据各类经济活动的业务流程,找出各项经济业务的业务环节,明确经济业务流程中的岗位设置情况、岗位职责范围、审批权限,按照业务实现的时间顺序和逻辑顺序,将各项业务活动的决策机制、执行机制和监督机制融入每个业务环节,使得不相容岗位职责相互分离,从而有效达到相互牵制、相互制衡的效果。

(3)系统分析经济活动风险。在全面梳理业务流程、明确业务环节的基础上,按照风险导向的原则,根据风险发生的可能性和造成的影响分析风险隐患,对中小学校内外部风险进行深入分析,包括制度风险、政策风险、经济环境风险和业务风险等。

(4)确定风险点。中小学校对识别出的风险进行定性分析,评估风险的发生概率及影响,并对风险进行优先级排序,确定需重点关注的风险项,为风险定量分析及风险应对提供基础,最终确定所有风险点。

(5)选择风险应对策略。对机构设置和岗位设置进行具体分析,并对风

度，确定中小学校收费的范围、标准，明确收费的职能部门，按照规定办理收费事项等。

（2）合理设置岗位。中小学校应当合理设置岗位，明确相关岗位的职责权限，确保业务经办、出纳和会计核算等不相容岗位相互分离。

（3）明确归口管理。中小学校的各项收入应当由财会部门归口管理并进行会计核算，严禁设立账外账。业务部门应当在涉及收入的合同协议签订后及时将合同等有关材料提交财会部门作为账务处理依据，确保各项收入应收尽收，及时入账。财务部门应当定期检查收入金额是否与合同约定相符；对应收未收项目应当查明情况，明确责任主体，落实催收责任。

（4）加强票据管理。财政票据、发票等各类票据的申领、启用、核销、销毁均应当履行规定手续。中小学校应当按照规定设置票据专管员，建立票据台账，做好票据的保管和序时登记工作。票据应当按照顺序号使用，不得拆本使用，做好废旧票据管理。负责保管票据的人员要配置单独的保险柜等保管设备，并做到人走柜锁。中小学校不得违规转让、出借、代开、买卖财政票据、发票等票据，不得擅自扩大票据适用范围。

26.中小学校支出业务中存在的主要风险有哪些？

答：（1）岗位设置不合理。出纳岗位设置不合理，不相容岗位未达到有效分离，导致舞弊行为发生。

（2）支出预算存在的风险。支出未按照年初预算执行，存在超预算支出情况，导致预算管理失控。

（3）支出审批存在的风险。支出审批不严格，存在支出不符合政策和制度要求等问题，导致中小学校支出业务不合规、不合法等。

27.中小学校支出管理的内部控制措施主要有哪些？

答：（1）完善支出管理制度。中小学校应当建立健全支出内部管理制度，确定中小学校经济活动的各项支出标准，明确支出报销流程，按照规定办理支出事项。

（2）合理设置工作岗位。中小学校应当合理设置岗位，明确相关岗位的职责权限，确保支出申请和内部审批、付款审批和付款执行、业务经办和会计核算等不相容岗位相互分离。

(3)强化支出审核。中小学校应明确支出的内部审批权限、程序、责任和相关控制措施;全面审核各类单据,重点审核单据来源是否合法,内容是否真实、完整,使用是否准确,是否符合预算,审批手续是否齐全;明确报销业务流程,按照规定办理资金支付手续,签发的支付凭证应当进行登记。

28.中小学校政府采购业务中存在的主要风险有哪些?

答:(1)没有制定采购计划或者计划不合理,导致采购失败或财政资金的浪费。

(2)政府采购归口部门不明确,出现多头采购的情况,导致采购失控。

(3)实施政府采购时与采购预算不一致,导致超预算采购或者采购缺乏充分的预算依据。

(4)政府采购活动不相容岗位未能有效分离,可能导致利益冲突或者舞弊行为。

(5)采购方式、招投标过程不规范,导致舞弊行为发生。

(6)打政策擦边球,规避政府采购监管,导致舞弊或贪污行为发生。

(7)政府采购验收不规范,与合同约定标准差距较大,导致采购的物资不符合要求。

(8)政府采购付款审核不严格,导致财政资金损失。

(9)未按照规定保存政府采购业务相关档案,导致可能带来的法律风险。

29.中小学校政府采购业务的内部控制措施主要有哪些?

答:(1)完善政府采购制度。中小学校应当建立健全政府采购预算与计划管理、采购活动管理、验收管理等政府采购内部管理制度。

(2)合理设置岗位。中小学校应当明确相关岗位的职责权限,确保政府采购需求制定与内部审批、招标文件准备与复核、合同签订与验收、验收与保管等不相容岗位相互分离。

(3)加强预算管理。中小学校应当加强对政府采购业务预算与计划的管理,建立预算编制、政府采购和资产管理等部门或岗位之间的沟通协调机制,根据学校实际需求和相关标准编制政府采购预算,按照已批复的预算安排政府采购计划。

(4)规范过程管理。中小学校应当规范政府采购活动,对政府采购活动实施归口管理,建立政府采购、资产管理、财会、内部审计、纪检监察等部门或岗位相互协调、相互制约的机制。

(5)强化验收管理。中小学校应当加强对政府采购项目验收的管理,根据规定的验收制度和政府采购文件,由指定部门或专人对所购物品的品种、规格、数量、质量和其他相关内容进行验收,并出具验收证明。

30.中小学校资产管理中存在的主要风险有哪些?

答:(1)资产配置环节的风险。资产配置相关文件政策掌握不到位,资产配置可行性分析不到位,存在超标准配置资产情况,导致财政资金的浪费,甚至出现违法违规行为。

(2)资产采购环节的风险。采购没有履行相关的审批手续,采购方式不符合相关规定,导致舞弊行为发生。

(3)资产验收环节的风险。购进资产验收程序不规范,责任不明确,存在资产质量不符合要求、无法满足日常教育教学需求等情况,导致舞弊行为发生;验收时资产信息登记不完整,存在资产信息失真、账实不符等情况,导致国有资产流失。

(4)资产领用环节的风险。资产领用未履行相关审批手续,存在重复领用、超标领用的情况,导致资产账实不符和违法违规行为发生。

(5)资产处置环节的风险。资产处置未履行相关审批手续,或者审批程序后置,导致舞弊行为发生和国有资产流失。

(6)资产清查环节的风险。中小学校未按照要求对资产进行清查,没有对清查结果进行及时处理,存在账实不符、账账不符的情况,导致国有资产流失。

31.中小学校资产管理的内部控制措施主要有哪些?

答:(1)完善资产管理制度。中小学校应当对资产实行分类管理,建立健全资产内部管理制度。

(2)合理设置工作岗位。中小学校应当合理设置岗位,明确相关岗位的职责权限,建立岗位责任制,确保资产安全和有效使用。

(3)加强对银行账户的管理。严格按照规定的审批权限和程序开立、变更和撤销银行账户。

(4)加强货币资金核查控制。指定会计人员定期和不定期抽查盘点库存现金,核对银行存款余额,抽查银行对账单、银行日记账及银行存款余额调节表,核对是否账实相符、账账相符。对调节不符、可能存在重大问题的未达账项,应当及时查明原因,并按照相关规定处理。

(5)加强对实物资产和无形资产的管理。实施归口管理,落实资产使用人在资产管理中的责任;贵重资产、危险资产、有保密等特殊要求的资产,应当指定专人保管、专人使用,并规定严格的接触限制条件和审批程序。按照国有资产管理相关规定,明确资产的调剂、租借、对外投资、处置的程序、审批权限和责任。中小学校应当定期清查盘点资产,确保账实相符。财会、资产管理、资产使用等部门或岗位应当定期对账,确保账账相符。建立资产信息管理系统,做好资产的统计、报告、分析工作,实现对资产的动态管理。

32.中小学校建设项目管理中存在的主要风险有哪些?

答:(1)项目立项环节。建设项目立项缺乏有效的可行性研究,造成项目建设无法实现预期效应,导致项目失败等。

(2)招投标环节。未按照招投标规定履行程序,存在暗箱操作、招标人与投标人之间相互串通、投标人之间私下合作围标、开标不公开透明等问题,导致投标人利益受损和舞弊行为发生。

(3)项目建设环节。项目建设过程中,现场管理控制不当,项目变更审核不严格,导致工期延误、项目预算超支等问题。

(4)竣工验收环节。项目竣工验收不规范,把关不严格,建设项目以次充好,导致重大安全隐患,造成国有资产流失等。

33.中小学校建设项目管理的内部控制措施主要有哪些?

答:(1)完善建设项目管理制度。中小学校应当建立健全建设项目内部管理制度。

(2)合理设置工作岗位。中小学校应当合理设置岗位,明确内部相关部门和岗位的职责权限,确保项目建议和可行性研究与项目决策、概预算编制与审核、项目实施与价款支付、竣工决算与竣工审计等不相容岗位相互分离。

(3)建立议事决策机制。中小学校应当建立与建设项目相关的议事决策机制,严禁任何个人单独决策或者擅自改变集体决策意见。决策过程及各方面意见应当形成书面文件,与相关资料一同妥善归档保管。

(4)建立项目审核机制。中小学校应当建立与建设项目相关的审核机制。项目建议书、可行性研究报告、概预算、竣工决算报告等应当由中小学校内部的规划、技术、财会、法律等相关工作人员或者根据国家有关规定委托具有相应资质的中介机构进行审核,出具评审意见。

(5)加强项目资金管理。中小学校应当按照审批单位下达的投资计划和预算加强对建设项目资金的管理,专款专用,严禁截留、挪用和超批复内容使用资金。财会部门应当加强与建设项目承建单位的沟通,准确掌握建设进度,加强价款支付审核,按照规定办理价款结算。

(6)加强项目档案管理。中小学校应当加强对建设项目档案的管理,做好相关文件、材料的收集、整理、归档和保管工作。

(7)完善项目竣工管理。建设项目竣工后,中小学校应当按照规定的时限及时办理竣工决算,组织竣工决算审计,并根据批复的竣工决算和有关规定办理建设项目档案和资产移交等工作。建设项目已实际投入使用但超时限未办理竣工决算的,中小学校应当根据对建设项目的实际投资暂估入账,转作固定资产管理。

34.中小学校合同管理中存在的主要风险有哪些?

答:(1)合同订立环节的风险。发生的应当签订合同的经济事项却不签订合同,随意拆分合同金额,违规签订担保、投资、借款合同,导致中小学校利益受损;对合同当事人的主体资格审查不严,合同当事人不具备资格或履约能力,导致合同无法履行;对合同的内容把关不严,导致学校经济利益受损;没有经过授权或者超权限签订合同,导致学校经济利益受损等。

(2)合同履行环节的风险。没有按照合同约定履行合同,履行监控不严格，未能及时主张合同权利，导致学校经济利益受损等。

(3)合同纠纷处理环节的风险。没有积极处理合同纠纷，合同当事人违约行为的证据收集不充分，未及时按照合同约定追究合同当事人的违约责任，导致学校利益受损等。

(4)合同档案管理环节的风险。原始合同保管不当，未将生效后的合同移交给档案管理部门，造成合同丢失，在处理经济纠纷时，导致因缺少证据而败诉等。

35.中小学校合同管理的内部控制措施主要有哪些？

答：(1)完善合同管理制度。中小学校应当建立健全合同内部管理制度。

(2)合理设置岗位。中小学校应当合理设置岗位，明确合同的授权审批和签署权限，妥善保管和使用合同专用章，严禁未经授权擅自以中小学校名义对外签订合同，严禁违规签订担保、投资和借贷合同。

(3)实施合同归口管理。中小学校应当对合同实施归口管理，建立财会部门与合同归口管理部门的沟通协调机制，实现合同管理与预算管理、收支管理相结合。

(4)加强合同订立管理。中小学校应当加强对合同订立的管理，明确合同订立的范围和条件。对于影响重大、涉及较高专业技术要求或法律关系复杂的合同，应当组织法律、技术、财会等工作人员参与谈判，必要时可聘请外部专家参与相关工作。谈判过程中的重要事项和参与谈判人员的主要意见，应当予以记录并妥善保管。

(5)实施合同履行监控。合同履行过程中，因对方或中小学校自身原因导致可能无法按时履行的，应当及时采取应对措施，签订补充合同，或变更、解除合同等。

(6)加强合同纠纷管理。发生合同纠纷的，中小学校应当在规定时效内与对方协商谈判。合同纠纷协商一致的，双方应当签订书面协议；合同纠纷经协商无法解决的，经办人员应向中小学校有关负责人报告，并根据合同约定选择仲裁或诉讼方式解决。

(7)加强合同归档管理。合同归口管理部门应当加强对合同登记的管理，定期对合同进行统计、分类和归档，详细登记合同的订立、履行和变更情况，对合同实行全过程管理。与中小学校经济活动相关的合同应当同时提交财会部门作为账务处理的依据。

36.中小学校应如何开展内部控制监督与评价工作？

答：中小学校应当不断规范学校内部控制监督与评价工作，完善学校治理体系，防范和管控经济风险，不断优化学校内部控制工作。

(1)中小学校应当建立健全内部监督制度，明确各相关部门或岗位在内部监督中的职责权限，规定内部监督的程序和要求，对内部控制建立与实施情况进行内部监督检查和自我评价。内部监督应当与内部控制的建立和实施保持相对独立。

(2)内部审计部门或岗位应当定期或不定期检查中小学校内部管理制度和机制的建立与执行情况，以及内部控制关键岗位及人员的设置情况等，及时发现内部控制存在的问题并提出改进建议。

(3)中小学校应当根据学校实际情况确定内部监督检查的方法、范围和频率。

(4)中小学校负责人应当指定专门部门或专人负责对中小学校内部控制的有效性进行评价并出具中小学校内部控制自我评价报告。

37.中小学校内部控制关键岗位的工作人员需要轮岗吗？

答：中小学校应当建立内部控制关键岗位工作人员的轮岗制度，明确轮岗周期。不具备轮岗条件的单位应当采取专项审计等控制措施。内部控制关键岗位主要包括预算业务管理、收支业务管理、政府采购业务管理、资产管理、建设项目管理、合同管理以及内部监督等经济活动的关键岗位。

38.中小学校如何通过内部控制管理实现“三权分立”？

答：内部控制的最基本原则是权力制衡，中小学校应该充分运用内控的制衡原理，在学校内部进一步完善决策权、执行权和监督权“三权分立”的机制，发挥内控流程控制作用，有效预防腐败和财务风险。中小学校决策机构就是学校的党组织会议、校长办公会等，执行机构是中小学校各内设科室，而最难确定的是中小学校监督机构。多数中小学校未单独设置独立的审计、纪检部门，因此，中小学校可以采取成立评价与监督小组的方式，履行内控管理中监督机构的职能，评价与监督小组负责人可以是中小学校纪检或党建工作的分管领导，不能由学校的“一把手”担任，只有这样，才能形成三权分立、互相制衡的工作机制，同时确保监督机构的相对独立性。

39.中小学校财务部门在内部控制工作中扮演什么角色？

答：中小学校校长对本单位内部控制的建立健全和有效实施负责；学校应当单独设置内部控制职能部门或者确定内部控制牵头部门，负责组织协调内部控制工作；同时，应当充分发挥财会、内部审计、纪检监察、政府采购、基建、资产管理等部门或岗位在内部控制中的作用。其中，财务部门参与内控管理工作，主要体现在以下几个方面：

(1)参与学校内控建设。中小学校内部控制建设要以预算管理为主线，以资金管控为核心，建设的过程和内容都与中小学校财务活动密不可分，从前期经济活动业务流程梳理、业务环节的确定，到中期的经济活动风险分析，再到后期建立健全中小学校各项内部管理制度，处处离不开财务部门的参与。

(2)参与学校内控运行。财务部门在开展财务工作的过程中，不仅直接参与学校的日常管理，还能帮助学校完成日常监督，不断提高财务信息的准确性，降低财务风险。

(3)参与学校内控评价。对内部控制建设和执行的有效性进行评价，进而不断完善内控体系，是保证内部控制顺利实施的关键。虽然学校的财务部门不是内控评价的归口部门，但也应当重视此项工作，为内控评价提供所需的财务资料及数据，并保证这些资料及数据的真实完整。

第十章

如何进行财务清算

三是要如实反映学校财务管理状况。中小学校财务清算必须严格执行国家有关规定,如实反映学校财务与资产管理状况,为有关部门的决策提供依据。对财务清算中发现的违反财经法律法规和财务制度的行为,财务清算机构应当根据有关规定,提出处理意见,报经有关部门批准后进行处理。

4.中小学校财务清算的程序有哪些?

答:一是成立财务清算机构,制定财务清算方案;二是在主管部门和财政部门的监督指导下,对学校的财产、债权、债务等进行全面清理;三是编制财产目录和债权、债务清单;四是提出财产作价依据和债权、债务处理办法,做好资产的移交、接收、划转和管理工作,并妥善处理各项遗留问题。

5.中小学校的财务清算机构应当如何组成?

答:中小学校财务清算时,一般要成立由学校负责人和财务、资产等部门人员组成的财务清算机构,在财政部门和主管部门的监督指导下开展工作。财务清算机构主要负责中小学校财务清算期间的财务资产监督管理,制定财务清算方案和计划,组织资产清查并提出处理意见,妥善处理各项遗留问题等。

6.中小学校如何开展财务清算工作?

答:中小学校开展财务清算工作由财务清算机构负责,主要工作包括以下几方面:

一是制定财务清算方案,包括实施步骤、进度安排、资产清查、资产处置及后续管理方案,涉及的社会保障和劳动人事关系处理原则,相关历史遗留问题的处理解决方案等。

二是组织开展资产清查。以中小学校财务清算前的会计资料为依据,盘点各项财产、债权和债务账目,核实各项存货和固定资产的实物存量,在此基础上编制资产负债表、资产目录和债权债务清单,提出债权债务处理办法等。资产清查的工作程序、工作内容等应当按照《行政事业单位资产清查核实管理办法》(财资〔2016〕1号)及相关规定执行。

三是清理债权、债务。对中小学校的债权要积极催收、追索,如因特殊原因确实无法收回的，应当在财务清算报告中加以说明并提出处理意见。对债务要及时足额偿还，如有不能偿还的债务，也应当在财务清算报告中做出说明并提出处理意见。

四是妥善处理各项遗留问题。中小学校应当妥善处理学校的各项遗留问题并提出相关善后工作方案，如有关伤、残、离退休和富余人员的安置等，都应当予以妥善处理和解决。

五是核算学校财务清算的损溢。全面核算财务清算过程中发生的各种支出和收入等，并及时入账。

六是撰写财务清算报告。

7.中小学校财务清算报告包括哪些内容？

答：财务清算报告是指财务清算机构在完成清算后，撰写的相关书面报告，主要包括以下内容：

一是工作报告，主要反映学校的资产清查工作基本情况和结果，包括学校资产清查的基准日、范围、内容、结果，以及基准日资产和财务状况。

二是数据报表，即按规定格式和软件填报的资产清查报表及相关材料。

三是证明材料。需申报处理的资产损溢和资金挂账等情况，相关材料应当单独汇编成册，并附有关凭证资料和具有法律效力的证明材料。

四是审计报告。社会中介机构对中小学校资产清查的结果，出具经注册会计师签字的资产清查专项审计报告。

五是提供的其他备查材料。

8.中小学校财务清算后的资产和负债应如何处理？

答：中小学校进行财务清算后的资产和负债，应当按照国有资产管理的有关规定，经主管部门审核并报财政部门批准后，分别按照以下办法处理：

一是因隶属关系改变，成建制划转的中小学校，其全部资产应当无偿移交，并相应划转经费指标。

二是撤销的中小学校，其全部资产由财政部门和主管部门按规定进行相应处置，如调剂到其他中小学校或者进行拍卖、捐赠等。

三是合并的中小学校，全部资产移交接收学校或者新组建的学校，合并后多余的资产由财政部门和主管部门核准处置。

四是分立的中小学校，其全部资产按照有关规定移交给分立后的中小学校，经费指标也相应分别划转。

9.中小学校财务清算后还应到事业单位登记管理机构办理哪些手续?

答:根据《事业单位登记管理暂行条例》的有关规定，中小学校的划转，应当到事业单位登记管理机构办理变更登记；撤销的中小学校，应当办理注销登记。而中小学校的合并、分立，应区分三种不同的情况进行处理：一是因合并、分立新设立的中小学校，应当办理设立登记；二是因合并、分立改变登记事项的，应当办理变更登记；三是因合并、分立而解散的，应当办理注销登记。

第十一章

如何编好财务报告和决算报告

1.什么是中小学校的财务报告和决算报告?

答:财务报告是以权责发生制为基础,依据财务会计核算生成的数据,综合反映中小学校某一特定日期的财务状况及某一会计期间的运行情况和现金流量等信息的文件,包括财务报表和其他应当在财务报告中披露的相关信息和资料。

决算报告是以收付实现制为基础,依据预算会计核算生成的数据,综合反映公办中小学校年度预算收支执行结果的文件,应当包括决算报表和其他应当在决算报告中反映的相关信息和资料。

2.中小学校财务报告和决算报告有什么区别?

答:一是报告目标不同。决算报告的目标是向决算报告使用者提供与政府预算执行情况有关的信息,综合反映中小学校预算收支的年度执行结果,有助于报告使用者进行监督,并为编制后续年度预算提供参考和依据。财务报告的目标是向财务报告使用者提供与政府的财务状况、运行情况(含运行成本)和现金流量等有关的信息,反映中小学校公共受托责任履行情况,有助于财务报告使用者分析决策和进行监督。

二是报告的基础不同。决算报告主要以收付实现制为基础编制,即以资金的实际流入流出作为确认相关会计要素的标准。财务报告以权责发生制为基础,即以权利和责任的发生来决定确认收入和费用的归属期,凡应属本期的收入和费用,无论款项是否收付,都予以确认;否则即便有实际款项的收付,也不予确认。

三是报告的数据依据不同。决算报告以预算会计核算生成的数据为准,财务报告以财务会计核算生成的数据为准。

四是编制方法不同。决算报告应当包括决算报表和其他应当在决算报告中反映的相关信息和资料,决算报表主要根据预算会计数据等编制。财务报告应当包括财务报表和其他应当在财务报告中披露的相关信息和资料,财务报表不仅包含资产负债表、收入费用表、净资产变动表,还需要将不同资金主体之间的经济业务和事项进行抵销合并,相对来说方法较为复杂、难度更大。

3.中小学校为什么要编制财务报告?

答:决算报告制度主要反映中小学校年度预算执行情况的结果,对准确反映预算收支情况、加强预算管理和监督发挥了重要作用。仅实行决算报告制度,无法科学、全面、准确反映中小学校资产负债和成本费用,不利于强化政府资产管理、降低行政成本、提升运行效率、有效防范财政风险,难以满足建立现代财政制度、促进财政长期可持续发展和推进国家治理现代化的要求。因此,必须建立全面反映政府资产负债、收入费用、运行成本、现金流量等财务信息的财务报告制度。

4.中小学校财务报告的作用有哪些?

答:一是掌握中小学校依法支配的资产存量、配置标准及这些资产的分布和结构,为财政部门和主管部门提供资金拨付的依据;二是了解中小学校负债总额及其结构,分析中小学校的财务实力、偿债能力和支付能力,防范财务风险;三是通过中小学校的净资产变动情况,提高资金使用效率;四是依据学校收入、费用及其构成情况,加强生均培养成本核算,为政府决策提供依据;五是通过资产负债表期初数和期末数对照分析,可以看出中小学校资产负债变化情况及财务状况的发展趋势。

5.财务报告包括哪些内容?

答:财务报告包括财务报表和财务分析两部分。

一是财务报表。财务报表是指以货币为计量单位,依据学校财务会计核算生成的数据,总括反映学校某一特定日期财务状况及某一会计期间的运行情况和现金流量等信息的文件。财务报表包括资产负债表、收入费用表等会计报表和报表附注。财务报表按照编制时间划分,可以分为月报、季报和年报。按照编制单位划分,可以分为基层单位报表和汇总报表。中小学校还可以根据财务管理的需要,自行设置一些辅助报表,如业务活动费用明细表、资产情况表、机构人员情况表等。

二是财务分析。财务分析是以会计核算和报表资料及其他相关资料为依据,采用一系列专门的分析技术和方法,对学校过去和现在有关收入、费用、资产、负债等活动的资产状况以及偿债能力和增长能力状况等进行分析与评价的经济管理活动。财务分析的内容主要包括财务状况分析、运行情况分析和财务管理情况等，目前主要的指标有资产负债率、现金比率、流动比率、固定资产成新率、收入费用比率等。中小学校应根据财政部门和主管部门的有关要求以及学校自身管理的需要，定期或不定期进行财务分析，客观地总结中小学校财务管理的经验，揭示存在的问题，逐步认识和掌握财务活动的规律，改进财务管理工作，提高财务管理水平。

6.资产负债表有哪些作用？

答：资产负债表是最基础、最重要的财务报表之一，反映的是中小学校在一定时点占有或使用的经济资源和负担的债务情况以及中小学校的偿债能力和财务前景。资产负债表有以下作用：一是反映中小学校所掌握的经济资源及这些资源的分布和结构；二是反映中小学校负债总额及其结构；三是反映中小学校的净资产情况；四是通过对资产负债表的分析，可以了解中小学校的财务实力、偿债能力和支付能力；五是通过资产负债表期初数和期末数对照分析，可以看出中小学校资产负债变化情况及财务状况的发展趋势。

7.中小学校编制财务报告的要求有哪些？

答：中小学校必须全面、真实、及时地编制财务报告，并依法依规提供给有关部门和其他报告使用者。

一是格式统一。中小学校财务报告的格式、内容等由财政部门和主管部门按照统一领导、分级管理的原则，依据财务管理制度和会计制度统一确定，并相应规定财务报告的编制方法和报送时间。中小学校要严格按照统一规定的格式、内容和编制方法进行编制，不得随意删改，以保持财务报表的统一性和报表数据的可比性。

二是数据真实。中小学校要以核对无误的会计账簿记录为依据。编报之前，必须将有关会计事项及时登记账簿，认真进行对账、转(结)账和财产清查，要在账证相符、账账相符、账实相符的基础上编报，不得以估计数、推算数填列，更不得弄虚作假，隐瞒收支情况。财务报表数据计算要准确，各报表之间数字有勾稽关系的，必须相互衔接，对应一致。

三是内容完整。首先，财务报告体系中的各类报表要编制齐全，不得缺表，不得遗漏，特别要注意根据收支统一管理、全面反映学校财务各项收支的要求，将有关收支项目全部编入财务报表中。其次，在编制财务报表后，要针对财务报表有关需要说明的事项，编写财务情况说明书，形成完整的财务报告。

四是编报必须及时。中小学校应按照财政部门和主管部门规定的时间和程序及时编制、及时报送。

8.中小学校财务报告的编报流程是什么？

答:一是清查核实资产负债。要按照统一要求，有计划、有步骤清查核实固定资产、无形资产以及代表政府管理的文物文化资产等资产，按规定界定产权归属、开展价值评估，分类清查核实部门负债情况。清查核实后的资产负债统一按规定进行核算和反映。

二是编制财务报告。各学校应在政府会计准则体系和政府财务报告制度框架体系内，按时编制以资产负债表、收入费用表等财务报表为主要内容的财务报告。各部门应合并本部门所属单位的财务报表，编制部门财务报告。

三是开展财务报告审计。学校财务报告应保证报告信息的真实性、完整性及合规性，并接受审计。

四是报送并公开财务报告。学校财务报告及其审计报告应报送主管部门和本级财政部门，并按规定向社会公开。

五是加强财务分析。各部门和学校应充分利用财务报告反映的信息，加强对资产状况、债务风险、成本费用、预算执行情况的分析，促进预算管理、资产负债管理和绩效管理有机衔接。

9.中小学校决算报告主要包括哪些内容？

答:中小学校决算报告包括部门决算报表、报表说明和决算分析等。决算报表包括收入支出表、财政拨款收入支出表、结转结余变动表等，反映学校收支预算执行结果以及与预算管理相关的机构人员、存量资产等信息。

报表说明包括报表编制基本情况、数据审核情况，以及需要说明的重要事项等，主要反映决算报表编制的相关情况。决算分析包括收支预算执行、机构人员、预算绩效等情况分析，以及决算管理工作开展情况，主要反映中小学校预决算管理及预算执行情况。

10.中小学校决算报告的主要作用是什么？

答：(1)决算报告是主管部门和财政部门核定财政预算拨款的重要依据。通过中小学校决算报告，可以了解中小学校执行国家有关方针、政策和财务制度情况，分析考核学校预算执行情况和教育教学成果，以及预算安排和开支水平是否合理，为核定下一年度学校预算、制定相关政策提供重要参考。

(2)决算报告是审计等部门了解中小学校财务收支状况、实施监督管理的重要基础资料，也是有关单位和社会公众了解中小学校财务收支状况和教育教学工作开展情况的重要资料。

(3)决算报告是中小学校加强内部管理、进行管理决策的重要参考。通过决算报告可以了解中小学校各项预算指标和教育事业计划完成情况，分析预算执行进度，为编制以后年度预算提供重要参考；可以发现财务管理中存在的问题，有针对性地提出加强和改进财务管理的措施，提高财务管理水平和资金使用效益。

11.中小学校决算报告编制流程有哪些？

答：(1)每一预算年度终了，中小学校应当按照本级政府财政部门的工作部署，依法依规编制决算，做到收支真实、数额准确、内容完整、报送及时。

(2)中小学校应当全面清理核实收入、支出等情况，并在办理年终结账的基础上编制决算。具体程序为：一是清理收支账目、往来款项，核对年度预算收支和各项缴拨款项，做到账实相符、账证相符、账表相符、表表相符。二是按照规定的时间结账，不得提前或者延迟。三是根据预算会计核算生成的数据、财政部门对预算的批复文件等编制决算，如实反映年度内全部收支，不得以估计数据替代，不得弄虚作假。

(3)各级政府财政部门、教育主管部门、各中小学校应当按规定审核部门决算，主要内容包括：一是审核决算编制范围是否完整，是否有漏报和重复编报情况。二是审核决算报表是否合规、准确、完整。三是审核报表说明和决算分析是否符合决算编制规定。

(4)各级政府财政部门、教育主管部门发现决算编制不符合规定，存在漏报、重报、虚报、瞒报、错报等问题的，应当要求中小学校限期纠正。

(5)教育主管部门在审核汇总所属各中小学校决算基础上，连同本部门自身的决算收入和支出等数据，汇编成本部门决算并附报表说明和决算分析等资料，经部门负责人签章后，在规定期限内报本级政府财政部门。

12.中小学校决算报告的审核和批复有哪些法律规定?

答：(1)根据《中华人民共和国预算法》，各部门对所属各单位的决算草案，应当审核并汇总编制本部门的决算草案，在规定的期限内报本级政府财政部门审核。各级政府财政部门对本级各部门决算草案审核后发现有不符合法律、行政法规规定的，有权予以纠正。

(2)根据《部门决算管理办法》，各级政府财政部门应当在本级人民代表大会常务委员会批准本级政府决算后二十日内，向本级各部门批复决算。各部门应当在接到本级政府财政部门批复的本部门决算后十五日内，向所属单位批复决算。各部门、各单位应当根据决算批复文件、审核审计意见等，办理预算执行调整事项，并按照政府会计准则制度规定进行会计处理。

13.中小学校决算报告公开有哪些法律规定?

答：(1)根据《预算法实施条例》，各部门所属单位的预算、决算及报表，应当在部门批复后二十日内由单位向社会公开。单位预算、决算应当公开基本支出和项目支出。单位预算、决算支出按其功能分类应当公开到项；按其经济性质分类，基本支出应当公开到款。

(2)根据《部门决算管理办法》，各部门、各单位是决算公开的主体，应当按照有关规定，向社会公开经批复的决算。各部门应当自本级政府财政部门批复决算后二十日内向社会公开决算。各单位应当自部门批复本单位决算后二十日内向社会公开决算。各部门、各单位应当以本部门、本单位门户网站为主要平台公开决算，并保持长期公开状态。未设置门户网站的，通过本级政府门户网站、上级部门门户网站公开决算，或通过政府公报、报刊、广播、电视等公开决算。各部门应当制定有关工作规范和工作方案，明确单位决算公开的时间、内容、方式、程序等，指导单位妥善处理涉密信息。

第十二章

如何加强财务监督

1.中小学校财务监督的内容有哪些？

答：财务监督是对财务活动合法性、效益性进行督导和检查。中小学校财务监督主要包括以下内容：

(1)预、决算编制的科学性、真实性、完整性，预算执行的时效性、均衡性。

(2)各项收入、支出的合法性、合规性。

(3)结转和结余资金以及专用基金管理的合规性。

(4)资产管理的安全性、完整性、合规性、有效性。

(5)负债的合规性和风险性。

(6)学生人数、教职工人数等基础数据的真实性、准确性和完整性。

2.中小学校财务监督的主要形式有哪些？

答：按照财务监督实施时间的不同，可以分为事前监督、事中监督、事后监督；按照财务监督形式的不同，可以分为日常监督与专项监督；按照财务监督实施主体的不同，可以分为内部监督与外部监督。

中小学校财务监督应当实行事前监督、事中监督、事后监督相结合，日常监督与专项监督相结合的方式。

3.事前监督、事中监督、事后监督有什么区别与联系？

答：事前监督是在经济活动开始前所进行的财务监督活动。事中监督是对正在发生的经济活动进行的财务监督活动。事后监督是对已经发生的经济活动进行的财务监督活动。

事前监督、事中监督、事后监督更像是一个圈上的三个点，它们之间相辅相成。事前监督是一种积极的、预防性的监督，对中小学校预算、计划的合理性、科学性有积极的监督指导作用；事中监督可以发现预算、计划在执行过程当中出现的问题，并及时纠正；事后监督对预算、计划执行结果进行分析总结，从而进一步提高财务管理水平。

4.什么是中小学校内部审计？

答：中小学校内部审计是指中小学校内部审计机构或审计人员对学校

各部门的财务收支、经济活动、内部控制、风险管理等实施独立、客观的监督、评价和建议,以促进学校完善治理、实现目标的活动。

5.中小学校应如何设立内部审计机构?

答:根据《教育系统内部审计工作规定》的有关要求,中小学校应当根据国家编制管理相关规定和管理需要,设置独立的机构或在内设机构配备内部审计人员,履行内部审计职责。内部审计机构应当在中小学校主要负责人的直接领导下开展内部审计工作,向其负责并报告工作。

中小学校可以根据工作需要成立审计委员会,同时要加强党组织对审计工作的领导,负责部署内部审计工作,审议年度审计工作报告,研究制定内部审计改革方案、重大政策和发展战略,审议决策内部审计重大事项等。

中小学校应当保证内部审计工作所需人员,严格内部审计人员录用标准,合理配备具有审计、财务、经济、法律、管理、工程、信息技术等专业知识的内部审计人员。

6.中小学校内部审计机构具有哪些权限?

答:(1)要求被审计部门按时报送审计所需的有关资料、相关电子数据,以及必要的计算机技术文档。

(2)参加或列席有关会议,召开与审计事项有关的会议。

(3)参与研究有关规章制度,提出制定内部审计规章制度的建议。

(4)检查有关财务收支、经济活动、内部控制、风险管理的资料、文件和现场勘察实物。

(5)检查有关计算机系统及其电子数据和资料。

(6)就审计事项中的有关问题,向有关部门和个人开展调查和询问,取得相关证明材料。

(7)对正在进行的严重违法违规、严重损失浪费行为及时向学校主要负责人报告,经同意做出临时制止决定。

(8)对可能被转移、隐匿、篡改、毁弃的会计凭证、会计账簿、会计报表以及与经济活动有关的资料,经学校主要负责人批准,有权予以暂时封存。

(9)提出纠正、处理违法违规行为的意见和改进管理、提高绩效的建议。

(10)对违法违规和造成损失浪费的被审计部门和人员，给予通报批评或者提出追究责任的建议。

(11)对严格遵守财经法规、管理规范有效、贡献突出的被审计部门和个人，可以向学校党组织、主要负责人提出表彰建议。

7.中小学校内部审计机构可以开展哪些审计事项？

答：(1)贯彻落实国家重大政策措施情况。

(2)发展规划、战略决策、重大措施和年度业务计划执行情况。

(3)财务收支和预算管理情况。

(4)固定资产投资项目情况。

(5)内部控制及风险管理情况。

(6)资金、资产、资源的管理和效益情况。

(7)主要业务活动的管理和效益情况。

(8)学校负责人履行经济责任情况。

(9)国家有关规定和学校要求办理的其他事项。

8.对中小学校负责人的经济责任审计一般包括哪些内容？

答：(1)依法依规履行经济管理职责、经济责任目标的完成情况，遵守有关经济法律法规情况，贯彻执行党、国家和学校有关经济工作的方针政策和决策部署情况，推动本单位、本部门事业科学发展情况。

(2)学校财务管理规章制度和内部控制制度的制定和执行情况。

(3)预算执行情况。

(4)财务收支的真实、合法和效益情况。

(5)制定和执行重大经济决策情况。

(6)学校各类资产的采购、管理、使用和处置情况。

(7)基建工程项目的投资、建设和管理情况。

(8)债权、债务情况，有无经济纠纷和遗留经济问题。

(9)机构设置、编制使用以及有关规定的执行情况。

(10)对下属单位财务收支以及有关经济活动的管理和监督情况。

(11)个人遵守财经法规、财务制度以及廉政规定的情况。

(12)对以往审计中发现问题的督促整改情况。

(13)审计发现重大问题可以追溯到以前年度和延伸至其他相关单位。

(14)组织、人事或内部审计机构认为需要审计的其他事项。

9.对中小学校财务管理制度的审计主要包括哪些内容?

答:(1)财务管理体制、财务机构的设置、财会人员的配备是否符合国家和上级主管部门的规定。

(2)财务机构和财会人员是否依法履行其职责。

(3)会计核算是否符合政府会计准则制度、中小学校财务制度和相关法规制度的规定。

(4)财务规章制度和内部控制制度是否健全、有效。

10.对中小学校预算管理的审计主要包括哪些内容?

答:(1)预算编制的原则、方法及编制和审批的程序是否符合国家、上级主管部门和学校的规定,各项收入和支出是否全部纳入预算管理,有无赤字预算。

(2)各项收入和支出是否按预算执行,是否真实、合法,会计核算是否合规,预算执行过程中的内部控制制度是否健全、有效。

(3)预算调剂有无确实的原因和明确的调剂项目、数额和说明,是否按规定的程序办理并经批准后执行。

(4)学校为保证预算的完成采取了哪些措施,这些措施是否合法、有效。

(5)收入预算和支出预算最终实际执行结果如何,如与计划差异较大,应当分析其原因是否合理。

11.对中小学校收入管理的审计主要包括哪些内容?

答:(1)学校的全部收入,包括财政补助收入、上级补助收入、事业收入、经营收入、附属单位上缴收入及其他收入等是否全部纳入学校预算,统一管理、统一核算。

(2)学校是否严格按照国家有关政策规定组织各项收入,各项收费是否严格执行国家规定的收费范围和标准;有无擅自设立收费项目、扩大收费范围、提高收费标准等乱收费、乱集资、乱摊派等问题。

(3)会计处理是否合法、合规。

12.对中小学校支出管理的审计主要包括哪些内容?

答:(1)学校的全部支出,包括事业支出、经营支出和附属单位补助支出等,是否全部纳入学校预算并严格执行国家及上级主管部门有关财务规章制度规定的开支范围和开支标准。

(2)各项支出会计处理是否合法、合规。

(3)有无虚列虚报、违反规定发放钱物和其他违纪违规问题。

(4)专项资金是否专款专用,核算是否合规。

(5)各项支出所取得的效益如何,有无损失浪费等问题。

13.对中小学校专用基金管理的审计主要包括哪些内容?

答:(1)职工福利基金和奖助学基金的提取,以及学校提取或设置的其他专用基金是否符合国家的有关规定,是否及时足额到位。

(2)各项专用基金的管理是否合规,是否按照规定的用途使用,使用的效益如何。

(3)各项专用基金会计处理是否合法、合规。

14.对中小学校资产管理的审计主要包括哪些内容?

答:(1)现金和各种存款的管理和使用是否符合规定,内部管理制度是否健全、有效,银行开户是否合法、合规,有无出租、出借、转让或不按规定内容进行核算等问题。

(2)应收及暂付款是否及时清理结算,有无长期挂账等问题,对确实无法收回的应收及暂付款项是否查明原因、分清责任、按规定程序批准后核销。

(3)存货是否进行定期或不定期的清查盘点,是否做到账实相符,盘盈、盘亏是否及时调整。

(4)设备、材料、低值易耗品和固定资产的购置有无计划和审批手续,有无擅自购买问题;验收、领用、保管、报废、调出、变卖等是否合规,内部控制制度是否健全、有效，有无被无偿占用和流失等问题；会计核算是否合规，有无账账、账卡、账实不符的问题。

(5)无形资产的管理是否符合规定，转让无形资产是否按规定进行资产评估，收入的处理是否合法、合规。

(6)对外投资是否按规定报上级主管部门和有关管理部门批准或备案，以实物或无形资产对外投资是否按规定进行资产评估，收益处理是否合法、合规。

15.对中小学校负债管理的审计主要包括哪些内容？

答：(1)各项负债是否按照不同的性质进行分类管理。

(2)各项负债是否及时清理，是否按照规定办理结算，并在规定期限内归还或上缴应缴款项。

16.对中小学校财务决算的审计主要包括哪些内容？

答：(1)年度决算和财务报告编报的原则、方法、程序和时限是否符合财务制度的规定和上级主管部门的要求。

(2)年度决算和财务报告的内容是否完整，填列的数字是否真实，有无遗漏、隐瞒或弄虚作假等情况。

(3)年度决算和财务报告所列各项收入和支出是否合法合规，有无违纪违规问题。

(4)财务情况说明书是否真实准确地反映了学校年度财务状况。

(5)财务分析的各项指标是否真实、准确。

17.中小学校如何加强内部审计管理？

答：(1)中小学校主要负责人应当定期听取内部审计工作汇报，加强对内部审计发展战略、年度审计计划、审计质量控制、审计发现问题整改和审计队伍建设等重要事项的管理。

(2)中小学校内部审计机构应当依照审计法律法规、行业准则和实务指南等建立健全内部审计工作规范，并按规范实施审计。

(3)中小学校内部审计机构应当根据学校发展目标、治理结构、管理体制、风险状况等,科学合理地确定内部审计发展战略、制定内部审计计划。

(4)中小学校内部审计机构应当运用现代审计理念和方法,坚持风险和问题导向,优化审计业务组织方式,加强审计信息化建设,全面提高审计效率。

(5)中小学校内部审计机构应当加强自身内部控制建设,合理设置审计岗位和职责分工、优化审计业务流程,完善审计质量控制。

(6)中小学校内部审计机构应当建立健全学校及所属单位内部审计工作评价制度,提升审计业务与审计管理的专业化水平。

18.中小学校未依法设置会计账簿或私设会计账簿,学校及有关工作人员应当承担什么法律责任?

答:按照《会计法》有关规定,中小学校未依法设置会计账簿或私设会计账簿,应当由县级以上人民政府财政部门责令限期改正,可以对学校并处三千元以上五万元以下的罚款;对其直接负责的主管人员和其他直接责任人员,可以处二千元以上二万元以下的罚款;属于国家工作人员的,还应当由其所在学校或主管部门依法给予行政处分,构成犯罪的,依法追究刑事责任。会计人员有此行为,情节严重的,五年内不得从事会计工作。

19.中小学校伪造、变造会计凭证、会计账簿,学校及有关工作人员应当承担什么法律责任?

答:按照《会计法》有关规定,中小学校伪造、变造会计凭证、会计账簿,编制虚假财务会计报告,构成犯罪的,依法追究刑事责任,尚不构成犯罪的,由县级以上人民政府财政部门予以通报,可以对学校并处五千元以上十万元以下的罚款;对其直接负责的主管人员和其他直接责任人员,可以处三千元以上五万元以下的罚款;属于国家工作人员的,还应当由其所在学校或主管部门依法给予撤职直至开除的行政处分;其中的会计人员,五年内不得从事会计工作。

20.中小学校未按照规定填制、取得原始凭证,学校及有关工作人员应当承担什么法律责任?

答:按照《会计法》有关规定,中小学校未按照规定填制、取得原始凭证或者填制、取得的原始凭证不符合规定的,以未经审核的会计凭证为依据登记会计账簿或者登记会计账簿不符合规定的,应当由县级以上人民政府财政部门责令限期改正,可以对学校并处三千元以上五万元以下的罚款;对其直接负责的主管人员和其他直接责任人员,可以处二千元以上二万元以下的罚款;属于国家工作人员的,还应当由其所在学校或主管部门依法给予行政处分,构成犯罪的,依法追究刑事责任。会计人员有此行为,情节严重的,五年内不得从事会计工作。

21.中小学校隐匿或者故意销毁会计资料,学校及有关工作人员应当承担什么法律责任?

答:按照《会计法》有关规定,中小学校隐匿或者故意销毁依法应当保存的会计凭证、会计账簿、财务会计报告,构成犯罪的,依法追究刑事责任,尚不构成犯罪的,由县级以上人民政府财政部门予以通报,可以对学校并处五千元以上十万元以下的罚款;对其直接负责的主管人员和其他直接责任人员,可以处三千元以上五万元以下的罚款;属于国家工作人员的,还应当由其所在学校或主管部门依法给予撤职直至开除的行政处分;其中的会计人员,五年内不得从事会计工作。

22.中小学校会计资料保管不善,致使会计资料毁损、灭失的,学校及有关工作人员应当承担什么法律责任?

答:按照《会计法》有关规定,中小学校未按照规定保管会计资料,致使会计资料毁损、灭失,未按照规定建立并实施中小学校内部会计监督制度,拒绝依法实施的监督,不如实提供有关会计资料及有关情况的,应当由县级以上人民政府财政部门责令限期改正,可以对学校并处三千元以上五万元以下的罚款;对其直接负责的主管人员和其他直接责任人员,可以处二千元以上二万元以下的罚款;属于国家工作人员的,还应当由其所在学校或主管部门依法给予行政处分,构成犯罪的,依法追究刑事责任。会计人员有此行为,情节严重的,五年内不得从事会计工作。

23.中小学校授意、指使会计人员伪造、变造会计资料的，学校及有关工作人员应当承担什么法律责任？

答：按照《会计法》有关规定，中小学校授意、指使、强令会计机构、会计人员及其他人员伪造、变造会计凭证、会计账簿，编制虚假财务会计报告，隐匿、故意销毁依法应当保存的会计凭证、会计账簿、财务会计报告，构成犯罪的，依法追究刑事责任；尚不构成犯罪的，可以处五千元以上五万元以下的罚款；属于国家工作人员的，还应当由其所在学校或主管部门依法给予降级、撤职、开除的行政处分。

24.中小学校单位负责人对依法履职的会计人员打击报复的，应当承担什么法律责任？

答：按照《会计法》有关规定，中小学校负责人对依法履行职责、抵制违反《会计法》规定行为的会计人员以降级、撤职、调离工作岗位、解聘或者开除等方式实行打击报复，构成犯罪的，依法追究刑事责任；尚不构成犯罪的，由其所在学校或者主管部门依法给予行政处分。对受打击报复的会计人员，应当恢复其名誉和原有职务、级别。

25.中小学校提供的财务会计报告编制依据不一致，学校及有关工作人员应当承担什么法律责任？

答：按照《会计法》有关规定，中小学校随意变更会计处理方法的，向不同的会计资料使用者提供的财务会计报告编制依据不一致的，应当由县级以上人民政府财政部门责令限期改正，可以对学校并处三千元以上五万元以下的罚款；对其直接负责的主管人员和其他直接责任人员，可以处二千元以上二万元以下的罚款；属于国家工作人员的，还应当由其所在学校或主管部门依法给予行政处分，构成犯罪的，依法追究刑事责任。会计人员有此行为，情节严重的，五年内不得从事会计工作。

26.教育行政部门及工作人员违反规定使用、骗取财政资金的行为有哪些？应当承担什么法律责任？

答：按照《财政违法行为处罚处分条例》有关规定，教育行政部门及其工作人员有下列违反规定使用、骗取财政资金的行为之一的，责令改正，调整有关会计账目，追回有关财政资金，限期退还违法所得。对单位给予警告或者通报批评。对直接负责的主管人员和其他直接责任人员给予记大过处分；情节较重的，给予降级或者撤职处分；情节严重的，给予开除处分：

(1)以虚报、冒领等手段骗取财政资金；

(2)截留、挪用财政资金；

(3)滞留应当下拨的财政资金；

(4)违反规定扩大开支范围，提高开支标准；

(5)其他违反规定使用、骗取财政资金的行为。

27.中小学校虚增、虚减财政收入或者财政支出，违反预决算管理有关规定的，学校及相关工作人员应当承担什么法律责任？

答：按照《财政违法行为处罚处分条例》有关规定，中小学校虚增、虚减财政收入或者财政支出，违反规定编制、批复预算或者决算，违反规定进行预算调剂的，责令改正，追回有关款项，限期调整有关预算科目和预算级次。对学校给予警告或者通报批评；对直接负责的主管人员和其他直接责任人员给予警告、记过或者记大过处分；情节较重的，给予降级处分；情节严重的，给予撤职处分。

28.中小学校擅自占有、使用、处置国有资产的，学校及相关工作人员应当承担什么法律责任？

答：按照《财政违法行为处罚处分条例》有关规定，中小学校及其工作人员违反国有资产管理的规定，擅自占有、使用、处置国有资产的，责令改正，调整有关会计账目，限期退还违法所得和被侵占的国有资产。对学校给予警告或者通报批评。对直接负责的主管人员和其他直接责任人员给予记大过处分；情节较重的，给予降级或者撤职处分；情节严重的，给予开除处分。

29.中小学校擅自提供担保的，学校及相关工作人员应当承担什么法律责任？

答：按照《财政违法行为处罚处分条例》有关规定，中小学校及其工作人员违反《中华人民共和国担保法》及国家有关规定，擅自提供担保的，责令改正，没收违法所得。对学校给予警告或者通报批评。对直接负责的主管人员和其他直接责任人员给予警告、记过或者记大过处分；造成损失的，给予降级或者撤职处分；造成重大损失的，给予开除处分。

30.中小学校隐瞒、截留、不缴或者少缴应当上缴的财政收入，学校及相关工作人员应当承担什么法律责任？

答：按照《财政违法行为处罚处分条例》有关规定，中小学校存在隐瞒应当上缴的财政收入，截留代收的财政收入，以及其他不缴或者少缴财政收入行为的，责令改正，调整有关会计账目，收缴应当上缴的财政收入，给予警告，没收违法所得，并处不缴或者少缴财政收入10%以上30%以下的罚款；对直接负责的主管人员和其他直接责任人员处三千元以上五万元以下的罚款。

31.中小学校以虚报、冒领等手段骗取财政资金或截留、挪用财政资金，以及违反规定使用的，学校及相关工作人员应当承担什么法律责任？

答：按照《财政违法行为处罚处分条例》有关规定，中小学校以虚报、冒领等手段骗取财政资金，截留、挪用财政资金，违反规定扩大开支范围，提高开支标准的，责令改正，调整有关会计账目，追回违反规定使用、骗取的有关资金，没收违法所得，并处被骗取有关资金10%以上50%以下的罚款或者被违规使用有关资金10%以上30%以下的罚款；对直接负责的主管人员和其他直接责任人员处三千元以上五万元以下的罚款。对学校给予警告或者通报批评。对直接负责的主管人员和其他直接责任人员给予记大过处分；情节较重的，给予降级或者撤职处分；情节严重的，给予开除处分。

32. 中小学校和个人私存私放财政资金或者其他公款的,应当承担什么法律责任?

答:按照《财政违法行为处罚处分条例》有关规定,中小学校和个人违反财务管理的规定,私存私放财政资金或者其他公款的,责令改正,调整有关会计账目,追回私存私放的资金,没收违法所得。对学校处三千元以上五万元以下的罚款;对直接负责的主管人员和其他直接责任人员处二千元以上二万元以下的罚款,情节严重的,给予降级或者撤职处分。

33. 中小学校违反财政收入票据管理规定的,学校及相关工作人员应当承担什么法律责任?

答:按照《财政违法行为处罚处分条例》有关规定,中小学校违反规定印制财政收入票据,转借、串用、代开财政收入票据,伪造、变造、买卖、擅自销毁财政收入票据,伪造、使用伪造的财政收入票据监(印)制章的,销毁非法印制的票据,没收违法所得和作案工具。对学校处五千元以上十万元以下的罚款;对直接负责的主管人员和其他直接责任人员处三千元以上五万元以下的罚款,给予降级或者撤职处分,情节严重的,给予开除处分。

34. 中小学校违反国有资产管理规定的行为有哪些? 需承担什么样的法律责任?

答:中小学校有下列行为之一的,责令改正,情节较重的,对负有直接责任的主管人员和其他直接责任人员依法给予处分:

(1)配置、使用、处置国有资产未按照规定经集体决策或者履行审批程序;

(2)超标准配置国有资产;

(3)未按照规定办理国有资产调剂、调拨、划转、交接等手续;

(4)未按照规定履行国有资产拍卖、报告、披露等程序;

(5)未按照规定期限办理建设项目竣工财务决算;

(6)未按照规定进行国有资产清查;

(7)未按照规定设置国有资产台账;

(8)未按照规定编制、报送国有资产管理情况报告。

35.中小学校造成国有资产损失的行为有哪些？学校及相关工作人员应承担什么法律责任？

答：按照《行政事业性国有资产管理条例》有关要求，中小学校有下列行为之一的，责令改正，有违法所得的没收违法所得，情节较重的，对负有直接责任的主管人员和其他直接责任人员依法给予处分；构成犯罪的，依法追究刑事责任：

(1)非法占有、使用国有资产或者采用弄虚作假等方式低价处置国有资产；

(2)违反规定将国有资产用于对外投资或者设立营利性组织；

(3)未按照规定评估国有资产导致国家利益损失；

(4)其他违反本条例规定造成国有资产损失的行为。

36.中小学校工作人员在国有资产管理工作中滥用职权，应承担什么法律责任？

答：按照《行政事业性国有资产管理条例》有关要求，中小学校的工作人员在国有资产管理工作中滥用职权、玩忽职守、徇私舞弊或者有浪费国有资产等违法违规行为的，由有关部门依法给予处分；构成犯罪的，依法追究刑事责任。

第十三章

如何加强合同管理

1.什么是合同?

答:合同是民事主体之间设立、变更、终止民事法律关系的协议。合同有广义、狭义和最狭义之分。广义合同是指所有法律中确定权利、义务关系的协议,它包括的范围十分广泛,如行政合同、劳动合同、民事合同、国际合同等;狭义合同是指所有的民事合同,如身份合同、财产合同、物权合同等;而最狭义合同,则主要是指民事合同中的债权合同,如通常所说的经济合同。

合同是民事主体之间为实现一定经济目的,明确相互权利义务关系的协议。从这个定义可以看出,合同是平等主体之间的民事法律关系,任何一方不论其单位性质或地位,都不能将自己的意志强加给对方,同时由于合同是双方民事法律行为,因此,合同成立不仅需要当事人有意思表示,并且要求当事人之间的意思表示一致。在中小学校日常工作中,合同十分常见,如实施政府采购后订立的买卖合同、工程建设合同等。

2.中小学校订立合同应采用什么形式?

答:合同订立形式主要有三种,包括书面形式、口头形式和其他形式。中小学校订立合同应当采用书面形式。书面形式是合同书、信件、电报、电传、传真等可以有形地表现所载内容的形式。以电子数据交换、电子邮件等方式能够有形地表现所载内容,并可以随时调取查用的数据电文,也视为书面形式。

3.中小学校订立合同应当包括哪些内容?

答:中小学校订立合同的内容由订立合同的当事人约定,一般包括下列内容:(1)当事人的姓名或者名称和住所;(2)标的;(3)数量;(4)质量;(5)价款或者报酬;(6)履行期限、地点和方式;(7)违约责任;(8)解决争议的方法。

如果合同生效后,中小学校就质量、价款或者报酬、履行地点等内容没有约定或者约定不明确的,可以协议补充;不能达成补充协议的,按照合同相关条款或者交易习惯确定。

4.中小学校常见的合同有哪些?

答:中小学校常见合同主要包括货物类、服务类、工程类采购合同,如设备采购合同、热力供用合同、建设工程合同、劳务合同、租赁合同、物业服务合同等;除此之外还有少量其他合同,如赠与合同等。

5.如何理解合同与部门预算的关系?

答:中小学校订立的合同事项与资金需求应当纳入当年学校预算。中小学校常见合同主要包括货物类、服务类、工程类采购合同,主要用于学校教学办公设备的购置、购买社会服务和工程建设等,属于学校开展教育教学及其他活动发生的各项资金耗费和损失,应当纳入当年学校预算。合同的订立是中小学校部门预算执行过程中的一个环节。

6.什么是合同管理?

答:合同管理是学校在合同起草、签订、履行、存档等过程中,为实现既定目标的管理活动过程。中小学校的合同管理具有系统性、完整性、连续性的特征,不仅要重视签订前的管理,更要重视签订后的管理,需覆盖合同的全周期和全过程。

7.中小学校合同管理包括哪些内容?

答:(1)合同的起草。合同起草前,要明确合同的签订目的,做好前期调查工作,对市场现状进行充分调研。如签订买卖合同前,需要了解产品的技术发展状况、市场供需情况和市场价格等,做出正确的风险分析及判断。此外,还需要建立合同当事人的资格审查制度等。

(2)合同的签订。建立健全合同的会审制度、合同文本的审查机制,规范合同签订的流程,明确合同签署的权限管理,强化对已签订合同的防伪处理等。

(3)合同的履行。建立健全学校合同履行情况及履行效果的跟踪机制,合同对方当事人履行合同情况的监控机制,合同内容变更、合同终止的协商机制,合同纠纷的处理机制等。

(4)合同档案管理。建立健全合同登记、分类以及归档、销号制度,合同的查阅制度,合同的归档检查制度等。

8.中小学校在合同管理过程中存在的主要问题有哪些?

答:(1)合同管理体制不完善。学校合同管理机构设置、人员配备等方面力度不够,合同归口管理部门不明确。

(2)合同管理制度不健全。没有制定严谨统一的合同管理制度,合同审查批准制度、合同印鉴使用制度、合同档案管理制度、合同管理绩效考核制度等不够健全。

(3)合同管理工作人员业务素质不高。合同管理人员财务和法律专业水平不高,业务不精通,合同法律意识淡薄,无法对合同涉及的各项法律问题做出正确判断,无法对合同进行有效的管理。

(4)合同管理过程不规范。签订合同时随意性较大,缺乏资质审查或审查不严;合同条款不全面、不完整,用词不准确、不规范;对合同执行情况缺乏监督,忽视变更管理;在合同当事人违约后,维权意识不强;未对合同进行归档管理。

9.中小学校财务人员应当如何参与合同管理?

答:合同管理涉及财务方面诸多内容,如预算安排、款项支付、违约责任及相关税费等,财务人员熟悉财经法规,具备专业的财务知识,了解相关的税收政策,可以为学校的合同管理提供有力保障,确保中小学校的合同符合国家财经法规的要求,确保学校合同的顺利履行与结算等。中小学校财务人员应当参与合同管理的全过程,主要体现在以下几个方面:

(1)合同签订前,财务人员应当配合相关业务部门对合同当事人的信用、履约能力等情况进行审查。

(2)合同签订时,财务人员应当对合同的内容进行审核,包括预算、结算条款、涉税事项的审核等。

(3)合同履行时,财务人员应当对付款事项进行审核并完成付款工作。

(4)合同履行后,财务人员应当登记合同付款台账,并对合同数据进行分析。

10.中小学校订立合同主要包括哪些环节?

答:(1)合同的策划和前期调研。

(2)确定有合作意向的当事人。

(3)当事人资格审查。

(4)合同谈判。

(5)草拟合同文本。

(6)合同审核。

(7)合同正式签订。

11.中小学校订立合同应当注意的问题有哪些?

答:(1)拟订立的合同事项需列入学校预算或政府采购预算,不得签订没有预算资金支持的合同;符合政府采购要求的必须选择合理的政府采购方式,不得逃避政府采购的监管;不得违规签订投资、担保合同。

(2)对于对方当事人起草的合同,中小学校必须认真审查合同内容,确保合同的内容与谈判内容保持一致,同时需要法务部门或法律顾问进行审核。

(3)对于重大合同,应建立多部门会审制度,一般由业务承办部门起草,由学校财务部门、法务部门或法律顾问、审计、纪检监察部门以及业务关联部门进行联合审核。

12.签订合同前,应如何对合同当事人资格进行审查?

答:中小学校在签订合同前,需要对初步确定的合同当事人进行资格审查,至少包括以下内容:

(1)主体资格审查。审查合同主体是否合格,如查验对方个人的无犯罪证明、对方单位的营业执照,要特别注意营业执照是否由市场监管部门核发,是否伪造或非法取得,是否具备生产、经营的行为能力和权利能力。

(2)信誉审查。在签订合同之前,必须审查对方当事人的商业信誉。中小学校可以通过国家企业信用信息公示系统、全国社会组织信用信息公示平台等进行查询,了解对方企业的相关情况。

(3)履约能力审查。如果与个人签订合同,可以通过其所在单位以及亲戚、邻居、同学、朋友等调查此人的履约能力。如果与法人签订合同,可以通过当地市场监管部门、上级主管部门等多种途径了解其是否具有履约能力。

(4)合同承办人的资格审查。该审查主要包括对法定代表人的审查、对单位工作人员的审查和对委托代理人的资格审查;对委托代理人,需审查其委托证明、代理权限和签约时是否以委托人的名义进行等内容。

13.在订立合同时财会人员应当审核哪些内容?

答:(1)预算事项的审核。审核合同事项是否已经纳入当年的学校预算,是否超范围、超预算使用资金。

(2)合同数据的准确性。财会人员应对合同金额是否计算准确、大小写金额是否一致等内容进行审核;同时,还应当对涉税事项进行审核,如合同价款需说明是含税价还是不含税价;税款要指明税率,并说明由哪一方承担;发票类型需注明是增值税专用发票还是普通发票等。

(3)结算条款的审核。财会人员应当对付款人、付款的时间要求和最终的结算方式是否合理、是否可行进行审核。

(4)其他事项的审核。涉及押金或保证金条款的合同,应当同时审核押金或保证金收取方式及收据开具方式等内容。

14.合同中的定金与订金有什么区别?

答:“订金”在法律上并没有严格的界定,而“定金”在法律上有严格的界定。所谓定金,是合同当事人为了确保合同的履行,依据法律规定或者当事人双方的约定,由当事人一方在合同订立时或者订立后履行前,按照合同标的额的一定比例(不超过20%),预先给付对方当事人的金钱或其替代物。订金与定金的区别主要体现在以下几个方面:

(1)基础法律关系不同。定金合同相对于主合同而言是从合同,依约定应交付定金而未交付的,不构成对主合同的违反;而交付订金的协议是主合同的一部分,依约定应交付订金而未交付的,即构成对主合同的违反。

(2)作用不同。定金具有担保性质,而订金只是单方行为,不具有担保性质。订金更多地体现为给付订金一方当事人履行债务的行为,如一方违约,导致解除合同的情形时,收受订金的一方必须如数退还订金;而定金一经给付,则发挥制裁违约方、补偿守约方的作用。

(3)适用范围不同。定金担保方式可以适用于各种合同;而订金只适用于金钱的给付为一方履行债务的合同，多见于买卖合同、租赁合同、承揽合同等合同。

15.中小学校在订立买卖合同时应当注意哪些事项？

答：买卖合同是出卖人转移标的物的所有权于买受人，买受人支付价款的合同。中小学校常见的买卖合同主要是政府采购合同中的购销合同。在订立合同时需注意以下事项：

(1)合同要素完整性。买卖合同的内容一般包括标的物的名称、数量、质量、价款、履行期限、履行地点和方式、包装方式、检验标准和方法、结算方式、合同使用的文字及其效力等条款。中小学校在订立合同时，以上内容需记载明确，便于合同的履行。

(2)合同与预算吻合性。履行期限应当根据合同性质尽量缩短，要充分考虑验收及付款时间，尽量在同一个预算年度内完成，以保证当年预算的执行进度。

(3)验收方式和方法合理性。要考虑学校的实际情况，如果可以自己验收的应当自行验收；如果无法自行验收，如专业器材设备以及需要检测才能确定质量情况的，需要聘请专业人员或者委托第三方进行验收；验收方式和方法需在合同中进行约定。

16.中小学校在订立赠与合同时应当注意哪些事项？

答：赠与合同是赠与人将自己的财产无偿给予受赠人，受赠人表示接受赠与的合同。中小学校接受企业或社会组织等捐赠，应当签订赠与合同。在订立合同时应注意以下事项：

(1)合同要素完整性。赠与合同内容一般包括合同当事人双方、赠与的财产名称、财产目前状况、赠与的时限以及方式、赠与是否附条件以及什么条件、赠与合同的违约责任以及争议解决方式等条款。标的物质量、履行期限、履行地点等条款应当约定明确，不能因为是赠与合同而降低对质量的要求。

(2)合同是否可以撤销。需在合同中注明是否可以撤销；一般而言，赠与合同签订后，赠与人在赠与财产的权利转移之前是可以撤销赠与的；但是经过公证的赠与合同或者依法不得撤销的具有救灾、扶贫、助残等公益、道德义务性质的赠与合同是不能撤销的。

17.中小学校在订立供用热力合同时应当注意哪些事项?

答:供用热力合同是供热企业向中小学校提供热力,中小学校支付热力款的合同。中小学校在订立供用热力合同时应当注意下列事项:

(1)合同要素完整性。供用热力合同的内容一般包括提供热力的方式、质量、时间,供用热力容量、地址、性质,计量方式,价格、供热费的结算方式,供用热力设施的维护责任等条款。

(2)合同的特殊性。中小学校在签订热力合同时,要特别注意供热时间、供热计量方式以及质量标准(能否达到供热效果)等条款;部分县(市、区)对中小学校供热给予了不同的价格优惠政策,中小学校在签订合同时要充分了解相关优惠政策。

18.中小学校在订立租赁合同时应当注意哪些事项?

答:租赁合同是出租人将租赁物交付承租人使用、收益,承租人支付租金的合同。中小学校在租赁校舍、设备、车辆、仪器等时,应当与出租人签订租赁合同,在合同订立时应当注意以下事项:

(1)合同要素完整性。租赁合同的内容一般包括租赁物的名称、数量、用途、租赁期限、租金及其支付期限和方式、租赁物维修等条款。

(2)合同的特殊性。中小学校在订立租赁合同时,要特别注意对租赁物的基本信息进行明确约定,如租赁物的规格、质量、状态、数量等。对于租赁期的约定要注意,租赁期限六个月以上的,应当采用书面形式;同时,租赁合同的租赁期限不得超过二十年,超过二十年的,超过的部分无效;租赁期限届满,学校可以续订租赁合同,约定的租赁期限自续订之日起也不得超过二十年。

19.中小学校在订立建设工程合同时应当注意哪些事项?

答:建设工程合同是承包人进行工程建设,发包人支付价款的合同,一般包括工程勘察、设计、施工合同。中小学校签订的建设工程合同应当采用

款或者交易习惯确定，如果仍然不能确定，买受人应当在收到标的物或者提取标的物单证的同时支付，也就是我们平时所说的“一手交钱，一手交货”的习惯。

24.合同生效应当具备什么条件?

答:(1)签订合同的主体必须合格。合同当事人必须具有相应的民事权利能力和民事行为能力以及缔约能力，才能成为合格的合同主体，如果主体不合格，合同不能产生法律效力。中小学校签订合同时，应当对对方当事人主体资格进行审查。

(2)合同当事人意思表示真实。当事人意思表示真实，是指行为人的意思表示应当真实反映其内心的意思。中小学校签订合同时，应确保合同当事人是在自愿、平等的基础上完成的，当事人的意思是真实的，不存在胁迫行为。

(3)合同不违反法律或者社会公共利益。合同不违反法律或者社会公共利益主要包括两层含义：一是合同的内容合法，即合同条款中约定的权利、义务及其指向的对象等，应当符合法律的规定和社会公共利益的要求；二是合同的目的合法，即当事人缔约的原因合法，并且是直接的内心原因合法，不存在以合法的方式达到非法目的等规避法律的事实。

25.签订书面合同时必须要盖章吗?

答:《合同法》第三十二条规定：“当事人采用合同书形式订立合同的，自双方当事人签字或者盖章时合同成立。”签字与盖章之间是选择关系，即当事人既可以只签字而不盖章，也可以只盖章而不签字，也可以既签字又盖章。为了避免因条款表示不清引起的合同纠纷，中小学校在订立合同时可以将相关合同条款进一步明确为“合同自签名并盖章之日起生效”或者“合同自签名或盖章之日起生效”。

26.什么是“阴阳合同”?签订“阴阳合同”应当承担的法律责任是什么?

答:阴阳合同是指合同当事人就同一事项订立两份以上的内容不相同

的合同，“阴合同”对内，“阳合同”对外，其中“阳合同”并不是双方真实意思表示，而是以掩盖非法目的订立的，因不体现当事人的真实意思而不执行；“阴合同”才是双方真实意思表示。

“阴阳合同”是一种违规行为，在给当事人带来“利益”的同时，也预示着风险。如果利用“阴阳合同”实施违法行为，或者以合法的形式掩盖违法目的，则不仅伪装的“阳合同”无效，被伪装的“阴合同”也因内容违法而无效。签订“阴阳合同”，在民事责任上，需要承担合同无效的后果；在刑事责任上，需要承担逃税罪等相应的刑事责任；如果是一方以欺诈、胁迫的手段，使对方在违背真实意思的情况下订立的合同，受损害方有权请求人民法院或者仲裁机构撤销。

中小学校一般是购销合同中的购货方，如果配合合同当事人签订“阴阳合同”而发生偷税漏税行为，这种行为严重违反了税法有关规定，有关部门查实后，如果属于一般偷税行为，将面临罚款、拘留等行政处罚；如果偷税数额较大、次数较多，则会构成犯罪，面临刑事处罚。

27.中小学校在合同履行过程中，应当注意哪些问题？

答：(1)中小学校在履行合同时，应当按照合同的约定或者法律的规定，全面、正确地完成各自承担的义务。履行义务人必须按照合同约定的方式履行义务。

(2)中小学校应当遵循诚信原则，根据合同的性质、目的和交易习惯履行通知、协助、保密等义务。学校在履行合同过程中，应当避免浪费资源、污染环境和破坏生态。

(3)强化对合同履行情况的监控，对履行效果进行检查，并做好绩效目标分析，及时发现对方在履行合同时可能出现的违约行为，做好风险提示，及时采取相应措施降低可能带来的合同损失。

28.中小学校订立合同时，是否要约定履行期限？

答：中小学校订立合同时，合同的内容由双方当事人约定，应当包括履行期限。合同履行期限是合同当事人在协商订立合同过程中约定的合同当事人履行合同的时间界限，用来界定合同当事人是否按时履行合同义务或者延迟履行合同义务的客观标准。履行期限不明确的，合同当事人可以另行协议补充，如果协议补充不成的，应当根据合同的有关条款和交易习惯来确定。还无法确定的，债务人可以随时履行，债权人也可以随时请求履行，但是应当给对方必要的准备时间。

29.中小学校履行合同时，对方当事人收款账号有误，能否更改？

答：在不违反合同约定的履行条件下，可以更改。中小学校履行合同时，对方当事人因收款账号有误等原因要求更改账号的，除非合同当事人就账号使用进行了特定的约定，在不违反合同约定的履行条件前提下，经双方协商，收款账号是可以更改的。

收款单位应当提前通知付款方账号变更情况，为了确保合同的履行，应当签订附属于原合同的补充协议，说明从何时起收款单位因变更收款账号签订协议，确定何时起使用新的收款账号，明确说明收款账号变更不影响原合同的履行。

30.由于客观原因导致合同未按期履行，是否需要按照合同约定收取违约金？

答：是否需要按照合同约定收取违约金，应视实际情况而定。合同当事人可以约定一方违约时应根据违约情况向对方支付一定数额的违约金。合同当事人一方不履行合同义务或者履行合同义务不符合约定，造成对方损失的，损失赔偿额应相当于因违约所造成的损失。合同当事人一方因不可抗力不能履行合同的，根据不可抗力的影响，可以部分或者全部免除责任，但是法律另有规定的除外；因不可抗力不能履行合同的，应当及时通知对方，以减轻可能给对方造成的损失，并应当在合理期限内提供证明；合同当事人迟延履行后发生不可抗力的，不免除其违约责任。

31.合同当事人不履行合同，中小学校应当如何处理？

答：中小学校签订合同后，如果合同当事人不履行合同义务或者履行合同义务不符合约定，应当承担继续履行、采取补救措施或者赔偿损失等违约责任。

合同当事人一方未支付价款或者报酬的，中小学校可以要求其支付价款或者报酬。如果对方明确表示或者以自己的行为表明不履行合同义务的，中小学校可以在履行期限届满前请求其承担违约责任。合同当事人一方不履行合同义务或者履行合同义务不符合约定，给中小学校造成损失的，损失赔偿额应当相当于因违约所造成的损失，包括合同履行后可以获得的利益，但不得超过违反合同一方订立合同时预见到或者应当预见到的因违反合同可能造成的损失。此外，中小学校要注意取证，做好合同纠纷处理的准备工作。

32.收到的商品或接受的劳务未达到质量要求，中小学校应当如何处理？

答：中小学校收到的商品或接受的劳务质量不符合合同约定的，应当按照合同中当事人的约定由违约方承担违约责任。对违约责任没有约定或者约定不明确，可以协议补充；不能达成补充协议的，按照合同相关条款或者交易习惯确定违约责任。中小学校应根据标的性质以及损失的大小，合理选择要求对方承担修理、更换、重作、退货、减少价款或者报酬等违约责任。对方不履行合同义务或者履行合同义务不符合约定的，在履行义务或者采取补救措施后，中小学校还有其他损失的，应当要求赔偿损失。

33.中小学校付款日期超过合同约定的付款时间，应当如何处理？

答：中小学校付款时，如果付款日期超过合同约定的付款时间，属于违约行为，应当承担违约责任。如果存在不可抗力原因导致的延期付款，应当及时向对方合同当事人进行说明；如果不存在不可抗力原因，应当及时付款。

34.中小学校签订的合同在什么情形下可以进行变更？

答：中小学校签订合同之后，在履行合同过程中，如果出现下列情况，可以对合同进行变更。

(1)因不可抗力使合同不能履行而变更。

(2)因情势变化致使合同履行显失公平而变更。

(3)因当事人违约而变更合同。如果合同当事人不按合同约定履行合同义务,实际上是赋予了中小学校变更合同的请求权。

(4)因订立时意思表示不真实而变更合同。中小学校订立的存在重大误解的、显失公平的、对方以欺诈手段订立的合同,对方以胁迫手段订立的合同,对方乘人之危订立的合同,违反了公平、诚实信用等基本原则,与受损的当事人真实意思相违背,可以变更。

(5)因当事人自愿而变更合同。这里所说的当事人自愿,是指在上述四种原因之外,当事人在不违反法律规定、不损害国家利益或者社会公共利益的情况下,双方由于其他原因按照意思自治原则变更合同。

35.中小学校变更合同时应当注意哪些问题?

答:(1)变更合同必须合同当事人协商一致,内容必须明确。在签订合同后,合同的任何当事人不能单方变更合同,否则就构成违约。合同变更的内容必须明确,否则推定为未变更,仍然按照原合同继续履行,合同当事人达成变更合同的协议后,按变更后的合同内容履行。

(2)合同变更内容的范围。中小学校签订的原合同中的标的、数量、质量、价款或者报酬,履行的期限、地点和方式,违约责任、解决争议的方法等条款的变更都属于合同变更。

(3)合同变更时应当确定是否需要履行批准、登记手续。

(4)合同变更的内容必须合法,不得违反法律、法规的强制性规定。

36.中小学校变更合同需要经过哪些环节?

答:中小学校变更合同的流程至少包括以下四个环节:

(1)合同变更事项协商。

(2)草拟合同变更条款。

(3)变更条款审核。

(4)变更合同签订。

37.在什么情况下,中小学校合同权利义务会终止?

答:合同权利义务终止是指依法生效的合同,因具有法定情形或者当事人约定的情形，债权、债务消灭，债权人不再享有合同权利，债务人不必履行合同义务。中小学校有下列情形之一的，债权债务终止：(1)债务已经履行；(2)债务相互抵销；(3)债务人依法将标的物提存；(4)债权人免除债务；(5)债权债务同归于一人；(6)法律规定或者当事人约定终止的其他情形。合同解除的，该合同的权利义务关系终止。

38.中小学校在什么情况下可以解除合同？

答：中小学校签订合同后，如果有下列情形之一的，可以解除合同：

(1)因不可抗力致使不能实现合同目的。

(2)在履行期限届满前，当事人一方明确表示或者以自己的行为表明不履行主要债务。

(3)当事人一方迟延履行主要债务，经催告后在合理期限内仍未履行。

(4)当事人一方迟延履行债务或者有其他违约行为致使不能实现合同目的。

(5)法律规定的其他情形。

39.中小学校解除合同需要注意什么？

答：(1)合同中没有约定合同解除的条件或合同双方有一方想解除合同，首先要寻求与对方当事人意见达成一致；如果合同当事人意见表示一致，同意解除合同时，合同当事人需要签订“合同解除协议书”，从而使原合同的权利和义务终止。

(2)合同中有约定合同解除的条件，达到合同解除条件时，并不意味着合同就自然解除了，合同的解除是以合同解除通知到达对方当事人为时点。

(3)合同解除通知可以采用“合同解除通知书”的形式，按照合同当事人约定通过当面送达或者邮寄等方式，如果合同当事人对合同解除有异议，可以要求人民法院确认合同解除的有效性。

40.什么情况下需要承担合同违约责任？

答：合同的违约责任，又称合同责任，是指合同的当事人不履行或不按照合同约定履行合同义务而应当承担的法律责任。承担合同违约责任需要具备以下条件:当事人有违约行为,主观上有过错,造成一定的后果和损失,而且违约行为和损害结果之间有因果关系。

41.违约责任有哪两种形式?

答:违约责任有违约金、赔偿金两种形式。

(1)违约金,指违约一方根据法律规定或合同约定应当向守约方支付的一定数额的金钱。违约方违反了法律规定或合同约定就应当支付违约金,不需要有实际损害后果发生。

(2)赔偿金,指违约一方给守约方造成经济损失时,向守约方支付的作为赔偿的一定数额的金钱。

42.中小学校出现合同纠纷应当如何处理?

答:中小学校签订合同之后,应当与合同当事人一起履行各自的义务,如果与合同当事人出现经济纠纷,首先按照合同约定的解决争议方法进行解决,如果合同没有约定,可以按照以下途径解决。

(1)双方进行和解。和解是指当事人在合同发生纠纷时可以再行协商,在尊重双方利益的基础上,就争议的事项达成一致,从而解决纠纷的方式。和解是当事人自由选择的在自愿原则下解决纠纷的方式,而不是合同纠纷解决的必经程序。

(2)第三方调解。调解是指在第三方的主持下,通过说服教育等方法来解决当事人之间的合同纠纷。当事人发生合同纠纷,可以向纠纷当事人所在地或者纠纷发生地的人民调解委员会申请调解。

(3)仲裁机构仲裁。仲裁是指发生合同争议的双方当事人,根据争议发生前或发生后达成的仲裁协议,将纠纷提交仲裁机关进行裁决并解决纠纷的方式。仲裁具有"准司法"性质,仲裁机构做出的仲裁裁决具有法律效力,当事人应当履行。

(4)向法院诉讼。诉讼是指合同纠纷发生后,当事人如果没有仲裁协议,任何一方均可以向人民法院提起民事诉讼,请求人民法院对合同纠纷依法予以处理,这是解决合同纠纷的最常见方式。合同纠纷经人民法院审理并做出判决后,当事人对人民法院做出的发生法律效力的判决书、调解书必须履行,拒不履行的,另一方当事人可以申请人民法院强制执行。

中小学校如果出现合同纠纷,首先应当寻求和解的方式进行解决,这是最便捷、最有效的方式。如果合同当事人之间的诉求差距较大,无法达成和解协议,那么中小学校应当通过其他途径解决经济纠纷。

43.中小学校如何在合同中约定诉讼管辖条款?

答:中小学校的合同中,可以书面约定选择被告住所地、合同履行地、合同签订地、原告住所地、标的物所在地等与争议有实际联系的地点人民法院进行管辖,但是不能约定级别管辖,约定范围不得超出法律要求的管辖范围。这里要特别注意,中小学校在订立合同时应当争取选择有利于自己的法院管辖,避免出现路途遥远诉讼成本过高、司法环境差异等不利于学校诉讼的情况。

44.中小学校通过诉讼方式解决合同纠纷时诉讼费应当由谁承担?

答:中小学校通过诉讼方式解决合同纠纷时,诉讼费由原告、有独立请求权的第三人或上诉人预交,被告提起反诉,由被告预交;最终诉讼费用由败诉方负担,胜诉方自愿承担的除外。部分胜诉、部分败诉的,法院根据案件的具体情况决定当事人各自负担的诉讼费用数额。共同诉讼当事人败诉的,法院根据其对诉讼标的的利害关系,决定当事人各自负担的诉讼费用数额。合同当事人应当向人民法院缴纳的诉讼费用包括:案件受理费,申请费,证人、鉴定人、翻译人员、理算人员在法院指定日期出庭发生的交通费、住宿费、生活费和误工补贴等。

诉讼是一件“劳民伤财”的事情,不仅要耗费金钱,还要耗费大量的时间,中小学校如果发生合同纠纷,应优先采取和解、调解、仲裁的方式来解决,尽量避免诉讼的发生。

45.中小学校为什么要进行合同档案管理?

答:合同档案管理,即合同文件管理,是整个合同管理的基础,是学校为维护自身的合法权益而采取的必要手段。通过对合同的档案管理,可以保存与合同有关的相关证据材料,一旦发生纠纷,可以及时运用档案记载的内容,依法维护学校的权益。

46.中小学校合同管理应当由哪个部门负责?

答:中小学校合同一般应由学校办公室进行归口管理,定期对合同进行统计、分类和归档,详细登记合同的订立、履行和变更情况,实行对合同的全过程管理,与中小学校经济活动相关的合同复印件应当同时提交财务部门作为账务处理的依据。合同专用章应由专人保管,任何部门、人员不得借用、代用合同专用章。

47.中小学校的合同如何归档?

答:中小学校合同应当交由学校档案管理部门进行统一归档。如果学校规模较小,每年合同数量不多,可以分年度按照合同签订的时间顺序进行归档;如果学校规模较大,每年合同量较多,可以按照合同业务发起部门以及合同签订的时间顺序分别进行归档。合同归档之前,需要对合同进行扫描,留存合同电子版,做到纸质文件与电子文件的统一,建立合同电子目录,日后查询合同时,查询电子版本即可,尽量不使用合同原件。合同的查询、调用应当履行必要的审批手续,查询、调用合同时应做好登记工作。

48.什么是电子合同?具有哪些特征?

答:电子合同是合同当事人之间通过电子信息网络以电子的形式达成的设立、变更、终止民事权利义务关系的协议。电子合同具有以下几点特征:

(1)合同载体虚拟化。电子合同订立的整个过程是采用电子形式,包括合同的谈判、签订以及履行等。电子合同的主体可以是任何自然人、法人及其相关组织,与纸质合同相比,电子合同的主体之间可能根本没有谋过面,更为虚拟。

(2)订立过程电子化。合同的订立需要经过要约与承诺两个过程,电子合同同样也需要这些要件,这两个过程是通过电子形式完成的,输入相关的信息,只要符合预设的程序条件,计算机就可以自动做出相应的意思表示。

(3)表达形式电子化。在合同订立的过程中,通过相关的电子方式表达自己的意愿，表达意愿的这种行为是通过电子化形式实现的。

需要特别注意的是电子合同与纸质合同生效的时间、地点均存在不同。传统纸质合同一般以当事人签字或者盖章的方式表示合同生效，生效地点一般为合同成立的地点。而电子合同，由于是数据电文，因此以电子签名代替签字或盖章作为合同生效的条件，生效地点则一般以收件人的主要营业地为合同成立的地点，没有主要营业地的，其经常居住地为合同成立的地点，如果当事人另有约定的从其约定。

49.中小学校签订电子合同需要注意哪些事项？

答：(1)注意电子合同数据的真实性和电子签名的合法性。电子合同所依赖的电子数据具有易消失性和易改动性，并且电子数据改动、伪造不易留痕迹。

(2)电子合同要满足原件形式要求。只有符合下列条件的数据电文，才能视为满足法律、行政法规的原件形式要求：能够有效地表现所载内容并可随时调取查用；能够可靠地保证自合同形成时起的内容完整、未被更改。但是，在数据电文上增加背书以及数据交换、储存和显示过程中发生的形式变化不影响数据电文的完整性。

(3)确保电子合同的法律效力。学校需具备完善的技术和较强的证据意识，将双方签订及履行合同过程中的证据予以充分保存，必要时申请由公证机构进行公证。

50.中小学校签订的合同原件与复印件、扫描件等是否具有同等法律效力？

答：中小学校签订的合同原件与复印件、扫描件具有不同等的法律效力。合同的原件是直接证据、原始证据，是可以单独直接证明争议事项的证据，法院会直接采信，而复印件、扫描件、传真件或者照片，由于存在变造的可能性，所以在证明效力上与原件是不一样的，一般不能单独作为定案的依据。

51.合同文本是否可以作为履约付款记账凭证的原始凭证？

答：不可以。合同文本是非常重要的法律文件，应当另编目录，单独登记保管，并在有关的记账凭证和原始凭证上相互注明日期和编号备查。为了便于审计、纪检部门或主管部门的检查，中小学校可以将合同的复印件作为原始凭证装订到记账凭证中。

52.中小学校账户资金被冻结如何处理？

答：中小学校账户资金被冻结，说明学校存在经济纠纷，债权人即将或者已经启动法律程序，对其财产进行了保全。如果中小学校对合同当事人的保全裁定不服，可以自裁定书送达之日起五日内向做出裁定的人民法院申请复议一次。如果符合以下条件，人民法院应当解除保全措施：

(1)中小学校有多项财产可供保全的，在能够实现保全目的的前提下，人民法院应当选择对其财务活动影响较小的财产进行保全。

(2)财产保全裁定执行中，人民法院发现保全裁定的内容与被保全财产的实际情况不符的，应当予以撤销、变更或补正。

(3)中小学校提供担保的，人民法院应当裁定解除保全。

(4)中小学校提供其他等值担保财产且有利于执行的，人民法院可以裁定变更保全标的物为被保全人提供的保全财产。

第十四章

如何组织政府采购

序，通过发布招标公告，邀请所有潜在的不特定的供应商参加投标，中小学校通过某种事先确定的标准，从所有投标供应商中择优评选出中标供应商，并与之签订政府采购合同的一种采购方式。公开招标方式体现了市场机制公开信息、规范程序、公平竞争、客观评价、公正选择以及优胜劣汰的本质要求。公开招标因为投标人较多、竞争充分，且不容易串标、围标，有利于招标人从广泛的竞争者中选择合适的中标人并获得最佳的竞争效益。

中小学校课桌椅、办公家具、实验器材、电脑、打印机、多媒体、空调等货物采购，物业服务、公寓管理服务等服务采购，教学楼、宿舍楼、餐厅、图书馆、艺体楼、运动场以及校园改造等工程采购，且预算金额达到公开招标限额标准以上的项目，实行公开招标方式采购。

6.中小学校的公开招标公告应当包括哪些内容？

答：(1)中小学校及其委托的采购代理机构的名称、地址和联系方法。

(2)采购项目的名称、预算金额，设定最高限价的，还应当公开最高限价。

(3)中小学校的采购需求。

(4)投标人的资格要求。

(5)获取招标文件的时间期限、地点、方式及招标文件售价。

(6)公告期限。

(7)投标截止时间、开标时间及地点。

(8)采购项目联系人姓名和电话。

7.中小学校哪些政府采购业务适合采用邀请招标方式？

答：邀请招标也称选择性招标，是由中小学校根据供应商或承包商的资信和业绩，选择一定数目(不能少于3家)的法人或其他组织，向其发出投标邀请书，邀请他们参加投标竞争，从中选定中标供应商的一种采购方式。以下业务适合采用邀请招标：涉及国家安全、国家秘密或者抢险救灾，适宜招标但不宜公开招标的；项目技术复杂或有特殊要求，或者受自然地域环境限制，只有少量潜在投标人可供选择的；采用公开招标方式的费用占项目合同金额的比例过大的；经批准可以进行邀请招标的。

中小学校建设智慧校园系统、购买专业性强的实验实习设备等政府采购行为可采用邀请招标方式。

8.中小学校哪些政府采购业务适合采用竞争性谈判方式？

答：竞争性谈判是指中小学校或代理机构通过与多家供应商（不少于3家）进行谈判，最后从中确定中标供应商的一种采购方式。中小学校采购货物或者服务符合下列情形之一的，可以采用竞争性谈判方式采购：

（1）招标后没有供应商投标或者没有合格标的或者重新招标未能成立的。

（2）技术复杂或者性质特殊，不能确定详细规格或者具体要求的。

（3）采用招标所需时间不能满足用户紧急需要的。

如：中小学校利用暑假施工的时间紧、任务急的校舍维修，铺设路面，院墙、墙壁粉刷等工程，预算金额在公开招标限额标准以下的项目，可采用竞争性谈判。

9.中小学校哪些政府采购业务适合采用竞争性磋商方式？

答：按照财政部印发的《政府采购竞争性磋商采购方式管理暂行办法》（财库〔2014〕214号）要求，对符合下列情形的项目，可以采用竞争性磋商方式开展采购：

（1）政府购买服务项目。

（2）技术复杂或者性质特殊，不能确定详细规格或者具体要求的。

（3）因艺术品采购、专利、专有技术或者服务的时间、数量事先不能确定等原因不能事先计算出价格总额的。

（4）市场竞争不充分的科研项目，以及需要扶持的科技成果转化项目。

（5）按照招标投标法及其实施条例必须进行招标的工程建设项目以外的工程建设项目。

达到公开招标数额标准的货物、服务采购项目，拟采用竞争性磋商采购方式的，中小学校应当在采购活动开始前，报经预算主管单位同意后，依法向设区的市、自治州以上人民政府财政部门申请批准。

中小学校的各类教学设备设施、校舍维修，铺设路面，院墙、墙壁粉刷等工程，预算金额在公开招标限额标准以下的项目，可采用竞争性磋商方式实施采购。

10.在政府采购中，竞争性谈判和竞争性磋商两种方式有什么区别？

答：政府采购的采购方式分为招标方式和非招标方式，竞争性谈判与竞争性磋商都属于政府采购方式中的非招标方式，两者的区别在于：

(1)确定中标供应商的方式不同。竞争性谈判是谈判小组与符合资格条件的供应商就采购货物、工程和服务事宜进行谈判，以最终报价从低到高排序，报价最低者为成交候选人；竞争性磋商采购方式，是国务院政府采购监督管理部门认定的其他采购方式，一般应用于公开招标限额以下的政府购买服务项目，竞争性磋商小组与符合条件的供应商就采购和服务事宜进行磋商，磋商小组按照磋商文件要求对供应商进行综合评分，以得分从高到低排序，得分最高者为成交候选人。

(2)开标(提交响应文件)时间不同。竞争性谈判是《政府采购法》规定的非招标采购方式之一，一般应用于公开招标限额以下或重新招标未能成立的项目，开标时间是谈判文件发出之日起不少于3个工作日；竞争性磋商开标时间是磋商文件发出之日起不少于10天。

(3)澄清答疑时间不同。竞争性谈判澄清答疑应当在提交响应文件截止之日3个工作日前，不足3个工作日的，应当顺延提交截止时间；竞争性磋商澄清答疑应当在提交响应文件截止之日5日前，不足5日的，应当顺延提交截止时间。

11.中小学校可以采用单一来源采购的情形有哪些？

答：单一来源采购主要适用于只能从唯一供应商处采购、发生了不可预见的紧急情况不能从其他供应商处采购的、为了保证一致或配套服务从原供应商处添购原合同金额10%以内情形的政府采购项目。

如：中小学正在使用的办公系统、课程资源系统升级等，经政府采购部门批准后，可采用单一来源采购方式进行采购。

12.中小学校实施单一来源采购的流程是什么？

答：(1)采购预算与申请。中小学校编制采购预算，填写采购申请表并提出采用单一来源采购方式的理由,经上级主管部门审核后报送同级财政部门。

(2)采购审批。财政部门根据采购项目及相关规定审批单一来源采购方式并确定采购途径。

(3)选定代理机构。程序与公开招标相同。

(4)组建协商小组。由代理机构协助组建协商小组。

(5)编写协商情况记录。采购小组与供应商协商并形成书面协商情况记录。协商情况记录应当由协商小组人员签字认可;对记录有异议的协商小组人员,应当签署不同意见并说明理由。

(6)签发成交通知书。将谈判确定的成交价格报中小学校,经中小学校确认后签发成交通知书。

13.中小学校可以采用询价方式采购的情形有哪些?

答:中小学校采购的货物规格、标准统一,现货货源充足且价格变化幅度小的政府采购项目,可以采用询价方式采购。具体方式是询价小组根据中小学校需求,从符合相应资格条件的供应商中确定不少于三家的供应商并向其发出询价单让其报价,由供应商一次报出不得更改的报价,然后询价小组在报价的基础上进行比较,并确定成交供应商的一种采购方式。

如:中小学校的办公用品、印刷品等由于规格、标准统一,现货货源充足且价格变化幅度小,可以使用询价采购。目前,各地在实际工作中一般不使用询价采购,普遍在政府采购网上商城进行采购。

14.什么是集中采购、分散采购、自行采购?有什么区别与联系?

答:政府采购实行集中采购和分散采购相结合。分散采购又分为自行采购和委托采购代理机构代理采购。

(1)集中采购。集中采购是指中小学校将列入集中采购目录的项目委托集中采购机构代理采购或者进行部门集中采购的行为。属于中央预算的政府采购项目,其集中采购目录由国务院确定并公布;属于地方预算的政府采购项目,其集中采购目录由省、自治区、直辖市人民政府或者其授权的机构确定并公布。纳入集中采购目录的政府采购项目,应当实行集中采购,中小学校必须委托集中采购机构代理采购。列入集中采购目录的项目，适合实行批量集中采购的，应当实行批量集中采购，但紧急的小额零星货物项目和有特殊要求的服务、工程项目除外。

集中采购的优点是能形成批量，取得规模效益，减少重复采购，降低采购成本；缺点是难以满足用户多样性的需求，采购周期较长。

(2)分散采购。分散采购是指中小学校将采购限额标准以上的未列入集中采购目录的项目自行采购或者委托采购代理机构代理采购的行为。分散采购的组织主体是中小学校，中小学校可以自己组织开展采购，也可以委托采购代理机构代为采购。

分散采购的优点是增强了中小学校的自主权，能够满足中小学校对及时性和多样性的需求；缺点是失去了规模效益，加大了采购成本。因此，要合理确定集中采购与分散采购的范围，充分发挥二者各自的优点。

(3)自行采购。自行采购是分散采购的一种组织形式，中小学校对分散采购项目不委托采购代理机构，而是自行组织实施。中小学校实施自行采购，需要有编制采购文件、组织采购的能力和条件（场地、设备等），以及有与采购项目专业性相适应的专业人员。纳入集中采购目录的政府采购项目，属于本单位有特殊要求的项目，经省级以上人民政府批准，可以自行采购（很少见）。

15.什么是协议供货和定点采购？中小学校协议供货和定点采购的范围及限额标准有哪些具体规定？

答：协议供货和定点采购，是指政府采购项目通过公开招标等方式，确定供应商及其所提供货物或服务（包括品牌、规格型号、市场参考价、优惠率、供货期限、服务承诺等），以协议方式固定下来，由中小学校在协议有效期内自主选择供应商及其所供货物或服务的一种采购形式。协议供货和定点采购应遵循公开、公平、公正和诚信的原则，提高采购效率和方便中小学校的原则，优先采购节能环保、拥有自主知识产权产品和扶持中小企业发展的原则，保证产品质量和维护中小学校、供应商利益的原则，加强政府采购监督管理和促进廉政建设的原则。

中小学校协议供货和定点采购的范围，一般为集中采购目录内，采购频繁、规格标准相对统一、价格相对稳定、市场货源充足的通用类货物或服务，具体包括交通工具、办公设备、移动储存、网络设备、通用软件、办公消耗用品、电器设备、办公家具和公务车辆保险、加油、维修以及定点印刷等。中小学校协议供货和定点采购的限额标准应按照同级财政部门的有关规定执行。

16.中小学校政府采购基本工作流程是什么?

答:(1)确认采购需求。根据中小学校实际需要，结合规定的配置标准或国家强制性标准，确认采购需求并进行公示。

(2)制定采购计划。依据采购需求和财政预算编制要求，制定出年度采购预算，报同级财政部门审批。根据批准的采购预算，制定采购计划。

(3)确认采购方式。按照采购计划，确认采购方式，考察确认政府采购代理机构并签署委托协议，填制政府采购登记表，向财政部门登记备案。

(4)发布采购公告。制定并在法定媒体上发布采购文件，向潜在的供应商发出邀请，对响应的供应商进行符合性审查。

(5)组织采购活动。当响应的供应商符合法定数量时，要依法抽取评审专家，确定评审委员会，预约评审场地，组织采购的开评标活动，确认中标(成交)供应商并向社会公开，发送中标(成交)通知书。

(6)签订采购合同。中小学校与中标、成交供应商应当在中标、成交通知书发出之日起三十日内，按照采购文件确定的事项签订政府采购合同。中小学校应当自政府采购合同签订之日起两个工作日内，将政府采购合同在省级以上人民政府财政部门指定的媒体上公告，但政府采购合同中涉及国家秘密、商业秘密的内容除外。

(7)做好履约验收。中小学校应当根据采购项目的具体情况，自行组织项目验收或者委托采购代理机构验收。中小学校委托采购代理机构进行履约验收的，应当对验收结果进行书面确认。

(8)采购资金支付。验收合格后，中小学校可向同级财政部门国库支付中心申请付款。国库支付中心按照有关规定审核无误后，直接向中标、成交供应商支付货款。

17.什么是中小学校的政府采购预算?

答:政府采购预算是中小学校预算的重要组成部分,一般包括采购项目、采购资金来源、数量、型号、单价、项目实施时间等,是对中小学校预算中采购性支出的细化,是中小学校根据事业发展计划和完成教育教学任务编制的,用财政资金采购货物、工程和服务的年度政府采购计划。

18.中小学校政府采购预算编制的原则是什么?

答:(1)政策性原则。中小学校政府采购预算编制必须以国家有关方针、政策和各项财务制度为依据,根据完成教育教学计划和任务的需要,正确处理需要和可能的矛盾,保证重点,兼顾一般,实事求是地编制预算。

(2)完整性原则。中小学校编制政府采购预算时,须将取得的财政拨款和其他各项收入以及各项支出形成的政府采购项目资金,完整、全面地反映在年度预算中,不得另外保留收支项目。

(3)可行性原则。中小学校安排政府采购预算项目要精打细算,尽量节约财政资金,切不可超前购买和消费,对确因实际工作需要的可以在法律允许范围内适当提高采购项目的技术含量要求。

(4)可靠性原则。中小学校政府采购预算一经批准必须严格执行,不得随意调整。在考虑应该采购项目的同时,应保证政府采购资金的来源不能预留缺口。

(5)统一性原则。中小学校在编制政府采购预算时,要按照国家统一设置的预算表格、口径、程序以及计算方法填列有关数字指标,按照财政部门政府采购目录将预算项目细化到具体品目。

(6)突出重点原则。中小学校政府采购范围广,项目多,要突出重点,有的放矢,优先安排必须或紧急的项目。

19.中小学校如何科学合理确定采购需求?

答:中小学校科学合理确定采购需求是加强政府采购源头管理的重要内容,是执行政府采购预算、发挥采购政策功能、落实公平竞争交易规则的重要抓手,在采购活动整体流程中具有承上启下的重要作用。

(1)中小学校应当本着节约、适用的原则进行市场调查,科学、合理、精准地编制采购需求。中小学校委托代理机构编制采购需求的,应当在采购活动开始前对采购需求进行书面确认。

(2)采购需求应当符合国家法律法规规定,执行国家相关标准,落实政府采购支持节能环保、促进中小企业发展等政策要求。除因技术复杂或者性质特殊,不能确定详细规格或者具体要求外,采购需求应当完整、明确。

(3)中小学校可以就确定采购需求征求相关供应商、专家的意见,可以根据项目特点,结合预算编制、相关可行性论证和需求调研情况对采购需求进行论证,也可引入第三方专业机构和专家、吸纳社会力量参与采购需求编制及论证。细化技术参数,明确售后服务要求。技术参数是采购需求中一项非常重要的内容,是对产品价格、政策、标准等指标的量化。售后服务要求是非技术层面的要求,是采购需求的重要组成部分,缺乏售后服务要求的采购需求是不完整的。售后服务涉及面较广,既与货品的接收、验收息息相关,也和后期的产品质保、维护、升级等密不可分。

20.中小学校应如何选择政府采购代理机构?

答:中小学校应当根据采购项目特点、代理机构专业领域和综合信用评价结果,从省级财政部门建立的政府采购代理机构名录中自主择优选择代理机构。

21.中小学校政府采购招标文件包括哪些内容?

答:中小学校应当根据采购项目的特点和采购需求编制招标文件。招标文件应当包括以下主要内容:

(1)投标邀请。

(2)投标人须知(包括投标文件的密封、签署、盖章要求等)。

(3)投标人应当提交的资格、资信证明文件。

(4)为落实政府采购政策,采购标的需满足的要求,以及投标人须提供的证明材料。

(5)投标文件编制要求,投标报价要求,投标保证金交纳、退还方式,以及不予退还投标保证金的情形。

(6)采购项目预算金额,设定最高限价的,还应当公开最高限价。

(7)采购项目的技术规格、数量、服务标准、验收等要求,包括附件、图纸等。

(8)拟签订的合同文本。

(9)货物、服务提供的时间、地点、方式。

(10)采购资金的支付方式、时间、条件。

(11)评标方法、评标标准和投标无效情形。

(12)投标有效期。

(13)投标截止时间、开标时间及地点。

(14)采购代理机构代理费用的收取标准和方式。

(15)投标人信用信息查询渠道及截止时点、信用信息查询记录和证据留存的具体方式、信用信息的使用规则等。

(16)省级以上财政部门规定的其他事项。

对于不允许偏离的实质性要求和条件,采购人或者采购代理机构应当在招标文件中规定并以醒目的方式标明。

22.哪些情形属于投标人相互串通投标?哪些情形视为投标人串通投标?

答:有下列情形之一的,属于投标人相互串通投标:

(1)投标人之间协商投标报价等投标文件的实质性内容。

(2)投标人之间约定中标人。

(3)投标人之间约定部分投标人放弃投标或者中标。

(4)属于同一集团、协会、商会等组织成员的投标人按照该组织要求协同投标。

(5)投标人之间为谋取中标或者排斥特定投标人而采取的其他联合行动。

有下列情形之一的,视为投标人串通投标,其投标无效:

(1)不同投标人的投标文件由同一单位或者个人编制。

(2)不同投标人委托同一单位或者个人办理投标事宜。

(3)不同投标人的投标文件载明的项目管理成员或者联系人员为同

一人。

(4)不同投标人的投标文件异常一致或者投标报价呈规律性差异。

(5)不同投标人的投标文件相互混装。

(6)不同投标人的投标保证金从同一单位或者个人的账户转出。

23.中小学校的预采购业务如何办理?

答:中小学校下一年度支出预算已经明确,但政府采购预算指标尚未下达,中小学校确需提前采购的项目,可以开展预采购工作。按照本级财政部门的要求,可以提前编报预采购预算执行建议书、登记委托协议、申请采购场所、发布采购信息公告等,待采购预算正式下达后,在“政府采购管理系统”中关联预算指标,登记采购合同。

24.中小学校需申请变更政府采购方式的情形有哪些?

答:中小学校在年初编制政府采购预算时,根据采购项目性质及资金额度选择采购方式,政府采购预算批复后,按照批复的采购方式执行,但是执行过程中如出现以下情形也可申请变更采购方式:一是年初编制政府采购预算时,采购方式选择不恰当。二是原政府采购预算采购的品目发生变化,需要根据新采购的品目确定采购方式。三是原政府采购预算中部分额度用途调整,用于采购新品目,需要根据新情况确定采购方式。四是项目执行过程中,原采购方式无法执行,需要申请新的采购方式,如公开招标的项目,只有一家供应商投标,经考察论证确需从唯一供应商处采购的,需申请采购方式由公开招标变更为单一来源。

25.中小学校政府采购合同可以变更吗?

答:按照《政府采购法》有关规定,政府采购合同的双方当事人不得擅自变更、中止或者终止合同。但是政府采购合同履行中,中小学校需追加与合同标的相同的货物、工程或者服务的,在不改变合同其他条款的前提下,可以与供应商协商签订补充合同,但所有补充合同的采购金额不得超过原合同采购金额的百分之十。此外,政府采购合同继续履行将损害国家利益和社会公共利益的,双方当事人应当变更、中止或者终止合同;有过错的一方应当承担赔偿责任；双方都有过错的，各自承担相应的责任。

也就是说，在现行政府采购法的框架下，政府采购合同可以变更的情形只有两种：一种是合同追加，另一种是合同继续履行将损害国家利益和社会公共利益。

26.中小学校应如何开展政府采购履约验收？

答：严格规范开展履约验收是加强政府采购结果管理的重要举措，是保证采购质量、开展绩效评价、形成闭环管理的重要环节，对实现采购与预算、资产及财务等管理工作协调联动具有重要意义。

(1)依法组织验收工作。政府采购合同以及相关的法律法规是履约验收的依据。中小学校应当根据采购项目的具体情况，自行组织项目验收或者委托采购代理机构验收。中小学校委托采购代理机构进行履约验收的，应当对验收结果进行书面确认。大型或者复杂的政府采购项目，应当邀请国家认可的质量检测机构参加验收工作。

(2)细化编制验收方案。中小学校或其委托的采购代理机构应当根据项目特点制定验收方案，明确履约验收的时间、方式、程序等内容。技术复杂、社会影响较大的货物类项目，可以根据需要设置出厂检验、到货检验、安装调试检验、配套服务检验等多重验收环节；服务类项目，可根据项目特点对服务期内的服务实施情况进行分期考核，结合考核情况和服务效果进行验收；工程类项目应当按照行业管理部门规定的标准、方法和内容进行验收。

(3)完善履约验收方式。对于中小学校和使用人分离的采购项目，应当邀请实际使用人参与验收。中小学校、采购代理机构可以邀请参加本项目的其他供应商或第三方专业机构及专家参与验收，相关验收意见作为验收书的参考资料。

(4)严格开展履约验收。中小学校或者采购代理机构应当成立验收小组，按照采购合同的约定对供应商履约情况进行验收。验收时，应当按照采购合同的约定对每一项技术、服务、安全标准的履约情况进行确认。验收结束后，应当出具验收书，列明各项标准的验收情况及项目总体评价，由验收双方共同签署。验收结果应当与采购合同约定的资金支付及履约保证金返还条件挂钩。履约验收的各项资料应当存档备查。

(5)严格落实履约验收责任。验收合格的项目,中小学校应当根据采购合同的约定及时向供应商支付采购资金、退还履约保证金。验收不合格的项目,中小学校应当依法及时处理。采购合同的履行、违约责任和解决争议的方式等适用《中华人民共和国合同法》。供应商在履约过程中有政府采购法律法规规定的违法违规情形的,中小学校应当及时报告本级财政部门。

27.中小学校政府采购需要公开哪些信息?

答:(1)公开采购需求——想买什么。中小学校要将拟采购项目技术指标、性能要求、服务内容等进行公开,告诉社会“我想买什么”。凡是有项目评审报告的,要同时公开评审报告主要技术(服务)指标或相关内容。

(2)公开采购文件——怎么买。中小学校、代理机构要将采购文件随同采购公告同时向社会公开,告诉社会“我要怎么买”。采购文件除采购需求外,还包括潜在供应商资质条件、价格计算、评价方法等。主要是让潜在供应商早知、应知、全知,有效避免采购文件出现歧视性和倾向性条款,减少事后的质疑、投诉。同时,给所有潜在供应商更多的实质性参与政府采购活动的平等机会。

(3)公开采购预算——买多少。在发布采购公告的同时,中小学校、代理机构要公开政府采购项目的预算金额,告诉社会“我最多花多少钱、需要买多少”。这样不仅可以减少因投标超预算而导致的大量废标,消除潜在供应商套取和中小学校泄露项目预算的寻租空间,还在客观上进一步增强了采购项目的市场竞争性。

(4)公开采购结果——买的什么。中小学校、代理机构要公开成交供应商名称和成交价格以及产品(服务)主要指标(内容),让社会了解中小学校使用财政资金购买了什么。同时,公开评审过程,包括评委组成、评分方法等内容,在评审过程和采购结果接受社会监督的同时,也促进评审专家更好地履职、履责、守法、守德,接受社会监督,承担起相应的社会责任,更经得起道德检验。

(5)公开采购合同——买谁的。中小学校、代理机构要将中小学校与成交供应商签订的政府采购合同向社会公开,让社会了解“买了谁的,他们是怎么约定的”,使采购单位和供应商正视合同内容,强化他们对合同履行与采购需要、采购结果一致性的责任,避免合同内容与中标结果不一致或“阴阳合同”等违法违规情况发生,强化政府采购合同的法律效力。

(6)公开履约验收——买得怎么样。在采购与验收相分离的制度基础上,中小学校、代理机构应将采购合同履约情况予以公示,公开验收人员和验收报告,告诉社会“买得怎么样”,从而强化供应商的履约意识,明确中小学校的验收义务,体现中小学校的采购结果主体责任。

28.中小学校应如何保存政府采购文件资料?

答:中小学校对政府采购项目每项采购活动的采购文件应当妥善保存,不得伪造、变造、隐匿或者销毁。采购文件的保存期限为从采购结束之日起至少保存十五年。采购文件包括采购活动记录、采购预算、招标文件、投标文件、评标标准、评估报告、定标文件、合同文本、验收证明、质疑答复、投诉处理决定及其他有关文件、资料。采购活动记录至少应当包括下列内容:

(1)采购项目类别、名称。

(2)采购项目预算、资金构成和合同价格。

(3)采购方式,采用公开招标以外的采购方式的,应当载明原因。

(4)邀请和选择供应商的条件及原因。

(5)评标标准及确定中标人的原因。

(6)废标的原因。

(7)采用招标以外采购方式的相应记载。

29.中小学校违反政府采购法的情形有哪些?学校和相关工作人员应承担什么样的法律责任?

答:有下列情形之一的,责令限期改正,给予警告,可以并处罚款,对直接负责的主管人员和其他直接责任人员,由其行政主管部门或者有关机关给予处分,并予通报:

(1)应当采用公开招标方式而擅自采用其他方式采购的。

(2)擅自提高采购标准的。

(3)以不合理的条件对供应商实行差别待遇或者歧视待遇的。

(4)在招标采购过程中与投标人进行协商谈判的。

(5)中标、成交通知书发出后不与中标、成交供应商签订采购合同的。

(6)拒绝有关部门依法实施监督检查的。

有下列情形之一，构成犯罪的，依法追究刑事责任；尚不构成犯罪的，处以罚款，有违法所得的，并处没收违法所得，由其行政主管部门或者有关机关给予处分：

(1)与供应商或者采购代理机构恶意串通的。

(2)在采购过程中接受贿赂或者获取其他不正当利益的。

(3)在有关部门依法实施的监督检查中提供虚假情况的。

(4)开标前泄露标底的。

中小学校对应当实行集中采购的政府采购项目，不委托集中采购机构实行集中采购的，由政府采购监督管理部门责令改正；拒不改正的，停止按预算向其支付资金，由其上级行政主管部门或者有关机关依法给予其直接负责的主管人员和其他直接责任人员处分。

中小学校未依法公布政府采购项目的采购标准和采购结果的，责令改正，对直接负责的主管人员依法给予处分。

中小学校违反政府采购法规定隐匿、销毁应当保存的采购文件或者伪造、变造采购文件的，由政府采购监督管理部门处以二万元以上十万元以下的罚款，对其直接负责的主管人员和其他直接责任人员依法给予处分；构成犯罪的，依法追究刑事责任。

1.中小学校为学生提供就餐服务的方式主要有哪几种?

答:中小学校主要采取自主经营食堂、委托经营食堂、配餐或托餐等方式为学生提供就餐服务。

自主经营食堂模式是由学校工作人员管理食堂的各项事务,全面负责食堂的食材采购、存货保管、日常运行、财务管理等事项。其中,部分自营食堂的厨师团队实行劳务派遣,签订劳务派遣合同,合同中列明劳资双方权利和义务、按期结算劳务派遣费用。按照国家有关规定,学校食堂原则上应自主经营,实施农村义务教育学生营养改善计划的学校食堂应由学校自办自管,不得对外承包或委托经营。

委托经营食堂模式是将食堂业务全部委托给校外餐饮服务公司运营管理,由其为师生提供就餐服务。实行委托经营应当按照公开、公平、公正的原则,以竞争择优的方式引进专业水平高、服务意识强、行业口碑好的服务单位,确保不加重学生经济负担、不侵害学生切身利益。学校不收取受托经营公司租金和管理费用,但应签订合同明确双方权利和义务,合同中列明利润率或利润额度、服务期限等条款,强化日常监督,建立退出机制。

配餐方式是由校外餐饮服务公司制作餐食为学生配送。签订合同明确双方权利和义务,按实际人数和餐食标准据实结算。此种供餐方式主要适用于没有食堂场所、不能在校内生产加工餐食的学校。

托餐方式是一些地处偏远地区的学校、暂时不具备食堂供餐或校外配餐条件的学校实行的由相关餐饮单位或家庭(个人)托餐的方式。采用此种供餐方式的学校较少,如采取托餐方式,需严格规范准入条件。

2.中小学校应如何加强对不同就餐方式的财务管理?

答:学校自主经营食堂为学生提供就餐服务的,财务活动纳入学校财务部门统一管理,可在学校现有账户下分账核算,真实反映收支状况并定期公开账务。如有结余,应当转入下一会计年度继续使用。

学校采用委托方式经营食堂为学生提供就餐服务的,应当加强监督管理,不得向被委托方转嫁建设、修缮等费用。

学校采用配餐或托餐方式为学生提供就餐服务的,餐费可由学校统一收取并按照代收费管理。

3.中小学校应如何加强对委托经营食堂的财务管理?

答:(1)严格准入制度。具备条件的中小学校、幼儿园食堂原则上采用自营方式供餐,不再引入社会力量承包或委托经营,已经承包或委托经营的不再签订新的合同;确需引入社会力量承包或委托经营的,须报教育行政主管部门批准。引入社会力量承包或者委托经营学校食堂的,应当以招投标等方式公开选择依法取得食品经营许可、能承担食品安全责任、社会信誉良好的餐饮服务单位或者符合条件的餐饮管理单位;学校须与经营方依法签订经营服务合同,明确双方权利和义务,建立准入和退出机制,经营权不得分包或转让,合同约定的服务期限一般不超过 3 年;经营服务合同须报教育行政主管部门备案。

(2)强化日常监管。引入社会力量承包和委托经营的食堂要坚持微利经营,学校要依据食堂成本核算和饭菜价格,合理确定学校食堂经营方利润率或利润额度;在招投标公开选取餐饮服务单位或者餐饮管理单位时明确利润率或利润额度,并在签订的经营服务合同中予以明确;学校不得收取租金和管理费用;引入社会力量承包和委托经营的食堂要严格执行大宗食品统一配送制度;坚持财务公示制度,每月对食堂采购物品品种、数量、价格等情况进行公示;加强对饭菜质量、数量、价格等的监督和考评,每月由学校膳食管理委员会对食堂膳食和服务质量进行满意度测评。年度终了,各级教育行政管理部门应对社会力量承包和委托经营学校食堂财务工作开展专项检查。

(3)建立退出机制。双方签订合同时可以约定因经营方管理不善,导致发生挤占克扣学生伙食费、重大食品卫生安全事故、满意度测评低等情形的,学校有权解除经营合同,收回经营权并取消以后参与经营的资格。

4.实行配餐或托餐方式供餐的中小学校应当如何加强餐费管理?

答:实行配餐或托餐方式供餐的中小学校,配餐或托餐餐费可由学校统一收取并按照代收费管理,代收费应当由学校全部转交提供餐饮服务的单位,不得计入学校收入。收到餐费上交学校基本存款账户,通过“受托代理负债"账户管理。严禁任何部门、单位或个人以任何理由截留、挪用、挤占餐费资金。

5.中小学校自营食堂的财务由谁来管?

答:学校自营食堂财务管理实行党组织领导的校长负责制,校长在学校党组织领导下,依法依规管理学校食堂财务工作,对自主经营食堂的会计工作和会计资料的真实性、完整性负责。自主经营食堂财务纳入学校财务统一管理,配备专(兼)职财会人员,专账核算。

6.自主经营学校食堂财务管理岗位设置有哪些要求?

答:自主经营学校食堂财务管理岗位应按照不相容岗位分设的原则进行设置。

一是岗位设置。应分别设置专(兼)职会计、出纳、库房管理员等工作岗位,建立食堂财务人员岗位责任制,明确职责和权限,各司其职,相互监督。

二是人员配备。应配备具有专业技能的食堂财务人员,也可由学校财务人员兼任,在业务上应接受学校财务人员的指导和监督。

三是内部控制。学校食堂财务岗位应按照内部控制要求进行不相容岗位分设,出纳人员不得兼任稽核、会计档案保管,以及收入、费用、债权、债务账目的登记工作;银行印鉴由出纳、会计(或食堂负责人)分别保管。

学校分校(校区)、集团化办学模式下的成员校、乡村教学点等不具有独立法人资格的学校食堂财务应纳入其所隶属的总校(中心校)统一管理,实行"集中记账,分校核算"财务管理模式,设置食堂报账员、库房管理员岗位,并配备相应工作人员。

7.自主经营学校食堂财务各管理岗位的工作职责分别是什么?

答:(1)会计岗位职责。负责日常财务收支活动的原始凭证监管、整理;负责食堂日常收支的记账和报表工作,定期组织做好对账和衔接;负责收支票据的管理;负责食堂财务定期公开工作。

(2)出纳岗位职责。负责日常财务收支活动,确保原始凭证的真实、合法、完整;负责登记现金和银行存款日记账,确保每天账款相符;参与食堂物资采购和管理。

(3)库房管理员岗位职责。负责对食堂采购的物资进行收发及验质;负责登记入库、出库单,按日进行账实核对,每周向食堂会计报送一次入库、出库单,每月底清查盘点一次,并及时把盘点表报送会计;根据出入库单,逐笔登记库存物资明细账。

8.中小学校自主经营食堂是否需要开设银行账户?

答:需要。学校自主经营的食堂,应单独开设食堂账户,收取的伙食费要及时存入食堂账户;暂不能开设食堂账户的,上交学校经费账户或者由教育行政管理部门、财政部门代管,严禁将收取的伙食费存入个人账户。

9.中小学校自主经营食堂如何编制预算?

答:中小学校自主经营食堂应当建立预算制度,将食堂的全部收支纳入预算管理,未纳入预算的收入不得安排支出。食堂预算编制包括收入预算编制和支出预算编制。编制收入预算应当根据全年就餐次数和不同学段伙食费收费标准测算全年伙食收入;编制支出预算应当参照上年度支出结构占比,以及预测的本年度食材价格、人员工资等,测算本年度人员费用、食材成本费用、管理费用、其他费用。食堂财务预算在保证师生就餐需要的基础上,明确财务管理目标,保证食堂收支平衡,避免食堂出现巨盈或巨亏。食堂财务预算应经过学校财务部门的审核,确保得到有效执行与落实。

10.自主经营学校食堂的收入有哪些?

答:自主经营学校食堂的收入包括伙食收入(学生伙食收入、教职工伙食收入、代办伙食收入等)、财政补助收入(各级财政补贴的师生餐费、农村义务教育学生营养改善计划补助资金等)、学校补贴收入、利息收入、其他收入(包装物出售、饭菜下脚料处理等产生的收入)。

11.自主经营学校食堂的收入管理要求是什么?

答:(1)规范确认食堂收入。学校食堂预收的伙食费不得直接计入食堂收入,应在每月末对师生实际就餐次数和金额进行结算,并按月以结算金额确认食堂收入。

(2)食堂的收入应进行明细核算,教职工伙食费收入须单独反映。

(3)不得将学校的其他非食堂经营服务收入转入食堂收入,不得转移食堂收入,严禁挪用食堂资金或设立“小金库”。

12.农村义务教育学生营养改善计划补助资金的管理要求有哪些?

答:从2011年秋季学期起,我国实施农村义务教育学生营养改善计划,对欠发达地区学生给予营养膳食补助,国家基础补助标准为每生每天4元。自2021年秋季学期起,农村义务教育学生膳食补助标准由每生每天4元提高至5元。其中,国家试点地区所需资金继续由中央财政全额承担;地方试点地区所需资金由地方财政承担,中央财政在地方落实膳食补助标准后按照每生每天4元给予定额奖补。补助资金用于向学生提供等值优质的食品,不得以现金形式直接发放,不得用于补贴教职工伙食、学校公用经费,不得用于劳务费、宣传费、运输费等工作经费。

同时,教育部等有关部门对农村义务教育学生营养改善计划补助资金管理使用提出了明确要求:

(1)规范会计核算。切实做到分账核算,集中支付,专款专用,合理安排资金拨付进度,及时支付资金,严禁克扣、截留、挤占和挪用。

(2)完善资金管理制度。试点地区要建立健全营养改善计划膳食补助资金预算编制、拨付使用、监督管理和责任追究制度,指导学校加强财务管理,落实内控制度,依法公开财务信息,确保膳食补助资金使用安全、规范、有效。

(3)做好实名信息统计。试点地区教育部门要充分利用实名制学生信息管理系统,按照规定时间节点做好受益学生信息的采集、录入、更新工作,有效防止克扣、截留和套取、冒领膳食补助资金等行为。

(4)做好信息公开公示。试点地区教育部门和学校要按照有关规定要求,定期公布营养改善计划实施进展情况、膳食补助资金使用明细账目、原材料采购、配餐标准、带量食谱,以及用餐学生名单等信息,接受学生、家长和社会监督。

(5)健全监督举报制度。试点地区营养改善计划管理机构要设立专门的监督举报电话、邮箱，及时了解和解决实施过程中存在的问题。凡是实名举报的，要及时组织调查、核实和处理，做到事事有结果，件件有着落。

13.中小学校伙食费收费票据有哪些？

答：一是自主经营食堂收取的伙食费为服务性收费，应当使用税务发票，可根据有关财税政策要求，向税务部门申请免税，税务部门批准后开具免税的税务发票。

二是配餐或托餐收取的伙食费为代收费，应当使用财政部门监（印）制的资金往来票据。

14.中小学校自主经营食堂成本费用包括哪些？

答：学校食堂成本以食堂的日常经营服务活动所必需的各项直接支出为核算依据，不包括财政投入的房屋建筑物折旧和其他固定资产折旧。其中，义务教育阶段公办学校食堂房屋的维修费应由财政性经费予以保障。学校食堂成本支出项目包括以下几类：

（1）原材料成本，包括当期实际耗用的米、面、油、水（海）产品、生鲜肉、蛋类、豆制品、调味品、蔬菜、燃料、水电费及其他原材料成本。食堂消耗的水、电、气及取暖费等应独立计量，单独结算并计入成本；如在学校账户统一支付的，每月由食堂按实际耗用数与学校进行结算并计入食堂成本。

（2）人工成本，包括食堂工作人员的工资及福利支出、按规定缴纳的各项社会保险、意外伤害保险等。政府保障或纳入编制管理的食堂工作人员工资及福利支出、各项保险不得计入食堂运营成本。

（3）设备折旧及低值易耗品成本。非财政专项资金投入形成的食堂固定资产，包括食堂专用的各种燃具、炊具、餐具、冷藏设备、交通工具等，根据不同设备折旧年限，按月计提折旧并计入食堂成本。食堂耗用的低值易耗品应计入成本，金额较大的要按月分摊计入食堂成本。食堂使用的各种设备的零星维修费应计入食堂成本。

15.学校自主经营食堂的结余有哪些具体的管理要求？

答：一是按月核算收支结余，如有结余，应当转入下一期继续使用，专项用于弥补亏损、平抑原材料价格、改善伙食质量、为家庭经济困难学生提供伙食费补助,以及食堂设施、设备更新和维修等。二是坚持公益性和非营利性原则,确保历年累计结余控制在年度收入的3%(山东省规定)以内。三是严禁将食堂结余直接或变相用于发放学校教职工福利、奖金、津补贴等,严禁用于学校办公费、招待费、维修费等应在学校公用经费中列支的项目。

16.中小学校食堂米面粮油等大宗食材可以自行采购吗?

答:不可以。按照教育部、国家市场监管总局等相关部门政策规定,大宗食品原则上公开招标、集中定点采购,统一配送。目前,各省教育、市场监管等部门基本都已出台学校食堂大宗食品统一配送管理工作的相关规定,中小学校食堂应严格执行到位。

17.自主经营学校食堂应如何加强存货管理?

答:一是采购。食材采购应通过集中定点供货企业采购,通过比质量、比价格、比服务等方式择优采购。

二是验收。验收人员对货物的品名、规格、数量、单价、金额、质量等进行验收,验收合格后签字确认,如发现质量或数量问题,应按规定处理并将相关情况及时上报食堂管理人员。

三是入库。库房管理员要根据食材验收单(或供货商的配货单),填写入库单。入库单一式三联,第一联为存根联(库房留存),第二联为记账联(会计记账凭证附件),第三联为入库联(库房管理员入库凭证)。

四是出库。发放物资时库房管理员要根据厨房大厨填写的提料单填写出库单。出库单一式三联,第一联为存根联(库房留存),第二联为记账联(会计记账凭证附件),第三联为出库联(库房管理员出库凭证)。食材领用时要“先进先出”,出入库核算时执行“加权平均法”。

五是盘点。每天都要账实核对,按月进行盘点,做到账账相符、账实相符。

18.中小学校食堂应收及预付款项如何管理?

答:中小学校食堂应收及预付款项是指学校食堂在提供膳食服务业务

活动中形成的各类往来结算款项，包括应收账款、其他应收款、预付账款等。

一是全面清理，分类建档。中小学校食堂要对应收及预付款项情况进行全面清理，摸清底数，准确掌握应收及预付账款的详细情况，包括应收及预付账款的账龄、数额、类别、缘由、收回的风险等，并与欠款单位进行核对，及时获取有效的追款凭据。在对应收及预付款项的账龄、风险程度全面分析的基础上，根据账龄的长短、额度的大小和欠款对象的经营状况，分类建立档案。

二是建立和健全应收及预付款项结算登记、核查、清理制度。要及时登记每笔往来款项，准确反映应收及预付款项的形成、回收及增减变化情况，并按月对应收及预付款项进行核对与清理。

三是要制定严格的管理办法，对超过信用期的应收及预付款项要逐笔查实原因，分清责任，责成有关人员提出明确的处理意见，制定具体催收计划，责任到人。

19.中小学校食堂负债有哪些？

答：中小学校食堂负债是指中小学校食堂所承担的能以货币计量，需要以资产或者劳务偿还的债务，包括预收账款、应付职工薪酬、应付账款、应交税费及其他应付款等。

一是预收账款。主要是预收教职工伙食费、预收学生伙食费、预收代办伙食费、预收上级补助收入等。

二是应付职工薪酬。主要是应付的学校食堂从业人员工资费用、社会保障费用、职工福利等。

三是应付账款。主要是应付供货单位或个人的款项，如各种食材款等。

四是应交税费。主要是代扣代缴的食堂从业人员个人所得税。

五是其他应付款。主要是应退未就餐退费，应付燃气费、水电费、托管劳务费及其他应付款项。

20.中小学校食堂应如何加强负债管理？

答：一是应及时结算，经办人应在规定时间内及时办理报账手续，严禁长期挂账。

二是中小学校食堂应对不同性质的负债分类管理，制定具体的支付计划，责任到人，及时清理并按规定办理结算，保证各项负债在规定期限内偿还。

三是建立健全负债结算登记、核查、清理制度，要及时登记每笔往来款项，准确反映应收及预付款项的形成、回收及增减变化情况，并按月对应收及预付款项进行核对与清理。

21.中小学校自主经营食堂主要有哪些支出票据？

答：中小学校食堂应当依法加强对各类支出票据的管理，确保票据来源合法、内容真实、使用正确，不得使用虚假票据。支出票据一般包括以下几类：

(1)物资采购发票。物资采购必须取得正规发票，不得以自制票据和随货同行单等白条入账。物资供应企业是一般纳税人、小规模纳税人、个体工商户的，开具增值税普通发票(纸质、电子发票)，自然人到税务部门代开增值税普通发票。

(2)管理费用发票。劳务托管费应当取得劳务托管公司开具的增值税普通发票(纸质、电子发票)为原始凭证，不得以内部自制工资表作为原始凭证；水费、电费、燃气费应当有水务公司、电力公司、燃气公司提供的增值税普通发票(纸质、电子发票)为原始凭证。

22.中小学校食堂出纳工作人员怎样审核发票？

答：(1)“六查”。一是查真伪。对票据的真实性进行查验，特别要注意税务票据领取人、供货方和印章三者一致，避免出现借发票、假发票等问题。二是查要素。要检查发票要素是否填写完整，如购货单位名称，货物名称(货物名称是否与附件一致)、单位、数量、单价、金额，销货单位的名称、税号、开户银行及账号、地址及联系电话等要素。三是查签字。检查发票签字是否齐全。如验收人、库房管理员、食堂负责人、食堂会计(可盖审核章)、分管校长、校长等签字，是否有冒充签字的。四是查附件。要检查附件是否齐全，主要查验收单、入库单、出库单等。五是查数量金额。检查发票与附件数量、金额、计量表读数是否一致。六是查银行账号。应按发票注明的开户银行及账号付款并在付款凭证上加盖“银行付讫”章。

品、调味品等大宗食品统一采购。

四是信息公开公示。具体包括：是否实行食堂价格公示制度，是否每月对食堂采购物品、收支结余情况进行公示，是否对招标信息进行公告，是否每周公示带量食谱，是否公示学校膳食委员满意度调查情况等。

第十六章

如何强化预算绩效管理

1.什么是预算绩效管理?

答:预算绩效管理是政府绩效管理的重要组成部分,是以“预算”为对象开展的绩效管理,是将绩效管理理念和绩效管理方法贯穿于预算编制、执行、监督的全过程,并实现与预算管理有机融合的一种预算管理模式。预算绩效管理强化政府预算为民服务的理念,强调预算支出的责任和效率,要求在预算编制、执行、监督的全过程中更加关注预算资金的产出和结果,要求政府部门不断改进服务水平和质量,花尽量少的资金、办尽量多的实事,向社会公众提供更多、更好的公共产品和公共服务,使政府行为更加务实、高效。

2.为什么要实施预算绩效管理?

答:全面实施预算绩效管理是推进国家治理体系和治理能力现代化的内在要求,是深化财税体制改革、建立现代财政制度的重要内容,是优化财政资源配置、提升公共服务质量的关键举措。推进预算绩效管理,有利于提升预算管理水平、增强单位支出责任、提高公共服务质量、优化公共资源配置、节约公共支出成本。这是政府治理方式的深刻变革,是增强政府公信力和执行力、提高人民群众满意度的有效途径,也是财政科学化、精细化管理的重要内容,对于加快经济发展方式转变与和谐社会构建,促进高效、责任、透明政府建设具有重大的政治、经济和社会意义。

党的十八大以来,财税体制改革加快推进,预算管理制度持续完善,财政资金使用绩效不断提升,对我国经济社会发展发挥了重要支持作用。但也要看到,现行预算绩效管理仍然存在一些突出问题,主要是绩效理念尚未牢固树立,一些地方和部门存在重投入轻管理、重支出轻绩效的意识;绩效管理的广度和深度不足,尚未覆盖所有财政资金,一些领域财政资金低效无效、闲置沉淀、损失浪费的问题较为突出,克扣挪用、截留私分、虚报冒领的问题时有发生;绩效激励约束作用不强,绩效评价结果与预算安排和政策调整的挂钩机制尚未建立。

当前,我国经济已由高速增长阶段转向高质量发展阶段,正处在转变发展方式、优化经济结构、转换增长动力的攻关期,建设现代化经济体系是跨越关口的迫切要求和我国发展的战略目标。发挥好财政职能作用,必须按照全面深化改革的要求,加快建立现代财政制度,建立全面规范透明、标准科学、约束有力的预算制度,以全面实施预算绩效管理为关键点和突破口,解决好绩效管理中存在的突出问题,推动财政资金聚力增效,提高公共服务供给质量。

3.如何理解预算绩效管理的内涵?

答:(1)预算绩效管理的本质仍是预算管理,是利用绩效管理理念、绩效管理方法等对现有预算管理模式的改革和完善。

(2)预算绩效管理的主线是结果导向,即预算的编制、执行、监督等始终以年初确定的绩效目标为依据,始终以"绩效目标实现"这一结果为导向开展工作。

(3)预算绩效管理的核心是强化支出责任,"花钱必问效,无效必问责",不断提高财政部门和预算部门的支出责任意识。

(4)预算绩效管理的特征是全过程,即绩效管理贯穿于预算编制、执行、监督之中,实现全方位、全覆盖。

(5)预算绩效管理的表现形式是四个环节紧密相连,即绩效目标管理、绩效运行监控、绩效评价实施、评价结果应用的有机统一,一环扣一环,形成封闭运行的预算管理闭环。

(6)开展预算绩效管理的目的是改进预算管理,控制节约成本,优化资源配置,为社会提供更多、更好的公共产品和服务,提高预算资金的使用效益。

(7)预算绩效管理是政府绩效管理的重要组成部分,属于政府绩效管理的范畴,在政府绩效管理的整体框架下展开。

4.预算绩效管理和预算管理是什么关系?

答:(1)两者具有相同的本质。预算绩效管理是一种以结果为导向的预算管理模式,其本身仍属于预算管理的范畴。另外,讲求绩效是预算管理的应有之义,而预算绩效管理则是针对传统预算管理存在的"重分配、轻管理,重支出、轻绩效"问题,采用先进的理念和方法对其进行改革和完善,以进一步提高管理水平，优化资源配置，提高财政资金使用效益。因此，两者的本质是相同的。

(2)预算绩效管理依托于预算管理改革。我国当前实施的部门预算改革、国库集中支付改革、政府收支分类改革等，使得预算管理的科学性、规范性、合规性不断提高，为预算绩效管理的实施提供了前提条件和坚实基础；同时，预算绩效管理的推进，也可进一步促进预算管理改革的深化。

(3)预算绩效管理模式随着预算管理模式的发展而发展。预算管理模式是在综合考虑政治、经济、社会发展实际的基础上确定的，具有较强的时代特性，并伴随着社会的发展而不断进行调整和完善。预算绩效管理则植根于预算管理模式之上，既要与其相适应，又要随着预算管理模式的发展而调整、完善。

5.预算绩效管理与人大监督、审计监督之间是什么关系？

答：预算绩效管理与人大审查监督、审计监督既各有侧重，又紧密联系、相互促进。首先，预算绩效管理为政府及部门提供现代预算管理的理念、方法、机制和手段，更多强调内部管理，而人大和审计重点是实施外部监督。其次，预算绩效管理贯穿预算管理全过程，特别是强调事前绩效管理，从源头上提高财政资源配置的科学性和精准性，审计监督侧重于事后检查。全面实施预算绩效管理，能够充分反映财政资金使用效益，有利于促进人大预算审查监督重点向支出预算和政策实施效果拓展。加强人大监督和审计监督，反过来也能够增强预算绩效管理约束力，促进绩效管理质量提升。因此，要加快建立健全财政部门牵头组织，主管部门和有关单位具体实施，人大和审计机关依法监督的预算绩效管理工作推进机制，形成工作合力。

6.什么是全过程预算绩效管理？

答：推进预算绩效管理要将绩效理念融入预算管理全过程，使之与预算编制、预算执行、预算监督一起成为预算管理的有机组成部分，逐步建立“预算决策有评估、预算编制有目标、预算执行有监控、预算完成有评价、评价结果有应用”的预算绩效管理机制。预算绩效的全过程更加强调了事前评估对决策的引领作用，从源头上节约使用资金，也使后续的绩效目标制定、运行监控和绩效评价可以定向发力。

7.事前绩效评估管理包含哪些内容?

答:事前绩效评估是预算绩效管理的第一道关口,是提高财政资金使用效益的重要抓手。各部门各单位要结合预算评审、项目审批等,对新出台的重大政策、项目开展事前绩效评估,重点论证立项必要性、投入经济性、绩效目标合理性、实施方案可行性、筹资合规性等,投资主管部门要加强基建投资绩效评估,将评估结果作为申请预算的必备要件。各级财政部门要加强新增重大政策和项目预算审核,必要时可以组织第三方机构独立开展绩效评估,将审核和评估结果作为预算安排的重要参考依据。

8.绩效目标管理包含哪些内容?

答:(1)绩效目标设定。绩效目标是预算部门(单位)使用财政资金计划在一定期限内预计达到的产出和效果,是预算绩效管理的源头和基础,是整个预算绩效管理的核心,包括绩效内容、绩效指标和绩效标准。预算单位在编制下一年度预算时,要按照编制预算的总体要求和财政部门的具体部署,结合国民经济和社会发展规划、部门职能及事业发展规划,科学、合理地测算资金需求,编制预算绩效计划,报送绩效目标。报送的绩效目标应与部门工作职责、工作任务密切相关,做到方向明确、具体细化、合理可行。预算绩效计划要详细说明为达到绩效目标拟采取的工作程序、方式方法、保障措施、资金需求、信息资源等,并有明确的职责和分工。

(2)绩效目标审核。预算部门(单位)要加强本部门和所属单位绩效目标的审核监控。财政部门要依据国家相关政策、财政支出方向和重点、部门职能及事业发展规划等,对预算部门(单位)提出的绩效目标进行审核,可委托第三方对项目绩效目标进行评价,包括绩效指标设置的科学性、实现绩效目标所需资金的合理性等。

(3)加强项目管理。预算部门(单位)要建立健全从项目的投资决策到项目完成,涵盖项目计划、组织、指挥、协调、控制和评审的各项制度。要强化绩效目标与项目管理的有效结合,从项目范围管理、时间管理、成本费用管理、质量管理、人力资源管理、沟通管理、风险管理、采购管理等环节着手,对项目的各个发展阶段进行有效管理和目标控制，为实现项目绩效目标提供保障。

9.绩效运行跟踪监控管理包含哪些内容？

答：预算绩效运行跟踪监控管理是预算绩效管理的重要环节，预算部门(单位)是实施绩效运行监控的主体。在预算执行过程中，预算部门(单位)要加强对项目绩效运行信息的跟踪监控，及时掌握项目实施进程、预算执行进度和项目绩效目标完成的情况。要根据绩效运行监控的管理要求，及时纠正项目绩效运行与预期绩效目标的偏差，促进绩效目标的实现。对预期无绩效、低绩效的项目，要停止执行和调整执行。财政部门加强对绩效运行监控的指导和监督，可委托第三方对项目实施情况进行跟踪评价，建立健全财政监督检查与财政支出绩效运行监控紧密结合的工作机制。

10.绩效评价管理包含哪些内容？

答：预算支出绩效评价是预算绩效管理的重要手段。预算执行结束后，要及时对预算资金的产出和结果进行绩效评价，重点评价产出和结果的经济性、效率性和效益性。实施绩效评价要编制绩效评价方案，拟订评价计划，选择评价工具，确定评价方法，设计评价指标。预算部门(单位)要对预算执行情况进行自我评价，提交预算绩效报告，要将实际取得的绩效与绩效目标进行对比，如未实现绩效目标，须说明情况并进行问责。组织开展预算支出绩效评价工作的单位要提交绩效评价报告，认真分析研究评价结果所反映的问题，努力查找资金使用和管理中的薄弱环节，制定改进和提高资金效率的措施。财政部门要对预算部门(单位)的绩效评价工作进行指导和监督，可委托第三方对项目的产出和结果进行绩效评价。财政部门应根据评价结果提出进一步改进预算管理、提高预算支出绩效的意见和建议。

11.绩效评价结果反馈和应用管理包含哪些内容？

答：绩效评价结果应用是预算绩效管理的落脚点。应建立预算支出绩效评价结果反馈和应用制度，将绩效评价结果及时反馈给预算部门(单位)，要求其根据绩效评价结果完善管理制度，改进管理措施，提高管理水平，降低支出成本，增强支出责任。进一步优化资源配置，按照“大事优先、民生优先、绩效优先”的预算分配要求，将绩效评价结果作为安排以后年度预算的重要依据之一。逐步提高绩效评价结果的透明度，将评价结果依法在适当范围内公开，接受监督。

12.如何理解预算绩效管理与预算编制的有机结合？

答：预算绩效管理与预算编制的有机结合，包括两方面内容：一是绩效目标管理与预算编制的结合，即在预算编制时，要科学设置绩效目标，加强对绩效目标的审核，将设定的绩效目标作为预算安排的前置条件和主要依据，并随同部门预算一并批复，以提高预算编制的科学性；二是绩效评价结果与预算编制的结合，即将绩效评价结果作为预算编制的重要依据，原则上，评价结果好的要继续支持，评价结果差的要减少甚至取消该项预算安排，以提高预算编制的合理性。

13.如何理解预算绩效管理与预算执行的有机结合？

答：预算绩效管理与预算执行的有机结合，包括两方面内容：一是绩效监控与预算执行的结合，即在预算执行中，在关注预算资金支付进度和合规性的同时，也要关注资金预期效益的实现程度，确保预算支出绩效不偏离目标并如期实现；二是绩效评价与预算执行的结合，即在预算执行结束后，及时开展绩效评价，客观、公正地评判预算执行的产出和结果，提高预算支出的经济性、效率性和有效性。

14.如何理解预算绩效管理与预算监督的有机结合？

答：预算绩效管理和预算监督的有机结合，就是要大力借助监督检查的力量来推进预算绩效管理工作。加强预算编制监督，重点检查绩效目标设置，确保科学合理，提高预算编制水平；加强预算执行监督，重点检查绩效目标实现程度，发现问题及时反馈相关部门，切实督促其整改落实；加强绩效评价监督，重点检查绩效评价工作质量，确保评价结果的客观、公正和有效；加强绩效评价结果应用监督，重点检查绩效评价结果与预算安排结合情况、向政府报告情况以及结果公开情况，不断提高绩效监督质量。

15.中小学校推进预算绩效管理的主要任务有哪些?

答:(1)科学论证和规划,从源头改善盲目投资和重复建设问题。很多项目和资金实施效果不理想,追溯到源头,是项目立项时存在的问题,比如项目投资必要性、可行性和经济性等方面论证不足,花了不该花的钱,效益自然无法体现。通过预算绩效管理工作的开展,尤其是事前绩效评估,能够从源头上防止无效资金的投入。

(2)提高成本意识,科学测算各项预算经费。编制经费预算时,测算尽可能精细,项目申报文本及可行性报告中不能仅列出简单的项目明细,要有完整的测算过程和测算依据等数据。相关数据可以通过调研、查询或大数据分析等方式获得,测算依据、标准应当标注出处,如依据行业规则标准或者国内国际惯例等。

(3)提升绩效理念,全过程关注绩效。牢固树立绩效意识,不仅要关注资金的具体产出,更要关注产出是否达到良好效果,防止资金有绩无效。事前明确绩效目标和资金使用方向,事中加强绩效运行监控,年末将学校自评结果、整体评价结果与学校和个人奖惩及下一年度预算资金划拨相结合,促使教育财政资金效益的提升。

16.中小学校事前绩效评估内容有哪些?

答:(1)实施必要性,包括中小学校项目设立是否符合国家及省市县教育事业发展有关政策,是否与教育部门职能、规划及年度重点工作相关,是否有迫切的现实需求和明确的服务对象,是否属于公共财政支持范围以及是否按规定履行教育主管部门的审批程序等。

(2)投入经济性,包括中小学校项目投入是否合理、成本测算是否充分、成本控制措施是否科学有效等。

(3)目标合理性,包括绩效目标是否明确,是否与相关规划相符,绩效目标与绩效指标和现实需求是否匹配,绩效目标和指标是否细化、量化,目标值是否具有科学性、前瞻性等。

(4)实施可行性,包括中小学校项目实施方案设计是否合理可行,人员、设施、物资等基础保障条件是否具备,不确定因素和风险是否可控,项目是否采取有效的过程控制措施，项目设立和退出是否有明确的时限和步骤，是否符合全生命周期管理的要求等。

(5)筹资合规性，包括中小学校项目资金来源渠道、筹措程序是否合规，投入渠道及方式是否合理，筹资风险是否可控，是否按规定开展财政承受能力评估和债务风险评估等。

17.中小学校事前绩效评估方法有哪些？

答：(1)成本效益分析法，即通过成本核算，对全部成本和效益进行对比分析，评估项目投入对学校所创造的价值，实现最小成本投入获得最大目标收益的一种分析方法。

(2)对比分析法，即通过将绩效目标与预期实施效果、学校历史情况、同类项目支出情况进行纵向或横向比较，分析存在差异的原因，对项目进行对比评估。

(3)因素分析法，即通过全面统计影响绩效目标实现和实施效果的内外因素，综合分析内外因素对绩效目标实现的影响程度，对学校项目进行分析评估。

(4)公众评判法，即通过专家评估、抽样调查等方式，对相关情况提供主观咨询意见和专家评估结论，以相关人的意愿和专业评判对学校项目进行反馈评估。

18.中小学校项目绩效目标管理中的常见问题有哪些？

答：(1)绩效目标填报流于形式。中小学校在编报绩效目标时，仅把绩效目标的填报当作预算申报环节的必填事项，在填报时没有对项目进行充分调研和必要论证，往往流于形式，凭空想象、随意编写。

(2)预算绩效目标设定模糊，不够科学合理。一是绩效指标设定与学校总体发展规划关联不够；二是绩效指标未细化量化，不具可衡量性；三是绩效指标填报不完整，存在重大缺项、漏项；四是归类不合理，混淆产出指标和效益指标等。

(3)后续作为绩效评价的依据不足。由于绩效目标设定不够科学规范，与实施环节存在较大偏差，导致对原有绩效目标实施评价失去意义。评价机构只能按学校项目应实现的目标考核项目的实施效果,绩效评价的效能发挥不够理想。

19.中小学校绩效目标设定要求有哪些?

答:(1)指向明确。绩效目标要符合国民经济和社会发展规划、学校职能及事业发展规划等要求,并与相应的财政支出范围、方向、效果等紧密相关。

(2)细化量化。绩效目标应当从数量、质量、成本、进度以及效益等方面进行细化,尽量进行定量表述。不能以量化形式表述的,可采用定性表述,不设定明确的数字,为应对不确定性预留空间,但应当具有可衡量性,引导各方把工作重点放在提高发展质量和效益上来。

(3)合理可行。设定绩效目标时要经过调查研究和科学论证,符合客观实际,能够在一定期限内如期实现。

(4)相应匹配。绩效目标要与计划期内的任务数或计划数相对应,与预算确定的投资额或资金量相匹配。

20.中小学校绩效目标申报表中的"产出指标"如何填写?

答:产出指标反映根据既定目标,相关预算资金预期提供的公共产品和服务情况,可进一步细分为以下几类:

(1)数量指标,反映预期提供的公共产品和服务数量,可分为绝对指标和相对指标。绝对指标,如"建设、改造、修缮工程量(平方米、公里、个数、亩等)""购置设备数量(台、套)""资助学生人数"等。相对指标,如工程量完成率、配套设施完成率、工程完工率(开工率)等。应当根据资金的直接支出方向设定相应的指标内容,且数量指标应当突出重点,指标范围涵盖80%以上的工作内容。

(2)质量指标,反映预期提供的公共产品和服务达到的标准、水平和效果,通常是商品或服务的国家标准、行业标准或公认标准。中小学校基建、设备购置、信息系统、房屋维修等都有明确的质量标准和验收标准,一般在签订合同时明确设定,可以依据相关资料直接填列。如中小学校设备购置类项目可设置"设备到货验收合格率""设备质量标准或参数"等指标;学校房屋修缮和基础设施改造类项目工程可设置“项目竣工验收合格率”“技术标准达标率”等指标。

(3)时效指标,也称进度指标,反映预期提供公共产品和服务的及时程度和效率情况,是关键节点和标志性事件的进度。如“××月前完成招投标”“××月前完成建设工程验收”“××月前完成设备购置(安装)”等。

不能一概以“年底前完成”作为指标值,应当对项目执行进度准确把控,根据任务事项的开展情况和频次,设定具有实际约束力的时效指标。如校舍改造类项目完工时间为8月份,指标就设在8月底之前;运转类项目是全年的,指标就设在12月底之前。

(4)成本指标,反映预期提供公共产品和服务所需成本的控制情况,可分为单位成本和总成本,如“人均培训成本”“设备购置成本”“和社会平均成本的比较”等。

21.中小学校绩效目标申报表中的“效益指标”如何填写?

答:效益指标反映与既定绩效目标相关的、前述相关产出所带来的预期效果的实现程度,可进一步细分为经济效益指标、社会效益指标、生态效益指标、可持续影响指标等。义务教育阶段学校属于公益一类事业单位,没有经济效益的可以不填列此项指标,但社会效益、生态效益和可持续影响指标需要根据项目实际情况填报。

(1)经济效益指标,即相关产出对经济发展带来的影响和效果,包括相关产出在当年及以后若干年持续形成的经济效益,以及自身创造的直接经济效益和引领行业带来的间接经济效益。需要通过科学合理的方式,予以量化反映。

(2)社会效益指标,即对社会发展带来的影响和效果。其可以是定性指标,如满足教育教学需求、教育教学水平提升、促进基础教育均衡发展等;也可以是定量指标,如综合利用率、设计功能实现率、受益学生人数等。

(3)生态效益指标,即对周边生态环境的影响。要确保项目的产出和运转对所处环境不产生负面影响,各类环保指标达标。

(4)可持续影响指标,即对未来年度该领域的影响。一般用持续保持或提升表述,如入学率、开课率等稳定或持续提升。

22.中小学校绩效目标申报表中的“服务对象满意度”如何填写?

答:服务对象满意度指标,属于预期效果的内容,反映服务对象或项目受益人对相关产出及其影响的认可程度,中小学校可根据项目内容识别具体的服务对象,针对学校、学生、教职工、家长等具体对象设置具体满意度指标,一般情况下设为“≥95%”。应当注意以下两点:

一是在项目执行过程中应当开展满意度调查。如开展问卷调查等,科学发放问卷,整理分析数据,或者采取其他收集满意度信息反馈的方式,并同时保留基础信息备查。

二是服务对象满意度指标值需设置明确,既不能设定过低(<95%)或过高(100%),也不能定性描述为“有所提高(升)”等难以衡量的指标值,否则后期开展绩效评价时将难以界定。

23.中小学校预算绩效运行监控的内容有哪些?

答:中小学校预算绩效运行监控的范围涵盖所有项目支出,也就是全部支出都在运行监控的范围之内。预算绩效运行监控的内容主要包括以下几方面:

一是绩效目标完成情况,包括预计产出的完成进度及趋势,包括数量、质量、时效、成本等;预计效果的实现进度及趋势,包括经济效益、社会效益、生态效益和可持续影响等;跟踪服务对象满意度及趋势。将执行数据与绩效目标对比,参照执行进度赋分。

二是预算资金执行情况,包括预算资金拨付情况、实际支出情况以及预计结转结余情况。

三是重点政策和重大项目绩效延伸监控,包括政府采购、工程招标、监理和验收、信息公示、资产管理以及有关预算资金会计核算等,分析重点政策和重大项目支出工作任务开展、发展趋势、实施计划调整等情况。

四是其他情况,即除上述内容外其他需要实施绩效监控的内容。

24.中小学校应如何做好预算绩效运行监控工作?

答:(1)收集绩效监控信息。中小学校对照批复的绩效目标,以绩效目标执行情况为重点收集绩效监控信息。

(2)分析绩效监控信息。中小学校在收集上述绩效信息的基础上,对偏离绩效目标的原因进行分析,对全年绩效目标完成情况进行预计,并对预计年底不能完成目标的原因及拟采取的改进措施做出说明。

(3)填报绩效监控情况表。中小学校在分析绩效监控信息的基础上填写《项目支出绩效目标执行监控表》,并将其作为年度预算执行完成后绩效评价的依据。

(4)报送绩效监控报告。绩效监控工作完成后,及时总结经验、发现问题、提出下一步改进措施,形成本校绩效监控报告,并将《项目支出绩效目标执行监控表》逐级报送教育主管部门和财政部门。

25.中小学校绩效自评的对象和内容是什么?

答:中小学校绩效自评的对象包括纳入预算管理的所有项目支出。绩效自评的内容主要包括项目总体绩效目标、各项绩效指标完成情况以及预算执行情况。对未完成绩效目标或偏离绩效目标较大的项目要分析并说明原因,研究提出改进措施。

26.中小学校应如何开展绩效自评?

答:(1)设定自评指标。中小学校绩效自评指标是指预算批复时确定的绩效指标,包括项目的产出数量、质量、时效、成本,以及经济效益、社会效益、生态效益、可持续影响、服务对象满意度等。自评指标的权重由各学校根据项目实际情况确定。原则上一级指标权重统一设置为预算执行率10%、产出指标50%、效益指标30%、服务对象满意度指标10%。如有特殊情况,一级指标权重可做适当调整。二、三级指标应当根据指标重要程度、项目实施阶段等因素综合确定,准确反映项目的产出和效益。

(2)明确评价标准。绩效评价标准通常包括计划标准、行业标准、历史标准等,用于对绩效指标完成情况进行比较。计划标准,指以预先制定的目标、计划、预算、定额等作为评价标准。行业标准,指参照国家公布的行业指标数据制定的评价标准。历史标准,指参照历史数据制定的评价标准,为体现绩效改进的原则,在可实现的条件下应当确定相对较高的评价标准。

(3)选择评价方法。绩效自评采用定量与定性评价相结合的比较法,总分由各项指标得分汇总形成。定量指标得分按照以下方法评定:与年初指标值相比,完成指标值的,记该指标所赋全部分值;对完成值高于指标值较多的,要分析原因,如果是由于年初指标值设定明显偏低造成的,要按照偏离度适度调减分值;未完成指标值的,按照完成值与指标值的比例记分。定性指标得分按照以下方法评定:根据指标完成情况分为达成年度指标、部分达成年度指标并具有一定效果、未达成年度指标且效果较差三档,分别按照该指标对应分值区间100%~80%(含)、80%~60%(含)、60%~0%合理确定分值。

(4)确定评价结果。绩效评价结果采取评分和评级相结合的方式,具体分值和等级可根据不同评价内容设定。总分一般设置为100分,等级一般划分为四档:90(含)~100分为"优"、80(含)~90分为"良"、60(含)~80分为"中"、60分以下为"差"。

27.教育主管部门和财政部门如何对中小学校实施绩效评价?

答:中小学校的绩效评价分为学校自评、部门评价和财政评价三种方式。部门评价是指教育主管部门根据相关要求,运用科学、合理的绩效评价指标、评价标准和方法,对本部门(中小学校)的项目组织开展的绩效评价。财政评价是财政部门对教育部门(中小学校)的项目组织开展的绩效评价。

(1)评价对象。教育主管部门评价对象应根据工作需要,优先选择部门履职的重大改革发展项目,随机选择一般性项目。原则上应以5年为周期,实现部门评价重点项目全覆盖。财政部门评价对象应根据工作需要,优先选择贯彻落实党中央、国务院重大方针政策和决策部署的项目,覆盖面广、影响力大、社会关注度高、实施期长的项目。对重点项目应周期性组织开展绩效评价。

(2)评价内容。财政和部门评价的内容主要包括决策情况、资金管理和使用情况、相关管理制度办法的健全性及执行情况、实现的产出情况、取得的效益情况及其他相关内容。

(3)评价指标。财政和部门评价指标的确定应当符合以下要求:与评价对象密切相关,全面反映项目决策、项目和资金管理、产出和效益;优先选取最具代表性、最能直接反映产出和效益的核心指标，精简实用；指标内涵应当明确、具体、可衡量，数据及佐证资料应当可采集、可获得；同类项目绩效评价指标和标准应具有一致性，便于评价结果相互比较。财政和部门评价指标的权重根据各项指标在评价体系中的重要程度确定，应当突出结果导向，原则上产出、效益指标权重不低于60%。同一评价对象处于不同实施阶段时，指标权重应体现差异性，其中，实施期间的评价更加注重决策、过程和产出，实施期结束后的评价更加注重产出和效益。

(4)评价方法。财政和部门评价的方法主要包括成本效益分析法、比较法、因素分析法、最低成本法、公众评判法、标杆管理法等。根据评价对象的具体情况，可采用一种或多种方法。

(5)评价结果。绩效评价结果采取评分和评级相结合的方式，具体分值和等级可根据不同评价内容设定。总分一般设置为100分，等级一般划分为四档：90(含)～100分为“优”、80(含)～90分为“良”、60(含)～80分为“中”、60分以下为“差”。

28.中小学校绩效评价结果应如何应用和公开？

答：学校自评结果主要通过项目支出绩效自评表的形式反映，做到内容完整、权重合理、数据真实、结果客观。财政和部门评价结果主要以绩效评价报告的形式体现，绩效评价报告应当依据充分、分析透彻、逻辑清晰、客观公正。

教育主管部门应当按照要求随同部门决算向本级财政部门报送绩效自评结果。教育主管部门和中小学校应切实加强自评结果的整理、分析，将自评结果作为本部门、本单位完善政策和改进管理的重要依据。对预算执行率偏低、自评结果较差的项目，要单独说明原因，提出整改措施。

财政部门和教育主管部门应在绩效评价工作完成后，及时将评价结果反馈被评价学校，并明确整改时限；被评价学校应当按要求向财政部门或主管部门报送整改落实情况。

教育主管部门应按要求将部门评价结果报送本级财政部门，评价结果作为本部门安排预算、完善政策和改进管理的重要依据。原则上，对评价等级为优、良的，根据情况予以支持；对评价等级为中、差的，要完善政策、改进管理，根据情况核减预算。对不进行整改或整改不到位的，根据情况相应调减预算或整改到位后再予安排。

财政部门、教育主管部门应当按照要求将绩效评价结果分别编入政府决算和本部门决算，报送本级人民代表大会常务委员会，并依法予以公开。

29.为什么中小学校预算绩效管理要树立全成本意识？

答：全成本预算绩效管理，通俗讲就是少花钱、多做事，并且做出效益来。全成本预算绩效管理是新公共管理理论结合预算管理制度的创新，是应对经济下行压力、符合新时代国家治理体系建设、构建新财税体制的必然要求，是成本与绩效有机衔接的具体表现，是基于成本效益分析法的新型探索。全成本预算绩效管理是预算绩效管理的发展趋势，是一种基于成本、质量、效益分析与比较的预算管理模式，未来将进一步提高成本效益在全面预算绩效管理中的战略地位，推进成本理念融入事前、事中、事后的预算绩效管理体系建设。成本控制必然贯穿于中小学校预算管理的整个过程。

参考文献

一、法律法规

1.《中华人民共和国预算法》

2.《中华人民共和国预算法实施条例》

3.《中华人民共和国会计法》

4.《中华人民共和国民法典》

5.《中华人民共和国教育法》

6.《中华人民共和国义务教育法》

7.《中华人民共和国政府采购法》

8.《中华人民共和国政府采购法实施条例》

9.《中华人民共和国招投标法》

10.《中华人民共和国工会法》

11.《行政事业性国有资产管理条例》

二、政策文件

1.《中共中央办公厅关于建立中小学校党组织领导的校长负责制的意见（试行）》

2.《国务院关于进一步深化预算管理制度改革的意见》（国发〔2021〕5 号）

3.《国务院办公厅关于进一步调整优化结构提高教育经费使用效益的意见》（国办发〔2018〕82 号）

4.《事业单位财务规则》(财政部令第 108 号)

5.《中小学校财务制度》(财教〔2022〕159 号)

6.《会计基础工作规范》(财会字〔1996〕19 号,2019 年 3 月 14 日修改)

7.《部门决算管理办法》(财库〔2021〕36 号)

8.《预算管理一体化规范(试行)》(财办〔2020〕13 号)

9.《事业单位国有资产管理暂行办法》(财政部令第 36 号)

10.《行政事业单位资产清查核实管理办法》(财资〔2016〕1 号)

11.《关于进一步加强和规范教育收费管理的意见》(教财〔2020〕5 号)

12.《财政票据管理办法》(财政部令第 70 号,2020 年 12 月 3 日修改)

13.《行政事业单位内部控制规范(试行)》(财会〔2012〕21 号)

14.《教育系统内部审计工作规定》(教育部令第 47 号)

15.《基层工会经费收支管理办法》(总工办发〔2017〕32 号)

三、图书

1.财政部教科文司、教育部财务司编著:《中小学校长理财知识通俗读本》,经济科学出版社 2014 年版。

2.财政部编写组编著:《事业单位财务规则解读》,中国财政经济出版社 2012 年版。

3.李敏主编:《政府会计——行政事业核算新模式》,上海财经大学出版社 2018 年版。

4.王小龙、李敬辉等编著:《预算管理一体化规范实用教程》,经济科学出版社 2020 年版。

5.《公共组织财务管理》(第五版),侯江红主编,高等教育出版社 2021 年版。